Gesichter des Mittelstands

Jürgen Weber

Gesichter des Mittelstands

20 Persönlichkeiten, die unsere Wirtschaft bewegen

1. Auflage 2024

Haufe Group
Freiburg · München · Stuttgart

Bibliografische Information der Deutschen Nationalbibliothek

Die Deutsche Nationalbibliothek verzeichnet diese Publikation in der Deutschen Nationalbibliografie; detaillierte bibliografische Daten sind im Internet über http://dnb.dnb.de/ abrufbar.

Print:	ISBN 978-3-648-18085-3	Bestell-Nr. 12086-0001
ePub:	ISBN 978-3-648-18086-0	Bestell-Nr. 12086-0100
ePDF:	ISBN 978-3-648-18087-7	Bestell-Nr. 12086-0150

Jürgen Weber
Gesichter des Mittelstands
1. Auflage 2024

© 2024 Haufe-Lexware GmbH & Co. KG
Munzinger Str. 9, 79111 Freiburg
www.haufe.de | info@haufe.de

Bildnachweis (Cover): © Stoffers Grafik-Design, Leipzig

Produktmanagement: Jürgen Fischer

Inhaltsverzeichnis

Geleitwort   7
Vorwort   9

Georg Böcking 13
Maximilian Boltersdorf 27
Dr. Antje Eckel 41
Philipp Eschenbach 55
Charlotte Finger 67
Isabel Grupp 81
Peter Hack 93
Thomas Hähn 105
Max Jankowsky 117
Christian Mohr 131
Thilo Mühle 143
Sabine Rademacher-Anschütz 155
Dina Reit 167
Dr. Mascha Sorg 181
Susanne Szczesny-Oßing 193
Vanessa Weber 205
Moritz J. Weig 219
Chris Werner 231
Verena Wiechers 245
Thomas Wolff 259

Zusammenfassung 273
Zum Autor 279

Geleitwort

Seit 15 Jahren beschäftige ich mich in Forschung und Lehre mit dem Thema Familienunternehmen und Mittelstand, etwa zehn Jahre davon an der WHU. Oft werde ich gefragt, was mich an diesen Unternehmen so sehr fasziniert. Nun, es ist die Einzigartigkeit jedes einzelnen Unternehmens und jedes Unternehmers. Wenngleich es einige immer wiederkehrende Themen, Herausforderungen und Charakteristika gibt, so gleicht dennoch kein mittelständisches Unternehmen dem anderen. Was bei einem Unternehmen seit Jahrzehnten wunderbar funktioniert, floppt bei dem anderen – und umgekehrt. Das Gefühl der Austauschbarkeit des Arbeitgebers, das manche Mitarbeitende von Großkonzernen erleben, gibt es im Mittelstand daher nicht.

Doch woher kommt diese Einzigartigkeit? Die Historie des Familienunternehmens, die spezifische Marktnische und die Besonderheiten der Region stellen sicherlich einen Teil der Erklärung dar. Ein anderer, vermutlich größerer Anteil, rührt jedoch von den Eigentümerinnen und Eigentümern her. Anders als bei Konzernen mit verstreuten Anteilseignern gibt es hier Unternehmerpersönlichkeiten oder -familien, die hinter dem Unternehmen stehen. Oft haben diese Personen das Unternehmen von ihren Vorfahren übergeben bekommen. Mit dem Unternehmen verbinden sie meist Höhen und Tiefen: Das Unternehmen ist Teil ihrer Identität und hat zu Status und Wohlstand beigetragen. Oft ist eine langjährige Unternehmensgeschichte mit diversen Auszeichnungen wie auch größeren und kleineren Erfolgen und Glücksmomenten verbunden. Doch bleibt über die Zeit kein Unternehmen vor Krisen bewahrt. Zu den Tiefpunkten gehören beispielsweise angespannte Liquidität in schwierigen wirtschaftlichen Zeiten, Herausforderungen bei der Einführung neuer Produkte oder beim Eintritt in neue Märkte, genauso wie Probleme innerhalb der Belegschaft oder der Eigentümergruppe. Ein Unternehmen erfolgreich zu führen, ist immer spannend und oft herausfordernd, definitiv kein »Nine-to-five-Job« und nur mit einer großen Portion Leidenschaft und Begeisterung auszuführen.

Wer aber sind nun diese Menschen, die diese Unternehmen tagein tagaus mit Leidenschaft und großem Einsatz führen? Mein geschätzter Kollege, Professor Jürgen Weber, hat 20 von ihnen interviewt und porträtiert. Das vorliegende Buch zeigt anhand dieser Beispiele die wunderbare Vielfalt des deutschen Mittelstandes auf. Sowohl die gewählten Posen als auch die ausgesuchten Motive für die enthaltenen Fotografien zeigen, wie sehr sich die

Unternehmerpersönlichkeiten unterscheiden. Ein »Einheitsbrei« – gleicher Look, gleiches Verhalten, gleiche Präferenzen – ist hier definitiv nicht zu erkennen. Das spiegelt sich auch in den Interviews wider, die eine tiefgehende Reflexion über Themen rund um Unternehmertum, Werte, Führung und Visionen erkennen lassen. Das Ergebnis ist ein Buch, das spannende Einblicke in die Welt des Mittelstandes erlaubt.

Ich erinnere mich noch gut, wie mir Jürgen Weber etwa eineinhalb Jahre vor dem Verfassen dieses Geleitworts bei einem Gespräch in meinem Büro an der WHU in Vallendar seine neue Buchidee vorstellte und mich nach meiner Meinung fragte. Ich fand auf Anhieb, dass dies ein spannendes Projekt sei – insbesondere aufgrund der Tatsache, dass sowohl Personen als auch Unternehmen im Fokus stehen sollten, während viele andere Projekte sich nur auf eine der beiden Dimensionen konzentrieren. Aber es kamen auch Fragen auf – Fragen, wie: Würden Unternehmerpersönlichkeiten bereit sein, sich ablichten zu lassen und in den Interviews »Haltung zu zeigen«? Schließlich ist weithin bekannt, dass Mittelständler sich oft eben nicht gerne selbst im Mittelpunkt sehen. Wie ein Geschäftsführer eines mittelständischen Unternehmens kürzlich im Gespräch zu mir sagte: »Wir machen die Dinge, wie beispielsweise Nachhaltigkeitsprojekte, einfach. Das ist selbstverständlich für uns. Wir reden da nicht drüber, sondern tun es einfach – für uns, nicht für die Außenwelt.« Trotz dieser Bedenken war ich mir sicher: Wenn es einem gelingen würde, dieses anspruchsvolle Projekt erfolgreich abzuschließen, dann meinem Kollegen Jürgen Weber, der nicht nur die nötige Kompetenz besitzt, sondern auch durch seine Art für seine Interviewpartner ein angenehmer Gesprächspartner auf Augenhöhe sein würde.

In den letzten eineinhalb Jahren hat sich viel getan: Die Welt ist noch komplexer, noch herausfordernder geworden. In der Gesellschaft wurden die »Ränder« lauter; teils lässt sich in manchen Gruppen gar eine anti-unternehmerische Stimmung heraushören. Das ist brandgefährlich für unser Land. Für den Erhalt des Wohlstands in unserer Gesellschaft braucht es weiterhin unternehmerischen Mut und Einsatz. Insofern leistet dieses Buch einen Beitrag, indem es den Leserinnen und Lesern den Mittelstand in all seinen Facetten näherbringt. Ich wünsche viel Vergnügen und gute Einsichten bei der Lektüre!

Prof. Dr. Nadine Kammerlander
Institut für Familienunternehmen und Mittelstand
Lehrstuhl für Familienunternehmen
WHU – Otto Beisheim School of Management

Vorwort

Der Mittelstand gilt als eine Säule der deutschen Wirtschaft. Die Begriffe »German Mittelstand« oder »Hidden Champions« haben einen guten Klang. Dem gesellschaftlichen Bild der dort handelnden unternehmerischen Persönlichkeiten entspricht dies allerdings nicht. So besteht auf der einen Seite wenig Wissen darüber, was eine mittelständische Unternehmerin bzw. ein mittelständischer Unternehmer genau tun. Auf der anderen Seite scheint die gesellschaftliche Rolle eher skeptisch gesehen zu werden. Eine weitgehend unkontrollierte Entscheidungsmacht der Unternehmerinnen und Unternehmer in ihren Firmen wird problematisiert, nicht als Chance für den Erfolg des Unternehmens gesehen. Steuervorteile im Erbschaftsfall gelten eher als ungerechtfertigte Bevorteilung, denn als zentraler Hebel zum Fortbestand der Unternehmen.

Das vorliegende Buch will helfen, die Gruppe der unternehmerischen Persönlichkeiten im Mittelstand transparenter zu machen, zu zeigen, was sie antreibt und was ihnen wichtig ist. Das Buch zeigt einerseits die große Individualität der Akteure und ihre Unterschiedlichkeit auf, andererseits aber zugleich auch zentrale Einstellungen, Triebkräfte und Eigenschaften, die allen betrachteten unternehmerischen Persönlichkeiten gemeinsam sind.

In diesem unpolitischen und neutralen Ansatz wird keine mittelstandspolitische Grundposition vertreten. Vielmehr möchte ich möglichst unverfälschte Einblicke geben und Einsichten ermöglichen, ohne selbst dabei zu werten.

Um einen möglichst facettenreichen Überblick über die betrachtete Personengruppe zu geben, wurden 20 Unternehmerinnen und Unternehmer ausgewählt. Wenn man strenge statistische Maßstäbe anlegt, kann eine solche Zahl natürlich kein repräsentatives Bild ergeben. Dennoch besteht in der Auswahl eine erhebliche Heterogenität. Unternehmerinnen und Unternehmer sind in fast gleicher Zahl vertreten, die Zahl der in den Betrieben Beschäftigten reicht von 20 bis 2.000, bei der regionalen Verteilung wurde Ausgewogenheit angestrebt. Auch hinsichtlich der vertretenen Branchen gibt es ein breites Spektrum, ebenso wie hinsichtlich der Dauer, die die Unternehmerinnen und Unternehmer an der Spitze des jeweiligen Unternehmens stehen.

Bei der Vorstellung der Persönlichkeiten wird das Buch zwei Darstellungswege miteinander verbinden.

Zum einen baut es auf Tiefeninterviews auf. Allen Unternehmerinnen und Unternehmern wurden im Prinzip übereinstimmende Fragen gestellt, angepasst an die Dauer der jeweiligen Leitungserfahrung. Bei jungen Befragten betreffen spezifische Fragen insbesondere die Motivation, das Familienunternehmen fortzuführen, die Gestaltung des Generationswechsels, die eigene Rolle sowie die Werte und Normen, die ihr Handeln bestimmen. Erfahrene Unternehmerinnen und Unternehmer werden speziell nach den wichtigsten Erkenntnissen aus ihrer langjährigen Führungsfunktion befragt sowie nach Schlüsselfaktoren für ihren Erfolg. Die Fragen dienen aber jeweils nur als ein roter Faden; jedes Interview ist von seinem Verlauf und seinen Schwerpunkten her ein Unikat.

Die Widerspiegelung der Individualität der Befragten steht auch bei der Auswertung der Interviews im Vordergrund. Ich habe bewusst nicht den Versuch unternommen, bei der Wiedergabe der Ergebnisse ein festes, übereinstimmendes Muster einzuhalten. Gleiches gilt für die gewählte Form der Wiedergabe der Interviews. Hier habe ich Wert darauf gelegt, nicht nur die Authentizität der Aussagen zu wahren, sondern auch die Individualität der Sprache zu erhalten. Ein Wechsel von Sprechsprache zu Schriftsprache, wie man es von journalistischen Interviews kennt, wurde so weit wie möglich vermieden.

Zum anderen werden die Persönlichkeiten durch Porträtfotos vorgestellt, und dies in jeweils vier Situationen – ein klassisches Porträt »vor der weißen Wand«, ein Porträt am Schreibtisch, ein Porträt, das einen Blick auf das Unternehmen erlaubt, und ein Porträt in einer frei gewählten Situation. Im Sinne größtmöglicher Authentizität verzichten die Fotos auf jegliche Lichttechnik. Einer Beschränkung auf das Wesentliche dient auch der Verzicht auf Farbe. Die Portraits sind in Schwarz-Weiß gestaltet und wurden überwiegend mit einer Leica Monochrome aufgenommen.

Die Motivation für dieses Buch geht letztlich auf meine Anfangsjahre an der WHU – Otto Beisheim School of Management zurück, einer 1984 gegründeten Hochschule, die aus einer Initiative der IHK Koblenz hervorgegangen ist. Als »Hochschule der Wirtschaft für die Wirtschaft« wollte sie von Anfang an Theorie und Praxis miteinander verbinden. Wer als Hochschullehrer an der WHU anfing, sollte sich diesem Leitsatz verschreiben. Für mich war dies kein Problem, da ich schon immer darauf geachtet habe, theoretische Erkenntnisse in und für die Praxis zu reflektieren, ganz der bekannten Aussage von

Kurt Lewin – einem der einflussreichsten Pioniere der Psychologie – folgend: Das Beste für die Praxis ist eine gute Theorie.

Die WHU hatte zu Beginn – ebenfalls als Folge ihrer speziellen Gründungsgeschichte – einen stark mittelständischen Fokus. Für die ersten berufenen Hochschullehrer bedeutete dies auch, mittelständische Unternehmen zu besuchen und dort zu versuchen, Spenden zu akquirieren. In dieser Zeit habe ich viele mittelständische Unternehmer – kaum Unternehmerinnen – kennengelernt. Ihre Individualität war für mich die zentrale Erkenntnis dieser Kontakte. Das machte sie spannend, wenn auch ihre direkte, unmittelbare Art für mich als jungen Hochschullehrer zuweilen sehr ungewohnt und fordernd war.

In den folgenden Jahren meiner akademischen Karriere habe ich meinen empirischen und konzeptionellen Schwerpunkt eher auf Großunternehmen gelegt. Dort gab es die Stäbe, die offen waren für neue theoretische Erkenntnisse, die Zeit hatten, diese zu prüfen und bei der Beurteilung zu helfen, ob die theoretischen Erkenntnisse wirklich anwendbar waren oder was ihnen dazu fehlte. Mittelständische Unternehmen haben solche Ressourcen nicht.

Am Ende meiner akademischen Karriere stand dann der Entschluss, mich Themen zuzuwenden, die ich während meiner Zeit als Hochschullehrer immer hatte zurückstellen müssen. Hierzu zählte insbesondere die Fotografie. Sie hat – eher kontraintuitiv – bei näherem Hinsehen vieles mit Wissenschaft zu tun. Ich möchte drei Aspekte herausheben. (1) Gute Bilder haben eine Aussage und müssen sich, um eine solche zu treffen, entsprechend fokussieren. Dies gilt auch für eine Theorie. Theorien sind wie Brillen, man kann mit einer Theorie nicht alles erklären. Versucht man das trotzdem, werden die Aussagen schnell beliebig. Für ein Bild, das sich nicht auf eine Aussage konzentriert, gilt Analoges. (2) Gute Bilder sind innovativ. Gute Theorien auch. (3) Darüber, was ein gutes Bild ist, kann man streiten. Dennoch gibt es nur in Grenzbereichen großen Dissens. Analoges trifft auch für die Wissenschaft zu.

Insofern lag es gar nicht so fern, dass ich eine betriebswirtschaftliche Perspektive mit einer fotografischen verbunden habe. Herausgekommen ist ein Projekt, über das dieses Buch berichtet.

Ein solches Werk kann nicht ohne Unterstützung gelingen. Das ist auch in diesem Fall so. Insofern habe ich vielen zu danken. Zunächst sind hier die

Unternehmerinnen und Unternehmer zu nennen, die an diesem Unterfangen teilgenommen haben. Neben der Zeit, die sie investiert haben, waren sie bereit, sich ein Stück nach außen zu öffnen. Nicht jede/r von mir Angesprochene wollte das, teils aus besonderer Bescheidenheit, teils aus schlechter Erfahrung mit Publizität. Ich danke allen Beteiligten für die große Offenheit in den vielen spannenden Gesprächen und auch für die Bereitschaft, sich ablichten zu lassen. Es gibt viel mehr Menschen, die sich ungern fotografieren lassen (so auch ich), als solche, die gerne vor der Kamera stehen. Dank gilt auch für die aktive Mitarbeit dabei, das Sample zu vergrößern, von zunächst geplanten fünfzehn auf am Ende zwanzig Beteiligte, und die Hilfestellungen bei der Vermarktung des Buches.

Bedanken möchte ich mich auch bei den Menschen, die mich mit Rat und Tat unterstützt haben, zuerst meiner ehemaligen Kollegin Nadine Kammerlander, die ihr Netzwerk für mich geöffnet hat. Sie war der Garant dafür, dass ich (fast) ebenso viele Frauen wie Männer zur Mitarbeit gewinnen konnte. Zudem hat sie das Geleitwort zu diesem Buch verfasst und mir die Möglichkeit eingeräumt, die Fotos auf einer Ausstellung anlässlich ihres jährlichen Familienkongresses zu präsentieren. Unterstützt hat mich auch mein ehemaliger Doktorandenkollege Heinz Kremeyer, der mit seinen Kontakten dafür gesorgt hat, dass das Ruhrgebiet im Sample stark vertreten ist. Dem Haufe-Verlag danke ich dafür, dass er das Buch in sein Programm aufgenommen hat. Es ist kein betriebswirtschaftliches Fachbuch, von denen ich schon viele geschrieben und publiziert habe, und auch kein opulenter Bildband, für den sich einige spezialisierte Verlage finden ließen. Das Buch steht vielmehr ein wenig zwischen den Stühlen bzw. Genres. Ich danke dem Verlag aber nicht nur für die Publikation des Buches, sondern auch für die hervorragende Zusammenarbeit bei seiner Entstehung. Er ist zudem der Garant dafür, dass nicht nur Text gut dargestellt ist, sondern auch die Bilder in hoher Qualität gedruckt sind. Danken möchte ich darüber hinaus meinem Fotoclub, dem Fotoclub Koblenz (DVF), in dem ich die im Buch enthaltenen Bilder kritisch habe besprechen können, und der mir mit Rat zur Verfügung stand.

Danken möchte ich last, but not least auch meiner Frau Andrea, von deren Rat ich auch hier wieder einmal sehr profitiert habe, und der ich eigentlich versprochen hatte, dass ich kein Buch mehr schreiben würde.

Jürgen Weber

Georg Böcking

Jahrgang 1964.
Seit 1997 Geschäftsführender Gesellschafter der Beinbrech GmbH & Co. KG.
6. Unternehmergeneration.

Können Sie mir bitte einen kurzen, stichwortartigen Überblick über Ihr Unternehmen und seine Entwicklung geben?

Das ist eine etwas längere Geschichte. Unser Unternehmen geht auf Johann Jacob Beinbrech zurück, der schon 1821 mit Holz und Baumaterialien gehandelt hat. Sein Sohn Friedrich übernahm 1853 das Holz- und Eisenwarengeschäft und führte das vergrößerte Unternehmen fort – bis über die Jahrhundertwende hinaus. Er übergab die Geschäfte an seinen Schwiegersohn Max Wenzel, der später die Geschicke der Firma Beinbrech seinem Schwiegersohn Gustav Böcking in die Hände legte. Dieser führte das Unternehmen durch die Inflation der 1930er-Jahre hindurch. Nach seinem Tod Anfang der 1940er-Jahre leitete seine Frau Ellen Böcking das Unternehmen. 1948 trat ihr Sohn Heinz-Werner Böcking, mein Vater, ins Unternehmen ein und baute es aus den Kriegstrümmern wieder auf. Damals wie heute waren Zimmerleute und Bauhandwerker unsere wichtigsten Kundengruppen. Seit den 1980er-Jahren haben wir ein Filialnetz von fünf Standorten aufgebaut. Wir beschäftigen heute über 300 Mitarbeiter und sind im regionalen Umfeld unserer Standorte überwiegend Marktführer. Wir beliefern Zimmereien und Holzbaubetriebe im weiten Umkreis von Bad Kreuznach – von der Eifel bis tief in den Süden der Bundesrepublik, nach Frankreich und in die Beneluxstaaten.

Ich selbst bin 1991 als Mitglied der Geschäftsführung ins Unternehmen eingetreten, 1997 Geschäftsführender Gesellschafter geworden und führe das Unternehmen seit den 2000er-Jahren.

Was waren die wichtigsten Stationen in Ihrer Karriere?

Nach dem Abitur habe ich eine Banklehre gemacht, weil mich das Bankgeschäft damals viel mehr interessiert hat als der Holz- und Baustoffhandel. An die Lehre hat sich ein BWL-Studium an der Fachhochschule in Mainz angeschlossen. Ich bin das vierte von fünf Kindern. Meine drei älteren Schwestern wären auch als Unternehmensnachfolgerinnen infrage gekommen, aber mein Vater hat sich mit mir schon sehr früh über Scheck- und Wechselgeschäfte unterhalten – und mit meinen Schwestern eben nicht. Es gab also schon eine deutliche elterliche Prägung. Ich habe noch einen jüngeren Bruder und mein Vater hat die Nachfolge immer bei uns beiden gesehen. Doch mein Bruder hat sich anders entschieden und so bin ich heute der einzige Unternehmensnachfolger aus meiner Familie.

Ich wusste aus den Gesprächen mit meinem Vater schon als Jugendlicher, wie das Geschäft grundsätzlich funktioniert, und habe die Branche während des Studiums und danach durch Praktika und Volontariate näher kennengelernt. Dabei hatte ich das Glück, an Unternehmer zu geraten, die mir Lust auf das Unternehmerdasein gemacht haben. Letztlich war es das, was mich dazu gebracht hat, es zumindest einmal zu probieren, obwohl mir die Commerzbank eine Stelle angeboten hatte.

Fiel Ihnen der Anfang leicht?

Nein, am Anfang hatte ich Schwierigkeiten, mich in diese Rolle hineinzufinden. Mein Vater hat mich ins kalte Wasser geworfen und einfach gesagt: »Mach!« Ich hatte anfangs keinen eigenen Arbeitsplatz. Mein Vater meinte: »Dann musst du dir eben einen Schreibtisch kaufen.« Das habe ich getan. So bin ich hier eingestiegen und habe dann immer das Glück gehabt, die richtigen Leute kennenzulernen – und vielleicht hat mir auch mein Bauchgefühl geholfen, mich an den richtigen Menschen zu orientieren. Mit 27 Jahren habe ich im Unternehmen begonnen, und das war einfach viel zu früh. Das habe ich schmerzlich lernen müssen. Dabei habe ich mir auch manche blutige Nase geholt. In der Personalführung haben mir Kompetenz und Erfahrung gefehlt. Deshalb habe ich mich schon früh dazu entschieden, die Unternehmensnachfolge bei meinen beiden Söhnen vor meinem 60. Geburtstag gar nicht erst zu thematisieren – und das habe ich bisher auch geschafft. Meine Söhne sollen erst einmal ihre eigenen Wege gehen. Das wollen beide auch. Gleichwohl habe ich beide am Unternehmen beteiligt und sie beschäftigen sich im Rahmen von Beiratssitzungen bereits seit ein paar Jahren mit den aktuellen Themen des Unternehmens. So wissen sie besser, wofür oder wogegen sie sich in den nächsten Jahren entscheiden müssen.

Gab es eine konkrete Aufgabenabgrenzung mit Ihrem Vater?

Ja, aber eher hemdsärmelig. Mein Vater war ein typischer Patriarch: »Kümmere dich mal um das Personal.« Fertig. Eine detaillierte Übergabe fand nicht statt. Wir hatten anfangs keine Personalstruktur und erst recht keine Personalabteilung. Ich habe dann die Einstellungen vorgenommen und mit der Personalarbeit begonnen.

Vermutlich war das ziemlich clever von Ihrem Vater. Sie hatten von Beginn an mit den Menschen zu tun, die im Unternehmen arbeiteten, und konnten zugleich die Auswahlentscheidung neuer Mitarbeiter beeinflussen.

Mein Vater war schon ein schlauer Fuchs. Er hat mich ins kalte Wasser geworfen und ich habe selbst sehen müssen, was ich aus dem mir gegebenen Rahmen mache. So hat er es übrigens auch mit vielen Mitarbeitern gehandhabt. Konkrete operative Vorgaben habe ich nicht erhalten. Ich bin einfach in seine Fußstapfen getreten. Dabei hat es immer wieder zwischen uns gekracht, weil er dann doch nicht so richtig loslassen wollte. Wir haben letztlich 17 Jahre miteinander gearbeitet – gefühlt mindestens zehn zu viel.

Wie alt war er, als er schließlich ausgestiegen ist?

Er war 78 Jahre alt. Aus meiner Sicht sollte man mit 65 Jahren aufhören und Platz für den Nachfolger machen, aus der Sonne gehen. Ich wünsche mir, dass ich später in Form eines Beirats weiter beratend mitwirken darf, und ich würde auch gerne mit Rat und Tat zur Seite stehen, aber eben nur, wenn ich gefragt werde.

Platz brauchen übrigens auch Führungskräfte im Unternehmen. Ich arbeite seit den 2000er-Jahren mit einem Fremdgeschäftsführer zusammen. Der erste hat mich sehr bei der Etablierung einer Struktur unterstützt, dann aber ein Eigenleben angefangen. Das habe ich nicht gut gefunden und mich deshalb von ihm getrennt. Mit seinem Nachfolger ist wieder Ruhe in das Unternehmen eingekehrt, er ist aber letztlich nicht aktiv genug gewesen, um das Geschäft weiter wachsen zu lassen. Der aktuelle Fremdgeschäftsführer ist seit fünf Jahren im Haus und ich bin sehr zufrieden mit ihm. Deswegen haben wir vereinbart, dass er auch unseren Generationenübergang begleitet. Er liegt altersmäßig genau zwischen meinen Söhnen und mir und hat die Aufgabe, sich so stark zu etablieren, dass er einen externen Nachfolger mit einarbeiten kann. Dabei sind wir auf einem guten Weg.

Passen Ihre Söhne und er gut zusammen?

Ja, die drei können gut miteinander. Mit dem Älteren gab es auch schon das erste gemeinsame kleine Projekt, und das hat gut funktioniert. Ich habe die Hoffnung, dass das auch in der Zukunft so sein wird.

Haben Sie so etwas wie eine wirtschaftliche Grundüberzeugung?
Was treibt Sie?

Ich bin ein überzeugter Liberaler – ohne Parteibuch. Ein hoher Grad an Eigenverantwortung ist mir einfach wichtig. Ich habe es als Unternehmer am Ende selbst in der Hand und muss nichts auf andere schieben. Die Fehler bei anderen zu suchen, ist immer sehr einfach, aber ich habe doch eine Eigenverantwortung, die ich bei mir ganz deutlich spüre. Ich bin auch überzeugt

davon, dass das Schaffen einer langfristigen Substanz viel sinnvoller ist als ein kurzfristiges Agieren. Das Kurzfristige nehme ich gerne einmal mit, aber eigentlich geht es immer um die langfristige Substanz.

Einer meiner Grundsätze lautet: Teile und wachse, auch wenn du dabei vertrauen musst und ein Risiko eingehst. Und schließlich ist mir die Liquiditätssituation wichtiger als der Gewinn. Den thesaurieren wir fast ausschließlich und das seit vielen Jahren. Das Vermögen der Familie – wie auch mein eigenes Vermögen – hängt in der Firma und nirgendwo anders. Das gehört zu meinen Grundüberzeugungen. Damit will ich nicht sagen »das Unternehmen zuerst«, das klingt zu heroisch, das bin ich gar nicht. Wichtig ist mir aber, dass alles gut funktioniert, und dem ordne ich schon vieles unter.

Welche Fähigkeiten waren für Ihren Erfolg ausschlaggebend?
Ich habe ein sehr großes Pflichtbewusstsein, das früher vielleicht noch etwas größer war als heute, weil ich gemerkt habe, wie hoch die damit verbundene Belastung ist. Außerdem bin ich zäh, habe also einen echten Durchhaltewillen, ja Ehrgeiz. Auch habe ich gelernt, mich selbst zu reflektieren, und ich denke, dass ich gut zuhören kann. In dieser Mischung von wesentlichen Fähigkeiten ist nichts Fachliches dabei. Holz oder Baustoffe könnte ich Ihnen nicht verkaufen. Mir reicht es, die Bausysteme und die Branche zu verstehen, für spezifische Fachkenntnisse sind andere zuständig. Mir ist es wichtiger, das Ganze zusammenzuhalten.

Handel ist ein Systemgeschäft, das in den Einzelteilen relativ einfach ist, bei dem es darum geht, die Teile zusammenzufügen.
Eine weitere Fähigkeit hätte ich beinahe vergessen: Sehr wichtig sind auch meine guten und freundschaftlichen Beziehungen zu großen Kunden. Darunter gibt es echte persönliche Freunde, nicht in dem Sinne, dass ich mein Privatleben mit ihnen teile, aber im Sinne einer engen persönlichen Verbindung.

Wie groß ist die Zahl Ihrer Schlüsselkunden?
Am Ende sind es zu viele. Wir sind sehr breit aufgestellt. Mit meinem größten Kunden mache ich etwas mehr als zwei Prozent meines Umsatzes, in guten Jahren vielleicht drei. Wahrscheinlich reden wir über etwa 50 Kunden. Genau kenne ich aber nur die Top Ten.

Können Sie die wichtigste geschäftliche Entscheidung benennen, die Sie in Ihrer Karriere getroffen haben?
Das ist der Neubau hier in Bad Kreuznach. Ich habe das damals so formuliert: Jede Generation muss einmal richtig viel Geld in die Hand nehmen, um das Unternehmen zu modernisieren. Das haben wir 2015 gemacht. Wir haben 15 Millionen Euro investiert, also sehr viel Geld, weil wir den Zentralstandort im Grunde genommen fast komplett neu gebaut haben. Dadurch sind wir für bestimmte Kundengruppen viel attraktiver geworden. Privatkunden etwa nehmen uns jetzt als Einkaufsort ganz anders wahr. Daneben können wir logistisch ein viel größeres Geschäft abwickeln. Schließlich ist das Unterneh-

men für die Mitarbeiter deutlich attraktiver geworden und wir haben eine höhere Aufmerksamkeit bei Talenten erreicht. Und die brauchen wir.

Gibt es eine signifikante Fehlentscheidung, an die Sie sich erinnern können? Welche Lehre haben Sie daraus gezogen?
Ich hätte viel früher einen Beirat im Unternehmen etablieren sollen als Korrektiv oder zumindest als ein Gremium, in dem kritische Fragen gestellt werden.

Hatten Sie niemanden hier im Haus, der kritisch gefragt hat? Sie machen mir nicht den Eindruck, dass Sie nicht zugänglich für andere Meinungen sind.
Nein, es gab tatsächlich niemanden. Mit meinem Vater ging das irgendwann nicht mehr. Das war wirklich schade, denn wir haben sehr unterschiedlich gedacht.

Was macht für Sie das Spezifische am Mittelstand aus? Welche zentralen Unterschiede bestehen zu Großunternehmen? Besitzen Sie mehr Freiheitsgrade für Ihr Handeln?

In erster Linie steht die Familie für das Unternehmen gerade. Das macht für mich den Mittelstand aus. Großunternehmen können dagegen Geschäftseinheiten für viel Geld kaufen oder verkaufen und am Ende sagen: »Wenn das nicht klappt, ist es nicht mehr unser Problem.« Ich weiß, das sind die Gesetze des Kapitalmarkts, aber gut finde ich das nicht.

Für mich gehört zum Mittelstand auch Bodenständigkeit. Mir geht es gut, ich muss auf nichts verzichten. Ich setze aber nicht alle Wünsche um, weil ich damit rechne, dass es irgendwann einmal auch wieder bergab gehen kann. Ich bin in persönlicher Haftung. Das beschränkt mich. Insofern sind die Freiheitsgrade in einem Konzern in mancherlei Hinsicht höher. Ob ich morgens um 8, 9 oder 10 Uhr komme, ist meine Entscheidung, aber am Ende muss ich meine Aufgaben erledigen und ich weiß, dass das nicht klappt, wenn ich erst um 10 Uhr da bin. Natürlich genieße ich meine gestalterische Freiheit, aber bei mir geht es um das eigene Geld, und das macht schon einen Unterschied.

Ich will das noch an einem Beispiel deutlich machen. Wir haben unseren Umbau in Bad Kreuznach in den Jahren 2015 und 2016 mit Zinsen von 0,75 % p. a. vorgenommen. Wunderbar. Hinterher habe ich mich geärgert, dass ich das nicht schon drei Jahre früher gemacht habe. Wenn es aber drei Jahre später gewesen wäre, hätte ich mich mit einer solchen Investition gar nicht mehr wohlgefühlt. So ist es einem Stahlhandelskollegen ergangen, der – wie wir auch – groß gebaut hat. Er hat es jedoch nicht mehr allein geschafft und musste die Hälfte seines Unternehmens verkaufen. Das wünscht man sich dann eben nicht.

Was meinen Sie genau mit Bodenständigkeit?

Sicherlich eine Form von Bescheidenheit. Bodenständigkeit heißt für mich auch, dass ich nicht die Bodenhaftung verliere, keinen zu hochfliegenden Plänen folge, und auch, dass ich den Kontakt zur Basis behalte. Dazu muss ich mich mit den Mitarbeitern unterhalten, um zu wissen, wie es ihnen geht. Und das ist bei 300 Mitarbeitern schwierig genug und bremst mich vielleicht an manchen Stellen aus, wo es gar nicht sein müsste. Das kann durchaus sein.

Ich höre in Gesprächen oftmals, dass Führungskräfte in Großunternehmen immer nur zwei, drei Jahre auf einem Job sind und deshalb in dieser Zeit nur für sich selbst etwas bewirken können, nicht aber etwas für das Unternehmen. Das trifft sicherlich häufig zu. Auf der anderen Seite kenne ich aber auch Werkleiter, die den Job zwanzig Jahre und länger machen, und bei denen jeder Vorstand weiß, was er an ihnen hat. Insofern muss man aufpassen, dass man keine Klischees bedient.

Ich finde auch, dass diese Gefahr sehr groß ist. Es gibt leider viele Mittelständler, die sich unmöglich benehmen. Am Ende ist es auch immer eine Frage der Persönlichkeit.

Was im Mittelstand m. E. wirklich erdet, ist der finanzielle Aspekt. Der betrifft mehr als nur den Job. Er betrifft das gesamte Leben. Wenn man im Mittelstand Fehlentscheidungen trifft, kann man schnell ein richtiges Problem haben. Wenn einem das in einem großen Unternehmen passiert, geht man notfalls zu einem anderen großen Unternehmen.

Auch wenn es wieder ein Klischee sein mag: Mich regt es auf, dass Manager machen können, was sie wollen. Sie fallen immer weich. Mein Vater hat stets gesagt: »Als Familienunternehmer darfst du keine einzige große Fehlentscheidung treffen.« So bin ich groß geworden und davor hatte ich immer einen großen Respekt. Ich glaube zwar, dass es in der Realität nicht ganz so schlimm ist, aber man muss schon vorsichtig sein bei dem, was man macht. Unser Puffer ist beschränkt. Ich kann nicht beliebig nachlegen.

Kommen wir zu einem weiteren, eng damit verbundenen Thema. Viele mittelständische Familienunternehmer sagen: »Es kommt nicht auf mich allein an, sondern es geht darum, den Staffelstab weiterzureichen und das Unternehmen enkelfähig aufzustellen.« Das macht sie noch vorsichtiger als jemanden, der am Ende seiner Schaffenskraft sein Unternehmen verkaufen will. Sehen Sie das auch so?

Da bin ich relativ egoistisch. Ich versuche im Moment gerade, meine Organisationsstruktur so aufzubauen, dass ich etwas kürzer treten kann – wohl wissend, dass das auch meinen Söhnen helfen würde. Sie könnten dann in eine gute Organisation einsteigen, in der sie nicht gleich die volle Verantwortung übernehmen müssten. Aber das ist auch ein bisschen egoistisch, weil ich nicht mehr so viel arbeiten will wie früher. Mein Geschäftsführer kümmert sich um den gesamten operativen Bereich, d. h. die Logistik, den operativen Vertrieb und die Niederlassungen. Ich bin für die Administration, das Personal und die IT zuständig. Da habe ich gute Leute installiert, denen ich auch viel Freiraum gebe, damit sie wachsen können. Sie müssen letztlich das Gegengewicht zu meinem Geschäftsführer bilden, sie müssen mich vertreten können, kritische Fragen stellen können und Sparringspartner sein – und es mir letztlich ermöglichen, auch einmal sechs Wochen in den Urlaub zu fahren. Damit mache ich das Unternehmen vielleicht nicht enkelfähig, aber ich stelle es so stabil auf, dass es nicht mehr von mir allein abhängt. Das hilft auch meinen Söhnen. Ich denke nicht ständig darüber nach, was das Unternehmen noch stabiler machen könnte, im Gegenteil: Im Moment versuche ich, die schwierige Marktsituation zu nutzen, um vielleicht den einen oder anderen Kollegen übernehmen zu können. Wenn das gelänge, dann würde ich natürlich zurück auf Los gehen, und wir müssten uns wieder neu sortieren und die bisherige Struktur ein wenig auflösen, damit das Neue integriert werden kann.

Das Unternehmen ist also derzeit nicht darauf ausgerichtet, übergeben zu werden. Ich versuche eher, meine Söhne dahin zu bringen, ein hohes Maß an Kompetenz zu gewinnen. Sie müssen dann überlegen – jeder für sich –, ob sie nachfolgen wollen oder nicht.

Welche wichtigsten Erkenntnisse können Sie an die nächste Generation weitergeben?

Als Erstes vielleicht: »Mach dein eigenes Ding.« Das funktioniert im Familienunternehmen tatsächlich besser. Ich könnte auch formulieren: Eigene Ideen umsetzen, aber dabei mit den vielen Restriktionen leben. Eng verbunden damit ist die zweite Erkenntnis, die ich weitergeben kann: Wir müssen das, was wir machen, richtig machen. Wenn ich etwas mache, dann muss ich mich dem auch voll hingeben. Dabei geht es nicht so sehr um den Spaßfaktor, nicht um die Freiheit, sich auszusuchen, was man tun will. Es geht im Kern vielmehr darum, die vielen Möglichkeiten, die wir haben, zu nutzen, und wenn ich das tue, mich auch 100%ig darum zu kümmern. Ich kann vieles machen, ich kann das Unternehmen umbauen, anders ausrichten, auf mich zuschneiden, aber wenn ich eine Entscheidung getroffen habe, dann muss ich das auch konsequent verfolgen. Und da verstolpert man sich leicht. Vielleicht kann ich die Empfehlung auch so formulieren: Das nächste große Ding erst dann anfangen, wenn das alte abgeschlossen ist oder zumindest reibungslos läuft. Nicht an zehn Baustellen gleichzeitig arbeiten. Das bringt einen nur um.

Das passt gut zu dem Bodenständigen: Ideen sind schön, aber Aktionen sind das, was man eigentlich braucht. – Wie sehen Sie die Zukunftschancen Ihres Unternehmens? Wo liegen die größten Herausforderungen?

Gebaut wird immer, aber die Bausysteme werden sich ändern. Deshalb sind wir im Holz- und im Baustoffbereich so breit aufgestellt. Ich versuche, in allen Bauvarianten eine strategische Position aufzubauen. Menschen wollen immer wohnen und bauen. Insofern haben wir auf Dauer eine Zukunft. Allerdings fällt sie uns nicht in den Schoß. Sie zu erschließen, wird schwer genug.

Die größten Herausforderungen, auf die wir reagieren müssen, betreffen Menschen: Personalabbau und Fachkräftemangel. Beides tritt aktuell gleichzeitig auf. Ich muss auf der einen Seite Personal reduzieren, muss effizienter werden, muss andere Systeme implementieren, und habe auf der anderen Seite einen Mangel an Fachkräften. Ich brauche die richtigen Leute und muss diese auch irgendwie an uns binden. Wir müssen in der Lage sein, damit umzugehen und gute Lösungen dafür zu finden. Aber das können wir selbst steuern.

Was mir wirklich Sorgen macht, sind zwei Themen, auf die ich als Unternehmer keinen Einfluss habe. Das erste Thema ist sicher keine Überraschung: Bürokratie. Wir sind mit einer immensen Zunahme von behördlichen Vorgaben konfrontiert. Das ist kaum noch zu bewältigen. Ich glaube, dass es viele kleine Unternehmen gibt, die die Vorgaben einfach ignorieren, ganz nach dem Motto: Sollen die mich doch erst einmal erwischen. Wir dagegen haben eine Größenordnung erreicht, die regelmäßige Kontrollen mit sich bringt. Das macht keinen Spaß. Wenn ich ehrlich sagen soll, was mich in der Arbeit am meisten behindert, dann sind es die vielen Vorgaben, die man heute erfüllen muss. Wir kommen da bald nicht mehr hinterher.

Das zweite Thema ist nicht ganz so offensichtlich, aber nicht minder wichtig: Schafft es unser Land, schaffen wir es, unsere wirtschaftliche und gesellschaftliche Stabilität aufrechtzuerhalten? Meine persönlichen Zweifel fingen mit der Coronapandemie an. Bestimmt wurden auch vorher schon Fehler gemacht, aber die Pandemie war für mich der Anfang eines Staatsdenkens und -handelns, das ich nicht mehr verstehe – und auch nicht akzeptieren kann. Ein Denken und Handeln, das sehr stark auf Verboten und Beschränkungen basiert. Ich bin sicherlich kein Coronaleugner, aber auf der einen Seite gab es sehr große Einschränkungen, auf der anderen Seite wurde fast alles vom Staat gezahlt. Dieses Denken und Handeln hat sich bis heute nicht wesentlich geändert.

Wir sind aktuell in einer Situation, in der wir immer weniger Selbstverantwortung übernehmen. Wenn etwas schiefgeht, dann soll der Staat bezahlen. Der Staat greift immer tiefer in die Prozesse ein und die politischen Entscheider wissen gar nicht mehr genau, was sie entscheiden, insbesondere nicht, wie ihre Entscheidungen ganz konkret umgesetzt werden sollen. Das stiftet Verwirrung und es scheint, dass überhaupt nicht mehr zu Ende gedacht wird. Das macht mir wirklich Sorgen. Und wenn ich sehe, mit welch unterschiedlichen Ideen unsere europäischen Partner an den Verhandlungstisch kommen, um über die Zukunft von Europa zu diskutieren, dann stehen mir die Haare zu Berge. Ich habe da wirklich Bedenken.

Das ist für mich die größte Herausforderung neben der gesellschaftlichen und politischen Entwicklung unseres Landes. Auch diese habe ich nicht in der Hand und weiß nicht, was ich dafür tun kann. Ich habe einen Unternehmerfreund, der – vollkommen legal – physische Goldbestände in Lichtenstein aufgebaut hat. Das ist in meinen Augen eher eine Verzweiflungstat. Wer weiß, ob er an diese schnell genug herankommt, wenn es wirklich knallt? Ich weiß nicht, was genau passieren wird. Dass es – in einer hoffentlich moderaten Lautstärke – knallen wird, steht für mich aber außer Frage und ich glaube, dass das auch notwendig ist.

Das ist ein Schlusswort, das sehr zum Nachdenken anregt. Herzlichen Dank für das Gespräch.
Das Interview wurde am 31. Oktober 2023 in Bad Kreuznach geführt.

Maximilian Boltersdorf

Jahrgang 1959.
Seit 1992 geschäftsführender Gesellschafter der Brohl Wellpappe GmbH
& Co. KG.
7. Unternehmergeneration.

**Können Sie mir bitte einen kurzen, stichwortartigen Überblick
über Ihr Unternehmen und seine Entwicklung geben?**

Wir sind seit vielen Jahren Hersteller von Verpackungen und Displays aus
Wellpappe; seit 1953, als unser Vater, um überhaupt in diesen Markt einzusteigen, eine – heute würde man sagen – Vorwärtsintegration im Rahmen
eines Joint Ventures durchgeführt hat. Der Ursprung liegt weit davor. Offiziell wurden wir 1778 in Kreuzau bei Düren als Papiermühle gegründet, so,
wie man das aus dem Museum kennt, mit Schöpfrahmen und aus der Bütte
heraus. Aus allen möglichen Materialien – so auch Stroh oder Lumpen – wurden verschiedenste Papiere hergestellt.

Schaut man genauer hin, liegen die Ursprünge noch etliche Jahre davor, denn
das Jahr 1778 steht eigentlich für den Eintritt unseres Vorfahren Wilhelm
Boltersdorf in die Papiermühle seines Schwiegervaters Tillmann Strepp, der
aber natürlich auch unser Vorfahr war. Verfolgt man diesen Gedanken weiter,
liegt der Anfang im Jahr 1717 und damit noch zwei Generationen davor.

Das Unternehmen hat sich stetig weiterentwickelt. Im Jahr 1919 hat unser
Großvater in Brohl eine Papierfabrik gekauft, die im 19. Jahrhundert im
Rheinland relativ groß und bedeutend gewesen ist. Die Fabrik in Kreuzau bei
Düren wurde verkauft. Wir sind so schnell auch Lieferant von Verpackungs-
herstellern geworden, und nach dem Krieg hat unser Vater beschlossen, selbst
Verpackungshersteller zu werden. Das war sicherlich die richtige Entschei-
dung für unser Unternehmen, denn die meisten unserer damaligen Wettbe-
werber mit kleinen Papierfabriken sind vom Markt verschwunden.

Unsere Papierfabrik war noch bis 1996 in Betrieb, aber sie war schon für damalige Maßstäbe eher eine Puppenstube. Um Ihnen einen Vergleich aufzuzeigen:
Wir stellten dort vor der Schließung 27.000 Tonnen Papier jährlich her. Das
mag zwar nach viel klingen, aber eine neue, große Fabrik produziert im Jahr auf
einer einzigen Maschine wohlgemerkt – wir hatten damals zwei – zwischen
600.000 und 700.000 Tonnen. Es war also der richtige Schritt, die Papierfabrik zu schließen – wenn auch zu spät –, da wir dort viel Geld verloren.

Ein weiterer Grund dafür, dass die 1990er-Jahre für uns sehr schwierig
waren: Wir hatten längere Zeit zwei Hauptstandorte. Das größere Werk
stand in Ahrbrück, einem Ort, der ursprünglich in einer strukturschwachen
Region lag, das kleinere Werk in Mayen. Hierhin hatten wir 1990 einige Teile
von Ahrbrück verlagert, weil es die Gemeinde am alten Standort versäumt

hatte, einen Bebauungsplan aufzustellen, und viele Grundstücke, die wir zur Erweiterung unseres Unternehmens gebraucht hätten, schon vergeben und Baugenehmigungen ausgesprochen waren. Es gab viel Ärger mit den neuen Nachbarn und wir haben wahrscheinlich zu lange daran festgehalten, unseren Kopf durchzusetzen. Unser Vater hatte 1989, kurz vor seinem Tod, das Grundstück in Mayen gekauft. Wir versäumten es aber, das Werk Ahrbrück komplett nach Mayen zu verlagern. Wir hatten vielmehr alles doppelt, was unsere Kostenstruktur sehr belastete. In Verbindung mit der Schließung der Papierfabrik waren die 1990er-Jahre daher für uns sehr schwierig. Im Jahr 2000 haben wir alles nach Mayen verlagert, und seitdem geht es uns gut.

Hatte die erst spät erfolgende konsequente Verlagerung auch damit zu tun, dass Ihr Vater die parallele Struktur entschieden hatte und Sie nach seinem Ableben nicht gleich etwas ganz Neues machen wollten?

Das kann schon damit zusammenhängen, aber ich würde sagen, dass wir uns einfach zu wenig Gedanken darüber gemacht haben und angenommen haben, es würde schon irgendwie gut gehen. Und natürlich kommt noch eine emotionale Komponente dazu: Die ganzen Mitarbeiter kamen aus der Region Ahrbrück, daher fiel es schwer, den Standort zu verlagern. Aber es wäre von Anfang an die richtige Entscheidung gewesen. Wir haben im zweiten Schritt nämlich gemerkt, dass fast alle Mitarbeiter mitgekommen sind. Durch die Zusammenlegung im Jahr 2000 war es möglich, auf einen Schlag 45 Arbeitsplätze freizusetzen, was für ein Unternehmen unserer Größenordnung eine riesige Kostenentlastung bedeutet. Dabei haben wir keine einzige betriebsbedingte Kündigung ausgesprochen, weil alles schon im Vorfeld geplant war und über befristete Arbeitsverträge, Zeitarbeit und Altersteilzeit Kündigungen verhindert werden konnten. Dabei haben wir auch von der sehr guten Zusammenarbeit mit dem Betriebsrat profitiert. Durch diese Flexibilität und die Tatsache, dass alle Mitarbeiter, die es wollten, am neuen Standort unterkamen, hatten wir keine emotionalen Probleme. Und das ist beim Unternehmertum unheimlich wichtig: Eine Verbindung zu den Mitarbeitern zu haben. Deswegen macht es Spaß und ist keine seelenlose Angelegenheit.

Seit der Jahrtausendwende haben wir uns sehr gut entwickelt und unseren Schwerpunkt etwas verlagert: In den letzten 25 Jahren haben wir uns in Richtung Druckspezialist orientiert. In unserer Branche sind wir unter den Ersten gewesen, die eine eigene Druckvorstufe aufgebaut haben, beginnend mit der Anschaffung von Mac-Rechnern, um überhaupt Daten von Kunden sehen zu können. Schlussendlich übernahmen wir ein Unternehmen, zu dem auch eine eigene Druckvorstufenfirma mit einer eigenen Repro und einer eigenen Druckplattenherstellung gehörte. Seitdem machen wir im Offset die Repro und alle Druckplatten selbst. Im Flexodruck sind wir bei der Repro mittlerweile bei 80%. Im Gegensatz zu vielen Wettbewerbern bieten wir heute alle relevanten Druckverfahren an: den Flexodruck, den Offsetdruck und seit fünf Jahren auch den industriellen Digitaldruck. Wir haben damit für unsere Kunden das im Programm, was für sie am besten ist, und nicht nur das, was für uns am besten ist. Dadurch haben wir eine ganz andere Verbindung zum Kunden erreicht.

Können Sie mir nun bitte die wichtigsten Stationen Ihrer beruflichen Karriere nennen?

Die sind schnell aufgezählt: Volksschule in Brohl, Gymnasium in Koblenz, und danach habe ich Wirtschaftsingenieurwesen in Darmstadt studiert, Fachrichtung Maschinenbau, und im Hauptstudium im Maschinenbau neben Logistik Papierfabrikation als Vertiefung. Darmstadt war die einzige Universität, an der man diese Vertiefung studieren konnte. Das war für mich ein ideales Studium, gerade durch die Kombination der Fächer. Beim Wirtschaftsingenieurstudium sind Sie von Anfang an gezwungen, in beiden Kategorien zu denken – Technik und Wirtschaft. Das passt sehr gut auf den Mittelstand, wo ein breites Spektrum abgedeckt werden muss.

Nach dem Diplom habe ich überlegt, welcher nächste Schritt in Hinblick auf den späteren Einstieg ins Familienunternehmen sinnvoll wäre – Vorstandsassistenz oder Beratung? Ich bin dann bei einer amerikanischen Beratungsgesellschaft in Wiesbaden gelandet und habe dort ein paar Jahre gearbeitet, bevor ich nach dem Tod unseres Vaters 1989 peu à peu in unser Management eingestiegen bin.

Wo haben Sie genau im Unternehmen begonnen?

Ich habe den Bereich Produktion und Technik übernommen, gleichzeitig auch die IT, die es aber eigentlich so gut wie gar nicht gab, und den Aufbau eines modernen Rechnungswesens. Wir hatten vier Buchungsmaschinen. Alles wurde mit Rechenmaschinen gerechnet. Die Angebote, die Auftragsbestätigungen, die Lieferscheine, die Rechnungen – alles wurde mit Schreibmaschinen geschrieben. Unvorstellbar, aber richtig spannend!

Wie ging es weiter und wie war die Arbeitsteilung mit Ihrem Bruder Detlef?
Unsere Aufgabenteilung war von Anfang an etwas untypisch und entwickelte sich insbesondere aufgrund einiger schwieriger Personalkonstellationen so weiter. Seit Anfang der 2000er-Jahre verantwortete mein Bruder den Vertrieb sowie den Einkauf von Papier und Stärke, den neben Personal wichtigsten Kostenfaktoren. Er war somit für die Spanne verantwortlich und ich für die übrigen Bereiche. Die letzten fünf Jahre bis zu seinem 70. Lebensjahr

war er noch für den Einkauf zuständig, was mich in dieser Übergangsphase sehr entlastete und für ihn sicherlich auch besser war, als von heute auf morgen aufzuhören. Seit seinem Ausscheiden aus der Geschäftsführung fungiert er als Mitglied unseres Beirats.

Das war ein ungewöhnlich breites Aufgabenfeld, das Sie dann wahrgenommen haben! Kommen wir zu der nächsten Frage: Haben Sie bestimmte wirtschaftliche Grundüberzeugungen, die Ihr Wirken bestimmen? Oder vielleicht ein Leitmotto?

Ein richtiges Leitmotto habe ich nicht. Was für mich einen Unternehmer ausmacht, ist zum einen, dass er Geld verdienen will; das ist ganz wichtig. Das sage ich auch meinen Kindern immer: Wenn ihr kein Geld verdienen wollt, dann seid ihr hier nicht richtig! Zum anderen muss man als Unternehmer Menschen mögen. Auch das finde ich sehr wichtig. Vielleicht haben Sie das beim Rundgang gespürt. Menschen zu mögen, wirkt nicht nur nach innen, in Richtung der Mitarbeiter, sondern auch nach außen, in Richtung der Kunden und der Lieferanten. Wer Menschen nicht mag, muss sich permanent verstellen, um etwas zu erreichen – und das ist auf die Dauer nicht auszuhalten. Geld verdienen wollen und Menschen mögen ist meiner Meinung nach eine gute Kombination, die aber keinesfalls immer gegeben ist.

Was ich beim Rundgang mitgenommen habe, war Ihr Händeschütteln mit buchstäblich jedem Mitarbeiter, dem wir begegnet sind. Das habe ich noch nirgendwo so gesehen. Da war bei den Mitarbeitern auch nicht die Frage in den Augen: Warum soll ich jetzt die Hand geben? Das gehört – so mein Eindruck – hier zur Kultur. Welche Fähigkeiten waren für Ihren Erfolg ausschlaggebend?

Im Studium habe ich viele der Grundvoraussetzungen für meine Tätigkeit erworben und auch der anschließende Beratungsjob war hilfreich, weil ich mich mit der dort gesammelten Erfahrung schon anders vor Leute hinstellen konnte als vorher. Und dann ist es sicherlich von Vorteil, gut zuhören zu können. Ich bin als Führungskraft jemand, der eher zuhört, anstatt permanent auf die Leute einzureden. Es ist besser, wenn die Mitarbeiter selbst darauf kommen, wie ein Problem zu lösen ist.

Für die Zusammenarbeit mit meinem Bruder war es sicher ein Geheimrezept, sich immer gegenseitig zu akzeptieren und den anderen machen zu lassen. Es ist in diesem Kontext sehr wichtig, mit einer zweitbesten Lösung leben zu können, selbst wenn man der Meinung ist, es besser zu wissen. Wenn das, was der andere vorschlägt, in Ordnung ist, dann ist es eben in Ordnung. Immer das letzte Wort behalten zu wollen, ist für eine solche Zweierkonstellation – oder gar eine Dreierkonstellation – sehr schlecht. Mit der zweitbesten Lösung leben zu können, ist etwas, was ich jeder Führungskraft nur empfehlen kann. Wichtige Entscheidungen – wie zum Beispiel Unternehmenskäufe oder die Werksverlagerungen – haben mein Bruder und ich natürlich gemeinsam getroffen und mit den anderen Gesellschaftern abgestimmt. Wir sind übrigens vier Geschwistergesellschafter, die alle über 25 % Unternehmensanteile verfügen.

Zudem müssen Sie auch ein Gefühl für Märkte und für die technische Entwicklung haben, z.B. beim Thema Drucken. Das war mir immer sehr wichtig. Ich hatte darauf einen starken Fokus im Unternehmen und sicherlich auch das richtige Bauchgefühl dazu. Dafür ist es wichtig, zuhören zu können, im Unternehmen ebenso wie in den Märkten.

In diesem Bereich hat mein Vater übrigens gegen Ende im Unternehmen einen schwerwiegenden Fehler begangen: Ab einem bestimmten Zeitpunkt ist er nicht mehr hinausgefahren, sich Neuerungen anzusehen. Das hat ihn nicht mehr interessiert; es galten nur noch seine eigenen Vorstellungen. Er war eher ungehalten, wenn einer von uns von etwas Neuem erzählte. Deswegen hatten wir keine IT. Er war EDV-Spezialisten gegenüber sehr misstrauisch.

Das war damals eine ganz andere, unbekannte Welt und man musste erst einmal erkennen, dass man daran nicht vorbeikommt.

Wir sparten durch die Einführung der IT sehr viele Leute ein und kannten danach unser Ergebnis zum ersten Mal nicht erst am Jahresende, sondern bereits während des laufenden Jahres. Letztlich aber überholten uns die Wettbewerber durch unser Festhalten an alten Strukturen – auch das parallele Betreiben zweier Werke – links und rechts. Wir hätten es fast nicht überlebt und haben eine ganze Generation in der Unternehmensentwicklung verloren.

Können Sie sich an eine wichtige Fehlentscheidung erinnern, die Sie selbst getroffen haben?

An große Fehlentscheidungen erinnere ich mich nicht, aber daran, dass ich leidgeprüft gelernt habe, keine kleinen Unternehmen mehr zu kaufen – erst recht keine, in denen die Gründer oder die Eigentümer-Unternehmer die entscheidenden Personen sind. Erstens ist eine solche Akquisition genauso aufwendig wie der Kauf eines größeren Unternehmens, liefert aber auch, wenn es funktioniert, zunächst nur geringe Gewinne. Zweitens ist es schwierig, abzuschätzen, wie wichtig die entscheidenden Personen sind und wie leicht man sie ersetzen kann.

Was macht für Sie das Spezifische im Mittelstand aus? Welche zentralen Unterschiede bestehen zu Großunternehmen? Besitzen Sie mehr Freiheitsgrade für Ihr Handeln?

Man hat auf alle Fälle sehr viel mehr Freiheitsgrade und ist in kein Korsett eingebunden. Es besteht eine ganz andere Bindung, ein direkterer Draht zu den Mitarbeitern. Das kann man gar nicht vergleichen. Diejenigen Führungskräfte, die aus einem Konzern zu uns gekommen sind, haben die andere Seite kennengelernt und lieben unsere Arbeitsweise. Ein Konzern ist nicht per se schlecht, aber eine völlig andere Welt, ein ganz anderes Klima, viel häufigere Wechsel. Wir dagegen haben fast keine Fluktuation.

Gibt es einen signifikanten Unterschied zwischen jemandem, der ein mittelständisches Unternehmen führt, und einem klassischen Manager?

Vom Typus her ohne Zweifel. Nicht jeder aus einem Konzern könnte sich hier anpassen, für manche wäre es sehr schwierig.

Sie sind ein Musterbeispiel eines Familienunternehmens, das über Jahrhunderte besteht. Damit liegt das Thema, den Staffelstab weiterzureichen, ganz offensichtlich auf dem Tisch. Belastet Sie das oder hilft Ihnen das?

Für mich ist das eigentlich die Hauptmotivation. Wenn klar wäre, dass sich in der nächsten Generation keiner mehr für das Unternehmen interessieren würde, hätten wir dieses schon längst verkauft, dabei aber sicherlich darauf geachtet, einen möglichst passenden Käufer zu finden. Das haben wir auch in

unsere Verfassung aufgenommen: Sollte eine Generation die Nachfolge nicht antreten wollen, soll sie nicht – was den Kaufpreis angeht – auf den letzten Euro schauen, sondern den Fokus vor allem darauf legen, dass das übernehmende Unternehmen geeignet erscheint, das Unternehmen weiterzuführen. Aber für mich ist das Thema Staffelstab die Hauptmotivation, weiterzumachen.

Das ist das erste Mal, dass ich das so explizit höre.

Die Arbeit muss natürlich auch Spaß machen. Wenn es einem keinen Spaß macht, mit Menschen zu arbeiten und wirtschaftlichen Erfolg anzustreben, kommt man irgendwann zu dem Punkt, das Unternehmen in andere Hände zu geben zu wollen.

Welche wichtigsten Erkenntnisse können Sie an die nächste Unternehmer-generation weitergeben?

Ich habe gerade von unserer Unternehmensverfassung gesprochen. Mir ist es wichtig, dass die nächste Generation sie ernst nimmt und lebt. Wir haben sie in der Familie mithilfe eines moderierenden Beraters sehr aufwendig erarbei-tet. Er hat uns nur die wichtigsten Themenfelder genannt, die in einer solchen Verfassung abgehandelt werden sollten, sich aber geweigert, uns Beispiele zu zeigen. Wir sollten die Verfassung selbst erarbeiten, alles selbst ausdiskutieren. Insgesamt waren dafür mehr als zehn Workshops notwendig. Die Verfassung enthält Grundsätzliches, wie etwa unsere Werte, zu denen u. a. Bodenständig-keit, Toleranz, Menschlichkeit und soziale Verantwortung sowie finanzielle Unabhängigkeit zählen. In der Verfassung stehen aber auch viele praktische Regelungen. So haben wir z. B. festgelegt, dass die Entscheidung über den oder die nächsten Geschäftsführer nur die externen Mitglieder des Beirats treffen, um zu vermeiden, dass die Familie über die Familie entscheidet. Dies steht so auch im neuen Gesellschaftsvertrag.

Auch Aspekte, die ich schon angesprochen habe, kann ich sehr gut weiterge-ben: die Fähigkeit, zuzuhören und weniger zu reden, sowie die Bereitschaft, auch die zweitbeste Lösung zu akzeptieren und nicht zu denken, dass man sich bei allem und jedem durchsetzen muss. Beides halte ich für wichtig. Zudem muss die Nachfolgegeneration natürlich auch etwas für den Familien-zusammenhalt tun. Das ist kein Selbstläufer.

Kommen wir zum letzten Themenbereich: Zukunftschancen und Herausfor-derungen des Unternehmens.

Unsere Branche und unser Geschäft haben nach wie vor eine sehr gute Pers-pektive. Allerdings gibt es regulatorische Bedrohungen für unseren Markt, da verstärkt Einmalverpackungen durch Mehrweglösungen abgelöst werden sollen. Aktuell sind diese Bestrebungen noch im EU-Gesetzgebungsverfah-ren. Das ist grundsätzlich in Ordnung, aber nicht immer sinnvoll. Auf jeden Fall wird dies das Volumen beeinträchtigen.

Warum?

Stellen Sie sich vor, Amazon verpackt nicht mehr einzeln in Wellpappkartons, sondern in Kunststoffkisten, die wieder zurückgehen. Das ist für sie in Verbindung mit ihren Abholstationen vielleicht sinnvoll. Der Kunde könnte dann seine Sendung aus dem Mehrwegbehälter herausholen, die dazu nicht gesondert verpackt sein muss, und eine Retoure wieder in einen solchen Behälter legen. Gerade die Großen in der Branche könnten ein solches System ins Leben rufen. Wir müssen aber die Entwicklung ganz genau im Auge behalten, zumal der Onlinehandel heute – zwar nicht für uns, aber für unsere Branche – ein ganz wichtiger Absatzmarkt ist.

Dabei gibt es schon seit einiger Zeit starke Tendenzen, Kunststoff durch faserbasierte Lösungen zu ersetzen – durch Papier. Wir arbeiten z. B. mit einem großen Elektrogerätehersteller zusammen und versuchen, alle Styroporverpackungen durch Wellpappe zu ersetzen. Daraus erwachsen natürlich auch Chancen. Der Trend in Richtung bloßes Öko-Aussehen – Hauptsache, etwas sieht braun und »öko« aus – wird nicht von Dauer sein. Im Bereich der Nachhaltigkeit gibt es leider viel Greenwashing und Unehrlichkeit – manchmal erhalten wir Aufträge, bei denen wir weißen Karton braun bedrucken. Wenn man genau darauf achtet, was wirklich passiert, ist das manchmal sehr erstaunlich!

Das ärgert mich umso mehr, weil unser Produkt ein Vorreiter der Kreislaufwirtschaft ist. Die Papiere, die wir einsetzen, sind zu 80 bis 85 % aus Altpapier hergestellt. Der Rest basiert auf Frischzellstoff, der ebenfalls nachhaltig ist, weil die Bäume natürlich nachwachsen. Viele Länder haben heute mehr Wald als früher, weil sie verstärkt aufforsten. Deswegen orientieren sich viele in Richtung faserbasierter Produkte, da diese entweder recycelt oder nachhaltig produziert werden. Auch die Energie bei Frischfasern stammt in der Regel komplett vom Baum, der ja nicht vollständig für Bauholz oder Möbel genutzt werden kann. Aus dem Rest wird Zellstoff gemacht und die Energie gewonnen, die für die Produktion benötigt wird. Die einzigen Bereiche, in denen die neuen Zellstofffabriken derzeit noch fossile Energie nutzen, ist der Diesel für die LKWs, die in den Wald fahren, und für die Erntemaschinen.

Insofern ist das ein sehr gutes Produkt, gerade was Transport und Lagerung angeht. Wir stellen nur Taylor-made-Verpackungen her, was im Wesentlichen auch für die gesamte Branche gilt. Was wir unseren Kunden anbieten, ist maßgeschneidert. Da ist kein Zentimeter Luft zu viel drin. Unsere Branche sorgt dafür, dass möglichst wenig Luft in der Gegend herumgefahren wird. Das ist der große Vorteil gegenüber allen Mehrwegsystemen. Insofern glaube ich, dass unser Produkt noch lange überleben wird und wir mit unserer Druckkompetenz sehr gut aufgestellt sind, weil wir alle relevanten Druckverfahren sehr gut beherrschen.

Außerdem sind wir sehr kundenorientiert. Vor einiger Zeit haben wir zusammen mit einem meiner Klassenkollegen, der einer der bekanntesten Branding-Spezialisten in Deutschland ist, Workshops zu den Stärken und Schwächen in unserem Auftritt veranstaltet. Um die Sicht der Kunden einzubeziehen, hat er eine Kundenbefragung durchgeführt. Nur bei einer einzigen Frage haben wir schlechter abgeschnitten als der beste Wettbewerber: im Auftritt – und genau deswegen haben wir diese Übung ja angestoßen. Bei allen anderen Themen sind wir besser oder deutlich besser eingestuft worden. Und vor allem sind wir durch unsere Kundenorientierung hervorgetreten, unseren Umgang mit dem Kunden, unser Bemühen, dem Kunden zu helfen. Insofern denke ich, dass wir gut aufgestellt sind. Wo wir Schwächen haben, ist aber ganz klar: An die großen Konzerne, an die großen Markenartikler, kommen wir nur zum Teil heran.

Weil Sie zu klein sind?

Weil sie lieber mit international aufgestellten Unternehmen arbeiten, die überall in Europa Werke haben, sodass sie eine umfassende Partnerschaft auf die Beine stellen können. Das können wir nicht. Sie haben es dort häufig mit neuen Ansprechpartnern zu tun und keine Möglichkeit, eine echte Kundenbeziehung aufzubauen. Wir versuchen immer, möglichst viele Verbindungen zum Kunden zu schaffen, zum Einkauf, Wareneingang, Produktion aber auch Verpackungsentwicklung und Marketing. Je enger wir vernetzt sind, desto stärker wird die Kundenbindung. Dann ist man eher davor gefeit, den Kunden zu verlieren. Und der Kunde hat auch etwas davon.

Gut gemacht, haben beide etwas davon.

Zu den größten Herausforderungen zählt heute, den Überblick darüber zu behalten, was von der Regulatorik her auf uns niederprasselt – Nachhaltigkeitsberichterstattung, Lieferketten und so weiter – und dort die richtigen Schwerpunkte zu setzen. Wir wollen keinen Schönheitspreis gewinnen. Wir gehen unseren Verpflichtungen nach stehen inhaltlich auch dahinter, aber alles, was wir nicht unbedingt müssen, machen wir nicht. Nur so können wir unsere Prozesse schlank halten. Das ist ein riesiges Problem. Ich hoffe, dass die Politik das irgendwann einsieht und vielleicht wirklich dazu kommt, für ein neues Gesetz zwei alte zu streichen. Etwas muss in diesem Sinne passieren, sonst sehe ich schwarz für unsere Volkswirtschaft und erst recht für den Mittelstand. Unternehmen unserer Größenordnung verfügen einfach nicht über die notwendige Manpower. Sie müssen sich einen Kostenapparat aufbauen, den ihnen kein Kunde bezahlt.

Dieses Denken ist in der Politik noch nicht verbreitet. Sie wollen alles, was sinnvoll ist, regeln, beachten dabei aber zu wenig, was das an Folgekosten verursacht. Es ist doch wie immer im Leben: Ich kann nicht alles bekommen, was ich haben will, wenn es viel zu aufwendig wird, es zu produzieren.
Es sind ja nicht nur die Gesetze selbst, sondern auch der Aufwand, der damit verbunden ist, allein schon vom Personalbedarf her – und ich meine nicht unseren eigenen, sondern den auf staatlicher Seite. Heerscharen von Menschen, die diese Gesetze entwerfen, in Verordnungen umsetzen, damit sie in der Praxis handhabbar sind, und schließlich ihre Einhaltung kontrollieren. Auch das führt zu Fachkräftemangel.

Die zweite wesentliche Herausforderung – unabhängig vom Markt, wo man natürlich richtig agieren muss – ist nach wie vor das Thema Familie. Ich hoffe, dass wir mit der Satzung und dem darauf aufbauenden Gesellschaftsvertrag die Weichen bei diesem Thema richtig gestellt haben, aber man muss auch die richtige Einstellung dazu haben und mit der Familie leben wollen. Das macht ja nicht immer nur Spaß. Das ist einfach so.

Selbstständig ist schon selbst ständig, und dann kommt noch die Familie hinzu. Dieser Teil ist auch stets mit dabei.
»Die größte Gefahr für das Familienunternehmen ist die Familie«, an diesem bekannten Spruch ist schon etwas dran und trotzdem bin ich froh darüber, Mitglied dieser Unternehmerfamilie zu sein.

Das ist ein schönes Schlusswort. Vielen Dank für das Gespräch!
Das Interview wurde am 20. Oktober 2023 in Mayen geführt.

Dr. Antje Eckel

Jahrgang 1963.
Seit 1994 in der Geschäftsleitung der Dr. Eckel Animal Nutrition
GmbH & Co. KG.
1. Unternehmergeneration.

**Können Sie mir bitte einen kurzen Überblick über Ihr Unternehmen
und seine Entwicklung geben?**

Angefangen habe ich vor ziemlich genau dreißig Jahren. Ich war gerade frisch
promoviert, hatte zwei kleine Kinder und während der Promotion eigentlich
immer gedacht, in ein Ministerium zu gehen. Die Realität war danach aber
eine ganz andere. Die Kindergartenbetreuung ging damals von 8 bis 12 Uhr
und von 14 bis 16 Uhr – keine gute Lösung für eine berufstätige Frau mit
einem berufstätigen Mann. Mein Mann war bei einem franko-kanadischen
Unternehmen für den Vertrieb in Deutschland und die technische Betreuung
in Europa verantwortlich und viel unterwegs. Ich dachte mir: »Vertrieb, verkaufen – das kannst du auch.« Daraufhin nahm ich das schwer verdiente
Geld meines Mannes, parkte die Kinder bei den Großeltern und flog von
Messe zu Messe, um zu sehen, was es an Neuigkeiten im Bereich Tiernahrung
gab. Ich stellte schnell fest, dass ein paar ganz große Hersteller dringend einen
Partner suchten, um ihre innovativen Zusatzstoffe verkaufen zu können.
Diese Stoffe waren geeignet, den Einsatz von Antibiotika zu reduzieren, ließen sich aber nur schwer am Markt absetzen. Schließlich hatte ich irgend-
wann ein Produkt und eine kleine Produktgruppe und sagte zu meinem
Mann: »Ich mache mich selbstständig.« Ich glaube, er war einfach nur froh,
dass ich gut beschäftigt war und er weiter an seiner Karriere arbeiten durfte.

**Auf diesem Feld hat sich einiges geändert. Männer können heute
nicht mehr von vornherein davon ausgehen, quasi ungestört Karriere
zu machen.**

Ja, aber das hat sich bei uns schnell verändert. Ich habe mich selbstständig
gemacht – im Schlafzimmer. Wenn geschäftlicher Besuch kam, stellte ich die
Fachbücher vor die Romane, das Ehebett ins Kinderzimmer, den Tisch in die
Mitte des Raumes, und die Kinder gingen zu Freunden. Es gab in der Nachbarschaft eine Italienerin, die exzellent kochen konnte. Den Gästen habe ich
gesagt, dass es leider am Ort kein gutes Restaurant gäbe und ich deshalb eine
Köchin bestellt hätte. Wir hatten aber einfach nur kein Geld.

Schnell musste ich feststellen, dass alles nicht so einfach war, wie ich mir das
vorgestellt hatte. Ich brauchte einen Vertriebler, aber auch jemanden mit fach-
licher Expertise – und eigentlich auch einen Babysitter. Am besten meinen
Mann, zu halbem Gehalt und doppelter Arbeit: Außendienst, Beratung und
Kinderbetreuung. Glücklicherweise kam er schon nach einem halben Jahr ins
Unternehmen. Unsere Tochter hat später immer gesagt: »Entweder war er
völlig naiv oder er hat dich wirklich geliebt.« Ich nehme an, es war Letzteres.

Seit dieser Zeit haben wir das Unternehmen gemeinsam aufgebaut, immer in einer strengen Trennung: Er war für das Fachliche und den Vertrieb zuständig, ich für den kommerziellen Bereich, die Organisation und später die Produktion. Das haben uns die Kunden früh beigebracht: Wir müssen die Verantwortung trennen, sonst werden wir ausgespielt. Im darauffolgenden Jahr haben wir unsere erste Assistentin eingestellt – die bis heute bei uns ist –, ein halbes Jahr später die erste Vertrieblerin; auch sie arbeitet noch im Unternehmen. Am Anfang waren wir ein reines Handelsunternehmen und hatten irgendwann in unserem Segment in der DACH-Region 25 Prozent Marktanteil. Wir brauchten also eine neue Strategie und waren uns einig, in die Nachbarländer zu expandieren: in die Niederlande, nach Belgien, nach Dänemark, nach Frankreich. Auf der EuroTier in Hannover – der weltweit größten Messe in unserem Bereich – besuchte ein Geschäftsmann aus den Philippinen unseren Stand. Mein Mann sprach lange mit ihm und fand den Markt dort sehr spannend: große Betriebe, die ganze Container kauften und die man online betreuen könnte. Ich war überhaupt nicht zufrieden, da wir doch über Europa geredet hatten, nicht über Asien. Danach besuchte er eine Messe in Bangkok, um sich genauer zu informieren. Ich sagte zu meinen Mitarbeitern: »Leute, wir müssen jetzt dafür sorgen, dass wir meinem Mann, wenn er zurückkommt, genau erklären können, warum wir nicht nach Asien gehen.« Unsere eigene Analyse zeigte jedoch, dass er richtig lag. Also legten wir unsere Europastrategie in die Schublade, suchten uns einen Vertriebler für den asiatischen Markt und gingen wirklich nach Asien. Das war zu der Zeit ungewöhnlich, aber gar nicht so kompliziert. Einfach mal machen, ausprobieren. Wenn es nicht funktioniert, etwas anderes ausprobieren.

Damit hatten wir Exportkunden gewonnen. Unsere Lieferanten im Handel waren allerdings nicht so davon begeistert, uns weiter zu beliefern. Das heißt, für die DACH-Region schon, aber nicht für den Export nach Asien. Daher fingen wir an, Produkte in den Niederlanden in Lohnfertigung herstellen zu lassen, einfache Produkte, die ohne großes Know-how produziert werden konnten. Außerdem betrieben wir viel Entwicklung – teilweise mit Forschungsgeldern von Land und Bund – und hatten deshalb eine Reihe innovativer Produkte in der Pipeline, aber noch nicht in der Produktion. Mit der Lohnproduktion waren wir sehr zufrieden.

Eines Tages kam ein Anruf aus den Niederlanden von einem Betrieb, den wir bis dahin nicht kannten. Das Unternehmen wollte gerne für uns etwas im Lohn herstellen. Ich antwortete, dass wir uns in der bestehenden Kooperation gut bedient fühlten und keine Lust hätten, dass jeder unsere Rezepturen kennt. Die Antwort war: »Eure Rezeptur habe ich längst.« Es stellte sich heraus, dass ein Mitarbeiter bei unserem Partner diesen im Streit verlassen, einmal den Server geleert und die Informationen zu seinem neuen Arbeitgeber mitgenommen hatte. Diese Erfahrung zeigte uns, dass man in der Lohnherstellung nur gut aufgehoben ist, wenn jeder weiß, wie man die Produkte herstellt. Für echte Innovationen geht Lohnfertigung nicht. Uns wurde klar, dass wir unsere Innovationen selbst produzieren müssen. Deshalb bin ich zur Bank gegangen, um 5,5 Millionen Euro für unsere eigene Produktion zu beantragen, obwohl zu diesem Zeitpunkt unser Umsatz bei 10 Millionen Euro lag. Zum Glück hat das geklappt und wir haben zusätzlich Förderkredite vom Land dafür bekommen. Anfang 2009 haben wir so begonnen, selbst zu produzieren. Mit der Zeit haben wir immer mehr eigene, selbst entwickelte Produkte in den Markt gebracht, sodass wir uns von einem Handels- zu einem Produktionsunternehmen entwickelt haben, auch wenn wir heute immer noch einen kleinen Handelsanteil haben.

Dreißig Jahre nach der Gründung arbeiten heute unsere drei Kinder bei uns im Unternehmen. Am längsten ist unsere Tochter dabei, die vor fünf Jahren zu uns kam und vier Jahre die Produktion geleitet hat. Vor vier Jahren kam unser älterer Sohn dazu und zuletzt unser jüngerer, der sich noch in der Ausbildung befindet. Jetzt müssen wir sicherstellen, dass wir drei Familien ernährt bekommen. Es ist wieder Wachstum angesagt.

Haben Sie den Kindern ein klein wenig nachgeholfen, ins Unternehmen zu kommen?
Überhaupt nicht. Wir haben uns vollständig herausgehalten. Das Unternehmen war für meinen Mann und mich das Richtige, aber wir wussten nicht, ob es das auch für die Kinder sein würde. Wir wollten nicht für das Schicksal der Kinder verantwortlich sein. Eine gute Arbeitsstelle findet sich überall, und wir hätten das Unternehmen ja auch verkaufen können. Wir haben gesagt: »Fühlt euch bloß nicht verpflichtet. Es gibt viele Möglichkeiten für euch und viele Möglichkeiten für uns.«

Besitzen Sie so etwas wie wirtschaftliche Grundüberzeugungen, ein Leitmotto, etwas, was Sie treibt und Ihr Handeln bestimmt?
Ja, ich bin davon überzeugt, dass Erfolg kein Geheimnis ist, sondern dass man sich sehr gut vorbereiten muss, dass man hart arbeiten und aus Fehlern lernen muss – und natürlich kommt noch ein Quäntchen Glück dazu. Es

gibt aber leider – oder zum Glück – nichts umsonst. Die junge Generation hat es schwer. Sie sieht in den sozialen Medien, was andere auf einfachste Weise erreicht haben – oder das zumindest vorgeben –, und glaubt, dass sie letztlich auch dort stehen könnte. Daraus resultiert Unzufriedenheit. Aber es gibt einfach keine Zauberei. Wie kommen die Leute dahin? Nur durch Arbeit. Nur, indem sie einen guten Plan schmieden, diesen Plan verfolgen, konsequent sind, aus Fehlern lernen, hinfallen, aufstehen, es wieder probie-

ren und dabei jedes Mal besser werden. Das ist für die Jüngeren tatsächlich eine Herausforderung. Dazu sind sie mit unendlich vielen Möglichkeiten konfrontiert, was es schwierig macht, sich zu fokussieren und zu entscheiden, was sie später tun wollen.

Die Gesellschaft muss lernen, damit umzugehen.
Das ist unsere heutige Herausforderung. Früher standen wir vor anderen Herausforderungen und in der nächsten Generation werden es wieder andere

sein. Darüber sollten wir nicht jammern. Das ist einfach so. Damit müssen wir umgehen und fragen, wie wir es nutzen können. Mein Mann ist z. B. fasziniert davon, was die Jugend alles weiß und aus der Schule oder dem Studium mitbringt. Sie sind so clever und haben viel gesehen. Wenn man das mit der Erfahrung der Älteren kombiniert, kann man gut vorankommen.

Welche Fähigkeiten waren für Ihren Erfolg ausschlaggebend?
Wenn ich das wüsste! Das weiß ich nicht.

Weiß Ihr Mann das?
Das weiß ich auch nicht. Man weiß eher, wo die eigenen Schwächen liegen, aber selbst da ist man oft unsicher. Ich habe kürzlich mit jemandem gesprochen, der sich über eine Person aufgeregt hat, die häufig etwas aussitzt. Den Vorwurf des Aussitzens höre ich hier im Haus auch manchmal: »Warum schaust du da zu? Dort könnte man sehr schnell Veränderungen vornehmen.« Aber ich kann nicht jeden Krieg führen. Ich versuche, die Dinge zuerst anzugehen, die augenscheinlich den größten Hebel haben. Das führt dazu, dass andere Dinge, die ebenfalls erledigt werden müssen, manchmal erst sehr spät in Angriff genommen werden. Das kann einem negativ angelastet werden, aber wenn man jede Kleinigkeit angeht, verliert man die wirklich wichtigen Dinge leicht aus den Augen. Ich glaube, dass ich das im Laufe der Jahre gelernt habe.

Mein Mann würde vielleicht auch noch sagen, dass ich keine Furcht kenne, was aber nicht stimmt. Ich kenne Furcht, aber sie lähmt mich nicht. Wenn ich vor etwas Angst habe, versuche ich, das Problem in die Einzelbestandteile herunterzubrechen und einen Plan aufzustellen, wie ich vorgehen und es lösen kann. Schwierige Gespräche mit Geschäftspartnern bereiten mir eher Freude. Ich erkenne das als eine echte Herausforderung im Alltag. Darauf bereite ich mich mental schon Tage vorher vor, überlege, was die Position des anderen sein könnte, und baue mir einen Schlachtplan auf. Mein Mann führt solche Gespräche nicht so gerne, viele andere auch nicht. Ich bin grundsätzlich konsensorientiert, aber ich lasse mich nicht einschüchtern und ich gehe keinem Gespräch aus dem Weg.

Könnten Sie die wichtigste geschäftliche Entscheidung benennen, die Sie in Ihrer Karriere getroffen haben? Wie hat sie die Entwicklung des Unternehmens beeinflusst?

Meinen Mann zu heiraten. Das war im Nachhinein nicht nur die beste persönliche Entscheidung, sondern auch die beste geschäftliche, weil wir ein gutes Paar sind, um das Unternehmen gemeinsam zu führen. Wir sind sehr unterschiedlich und ergänzen uns gut. Ein Geschäftspartner hat mir vor sehr vielen Jahren einmal gesagt, wir seien zwei Seiten einer Medaille. Die Erkenntnis darüber, was man gut kann und was der andere besser kann, ist sehr wichtig, und ich glaube, dass es dem Unternehmen guttut, wenn mindestens zwei Personen in der Leitung sind.

Haben Sie schon einmal eine signifikante Fehlentscheidung getroffen?

Ich treffe unendlich viele. Was ist signifikant?

Etwas, was Ihr Verhalten danach deutlich verändert hat.

Vielleicht keine Fehlentscheidung, aber ein Fehlverhalten. Wir haben irgendwann ein Geschäft aufgebaut, das nicht ganz zum Futtermittelbereich gepasst hat, und den Bereich Landebahnenteisungsmittel für Flughäfen in der DACH-Region bedient.

Das hört sich auf den ersten Blick völlig disjunkt an.

Landebahnenteisungsmittel waren das Produkt eines unserer Lieferanten, der Schwierigkeiten mit seinem Vertrieb hatte. Bei der Entwicklung eines Unternehmens schaut man immer auch ein bisschen nach rechts und nach links, und wenn sich ein neuer guter Weg zeigt, dann geht man ihn. Das war auch in diesem Fall so: »Probieren wir das doch einmal aus. Vielleicht bleiben wir ja gar nicht bei Tierernährung.« Innerhalb einer Woche hatten wir alles abgesprochen und bekamen den Auftrag. Wir begannen dieses Geschäft mit einem sehr niedrigen Marktanteil und bauten das Ganze in wenigen Jahren auf 60 Prozent Marktanteil aus. Das war ein lukratives Geschäft, wenn auch nicht ganz so einfach, wie wir vorher gedacht hatten. Das Geld verwendeten wir, um Forschung und Entwicklung zu bezahlen, als eine Art Zubrot. Wir waren zufrieden und dachten nicht darüber nach, was alles passieren könnte. Das Unternehmen verkaufte später an einen Konzern, der das Geschäft angesichts der guten Marge übernehmen wollte und entsprechend schnell handelte.

Ich sage nicht, dass das ein Fehler war. Aber wir haben die Abhängigkeit erkannt, die man im Handel hat, insbesondere dann, wenn man erfolgreich ist. Das war uns vorher nicht klar. Wir haben auch gelernt, dass man, wenn man das Gefühl hat, es läuft gut, vielleicht etwas übersehen hat. Das war damals sehr schmerzhaft, aber es hat uns einen bedeutenden Anstoß gegeben, uns vom Handel abzukoppeln und selbst zu produzieren. Diese Abhängigkeit zu erkennen, war für mich ein großes Lernfeld. Man kennt ja immer nur die publizierte Strategie und nicht, wie es in Wirklichkeit ist. Insofern sage ich ja, es ist keine Fehlentscheidung gewesen, aber ein Stück weit Naivität. Das war die mit Abstand wichtigste Lernkurve im Laufe der Jahre.

Was macht für Sie den Mittelstand aus? Welche zentralen Unterschiede bestehen zu Großunternehmen?

Immense! Das sind zwei Welten. Wir haben im Laufe der Zusammenarbeit große Konzernkunden kennengelernt. Ich beschreibe das gerne mit dem bekannten Bild des großen Tankers, der, wenn er einmal fährt, so schnell nicht mehr gestoppt wird. Und wir sind dieses kleine, schnelle Beiboot, das sehr wendig ist, in den Wellen geschüttelt wird, aber auch auf die Wellen reagieren kann. Unser Verhalten kann einen Konzern nicht beeinflussen. Daher müssen wir versuchen, zu verstehen, was dessen Strategie ist und ihm unsere Produkte so anbieten, dass er damit Erfolg haben kann.

Im Mittelstand ist das ganz anders. Im Mittelstand geht es um Geschwindigkeit und Innovation. Ich will Ihnen die Produktregistrierung in den Ländern als Beispiel nennen. Das wickeln wir »quick and dirty« ab. Das heißt nicht, dass wir Regeln brechen, sondern es bedeutet, dass wir minimalistisch vorgehen. Sollten die Behörden in dem Land nicht zufrieden sein, melden die sich schon und teilen uns mit, was sie noch brauchen. Alles, was wir zu viel einreichen, verursacht Folgekosten. Auf diese Weise können wir schnell und effizient sein und heute mehr als 400 Registrierungen in über 40 Ländern halten. Das ist für ein Unternehmen unserer Größenordnung sehr viel. Ein Konzern macht das ganz anders. Er baut ein Beispieldossier auf, das so ausdifferenziert ist, dass es auch für das komplizierteste Land der Welt verwendet werden kann. Mit diesem komplexen Dossier geht er in jedes Land, mit der Folge, dass die Registrierungen im Vergleich zu uns ein Zigfaches an Zeit und Geld brauchen. Die Leitlinie des Konzerns liegt nahe am Perfektionismus. Der kleine Mittelständler hat diese Zeit nicht, er muss einfach fertig werden.

Im Mittelstand wird auch ganz anders entschieden als in Großunternehmen. Ein Mitarbeiter, der aus einem Konzern kam, beschrieb mir das einmal so: »Im Konzern konnte ich eine tolle Idee haben, die ging dann zig Hierarchiestufen nach oben, zig Hierarchiestufen nach unten, und das Problem war schon behoben, bevor die Antwort kam. Das heißt, mit der guten Idee konnte ich immer punkten, aber ich hatte nie die Konsequenzen zu tragen.« Im Mittelstand geht es dagegen sehr direkt und sehr schnell zu. Ich

kann Ihnen ein weiteres Beispiel für einen Unterschied nennen. Ich hatte einen Mitarbeiter, der aus räumlichen Gründen zu einem Konzern wechselte, und mir später sagte: »Bei euch konnte ich hundert Prozent meiner Arbeitszeit in Arbeit investieren. Jetzt bestehen 40 bis 50 Prozent meiner Arbeitszeit darin, Politik zu betreiben und aufzupassen, dass mir nicht der Stuhl abgesägt wird.« Es gibt Menschen, die sich hervorragend für Konzerne eignen, aber sicher nicht für uns, und umgekehrt. Es sind verschiedene Welten, aber man braucht einander.

Im Mittelstand müssen wir immer aufpassen, dass wir auf der einen Seite nicht zu kopflastig werden, auf der anderen Seite aber genügend Kapazität im Mittelmanagement haben, damit nicht alles auf dem Schreibtisch des Chefs landet, sonst kann das Unternehmen nicht wachsen. Wir haben gerade auch unsere Systeme neu aufgestellt, sodass wir damit sehr viel mehr Geschäft bewegen können als heute. Ich bin davon überzeugt, dass dies der richtige Weg ist, und sage deshalb: »Jetzt ist Zeit zu wachsen, jetzt kommt der nächste große Schritt.« Der Markt, in den unsere Produkte sehr gut passen, wächst stetig. Nachhaltigkeit, Tierwohl, Effizienz sind aktuelle und bedeutende Themen. Wir wären dumm, nicht zu wachsen. Wenn nicht jetzt, wann dann?!

Sehen Sie Besonderheiten dadurch, ein Familienunternehmen zu sein?
Ich glaube ja, aber man müsste wahrscheinlich auch die Mitarbeiter fragen. Was wir im Laufe der Jahre beobachtet haben, ist, dass wir zunehmend Paare beschäftigen. In Familienunternehmen achtet man darauf, dass Familie möglich ist. Man muss als Unternehmer dafür sorgen, dass die Frauen der Mitarbeiter ebenfalls arbeiten können. Und das kann man nur, indem man den Männern Teilzeitarbeit oder frühe Nachmittage, verbunden mit langen anderen Tagen, ermöglicht. Wer hier arbeitet, muss Arbeit und Familie unter einen Hut bringen können. Das war für mich damals wichtig, daher geben wir uns heute Mühe, dass unsere Mitarbeiter auch für ihre Familien da sein können. Und viele Familienbetriebe, die ich kenne, machen das genauso.

Ist das Thema Enkelfähigkeit für Sie noch ein zusätzliches Argument? Bindet Sie das noch stärker?
Ein Unternehmen nachhaltig aufzusetzen, die Möglichkeit zu schaffen, über Generationen hinweg zu bestehen, ist schon etwas Großartiges, aber man muss sich darüber im Klaren sein, dass dies nur durch einen kontinuierlichen Wandel möglich ist. So war es auch bei uns. Wir haben rein deutsch angefangen im Handel und sind heute ein internationales Produktionsunternehmen. Früher konnte kaum jemand im Unternehmen Englisch, heute muss man Englisch können, um hier anzufangen; Deutsch ist nicht unbedingt erforderlich. Und das ist nur das, was von außen sichtbar ist. Damit ging auch eine vollständige innere Veränderung des Unternehmens einher. Und Enkelfähigkeit wäre nur dann gegeben, wenn diese Veränderung weiter stattfinden würde. Ich wurde kürzlich gefragt, ob so viel Veränderung für die Mitarbeiter, die zum Teil schon sehr lange dabei sind, nicht zu schwierig sei. Bei uns ist das nicht der Fall. Im Gegenteil, sie fordern diesen Wandel sogar stärker und

sagen zur Jugend: »Jetzt mal im Ernst. Das würde man doch heute nicht mehr so machen. Wie macht man das denn heute? Sagt mir das mal.«

Das ist ungewöhnlich.
Das kann ich nicht beurteilen, aber ich genieße es und glaube, dass es die Basis für Kontinuität ist, für das Akzeptieren der Veränderung.

Was können Sie an die nächste Generation als wichtigste Erkenntnis weitergeben?
Es wird immer wieder gut. Alles ist zu etwas nutze. Was heute ganz schrecklich aussieht, wird später in Ordnung sein. Man hat dadurch etwas gelernt. Es gibt immer eine Lösung, auch wenn es noch so verzwickt aussieht. Man muss sich nur hinsetzen und versuchen, ein bisschen anders als sonst zu denken. Es gibt unendlich viele Möglichkeiten. Ich glaube, die große Herausforderung besteht nicht darin, dass es keine Möglichkeiten gibt, sondern darin, fokussiert zu bleiben.

Das ist eine typische Herausforderung für innovative Menschen.

Genau, deshalb braucht man eine Strategie. Das haben wir irgendwann gelernt und daher klar formuliert, in welche Länder wir mit welchem Hauptfokus gehen, in welche mit Nebenfokus und in welche Länder überhaupt nicht. Wir haben festgelegt, welche Tiere wir mit einem Hauptfokus angehen, welche mit einem Nebenfokus und welche überhaupt nicht, und für uns definiert, welche Produkte für uns im Hauptfokus stehen, welche im Nebenfokus und welche wir nur gelegentlich herstellen, also ohne Ressourcen. Dazu nutzen wir ein Dokument, das auf eine DIN-A4-Seite passt und auf jedem Schreibtisch liegt. Wenn jemand mit einer tollen neuen Idee kommt, lautet die erste Frage: »Wo passt das in die Strategie?« Dies hat sich für uns als sehr hilfreich erwiesen.

Wie sehen Sie Ihre Zukunftschancen und wo liegen die größten Herausforderungen?

Die größte Herausforderung liegt darin, den richtigen Hebel zu bedienen und sich nicht zu verzetteln. Wenn man kreativ und innovativ ist, sieht man viele Chancen. Das birgt aber auch Gefahren. Wir bewegen uns in einer Welt, in der wir die richtigen Produkte haben. Wir bedienen Tierwohl und Nachhaltigkeit. Wir können helfen, Menschen nachhaltiger zu ernähren, und dafür sorgen, dass aus weniger mehr gemacht werden kann, und zusätzlich Abfälle und Abgase reduzieren. Damit bedienen wir ein Themenfeld, das heute höchst aktuell ist. Es war schon immer aktuell, aber heute wissen das einfach viel mehr Menschen als früher. Gleichzeitig sind unsere Produkte immer profitabel. Produkte, die nicht profitabel sind, sterben in der Landwirtschaft in einem ganz frühen Stadium, weil diese Themen zwar wichtig sind, aber niemand etwas dafür bezahlen wird. Das heißt, der Einsatz unserer Produkte muss sich für die Kunden unseres Kunden rechnen. Wir haben also große Chancen. Die Frage ist nur, ob wir konsequent genug sind, für sie zu leben, ohne uns zu verzetteln. Ich glaube, das ist die größte Herausforderung.

Typischerweise höre ich bei dieser Frage Sorgen über die überbordende Bürokratie. Ihre Aussage passt gut zu dem, was Sie gesagt haben. Wenn einem Steine in den Weg gelegt werden, kann man sich davon aufhalten lassen oder man kann versuchen, eine andere Lösung zu finden. Und dann wird es einen Weg geben.

Das hat wieder etwas mit dem Ressourceneinsatz zu tun. Über Dinge, die ich nicht verändern kann, brauche ich auch nicht zu jammern. Dann wäre ich besser in der Politik aufgehoben. Die Zeit dafür habe ich aber nicht, ebenfalls nicht den Wunsch. Ich lebe nun einmal hier, ich kann jetzt nicht einfach – das ist ein Nachteil im Mittelstand – mit Sack und Pack an einen ganz anderen Ort ziehen. Es ist wie das Wetter: Ich muss damit leben. Es gibt vieles, was mir nicht gefällt, was ich aber nicht verändern kann. Ich kann nur überlegen, wie ich daraus einen Vorteil für mein Unternehmen ziehen kann, und mich entsprechend justieren.

Das haben wir an vielen Stellen gemacht. Bei uns kann man – wie schon erwähnt – arbeiten, wenn man kein Deutsch spricht, aber Englisch. Das hat Vorteile. Plötzlich eröffnet sich eine weitere Möglichkeit, hochqualifiziertes Personal zu gewinnen und sich damit vom Wettbewerb abzusetzen. Ein zweites Beispiel sind die jungen Mitarbeiter, die lieber in den Städten wohnen wollen. Da unser Standort auf dem Land ist, haben wir E-Autos eingeführt, mit denen unsere Mitarbeiter in einer Fahrgemeinschaft in die Stadt fahren, wo sie wohnen. Das hat verschiedene Vorteile. Die Mitarbeiter haben keine Fahrtkosten, um zu uns zu kommen, da wir auch eine eigene Ladeinfrastruktur aufgebaut haben. Weil sie antizyklisch fahren, sind sie schnell hier und abends auch schnell wieder zu Hause. Da sie mit E-Autos und in einer Fahrgemeinschaft fahren, reduzieren sie dabei ganz massiv den CO_2-Ausstoß. Natürlich kostet das Geld, aber wir ziehen so plötzlich junge Mitarbeiter aus den Städten an, die es gut finden, auf dem Land zu arbeiten. Wir müssen einfach überlegen, wie wir aus unserem Umfeld das Allerbeste für das Unternehmen machen. Und: Jedes Problem ist lösbar; man muss sich nur überlegen, wie. Machbar ist alles, aber vielleicht etwas anders als vorher.

Deshalb steht Jammerei bei mir nicht auf der Agenda. Ich engagiere mich viel ehrenamtlich und sitze auch in Ausschüssen im Bundeswirtschaftsministerium und im Landwirtschaftsministerium, wo ich mich engagiere und mitdiskutiere. Aber ich bilde mir nicht ein, dass ich damit etwas Wesentliches ändern kann. Darüber jammere ich nicht. Das ist eben so.

Das ist – wie ich meine – ein sehr pragmatisches und Mut machendes Schlusswort. Herzlichen Dank für das Gespräch.
Das Interview wurde am 20. März 2024 in Niederzissen geführt.

Philipp Eschenbach

Jahrgang 1993.
Seit 2023 in der Geschäftsführung der Eschenbach Zeltbau GmbH
& Co. KG.
3. Unternehmergeneration.

Können Sie mir bitte einen kurzen, stichwortartigen Überblick über Ihr Unternehmen und seine Entwicklung geben?

Unser Unternehmen wurde 1972 in Ostfildern bei Stuttgart gegründet. Mein Großvater war dort Festzeltwirt und wechselte dann vom Gastronomiegeschäft in den Zeltbau. Er stammte aus Bad Königshofen und kam mit dem Unternehmen 1981 in seine alte Heimat zurück. Das war damals Zonenrandgebiet und es gab noch sehr viel günstiges Land zu erwerben. Mittlerweile gehört uns eine Fläche von 90.000 Quadratmetern, aber auch heute ist diese Region sehr stark ländlich. Wenn ein Kunde hierherkommt, haben wir ihn schon fast gewonnen. Das Unternehmen heißt, wie wir heißen. Das ist ein Joker, der unbezahlbar ist. Die Kunden wissen, dass sie, wenn es Probleme gibt, mit dem Chef Eschenbach reden.

In der Zeit der Wende nutzten wir unsere Chance in den neuen Bundesländern. Damit es schnell geht, wurde dort vieles vorübergehend in Zelten untergebracht: Banken, Supermärkte, Textilgeschäfte. Für den Zeltbau entstand plötzlich ein neuer Markt. In der DDR gab es auch viele Sattler, Näherinnen und Näher sowie technische Konfektionäre. Chemnitz war ein sehr starker Textilstandort, daher eröffneten wir dort früh eine Niederlassung. Heute sind wir in den neuen Bundesländern mit drei Niederlassungen vertreten und beschäftigen in der ganzen Unternehmensgruppe 160 Mitarbeiter. Im Markt sagen wir gerne »Der kleinste unter den Großen«. Die Großen gehören alle zu Investmentfirmen. Aktuell haben wir unsere Umsätze stark gesteigert. Vor der Pandemie lagen wir bei ca. 18 Millionen Euro Jahresumsatz, in der Coronazeit bei 12 Millionen. Im letzten Jahr sprang der Umsatz auf 28 Millionen, im Augenblick liegen wir bei über 30 Millionen. Das waren schon sehr große Sprünge.

Mein Großvater hat das Unternehmen bis 2012 geführt, dem Jahr, in dem er verstorben ist. Seitdem steht mein Vater zusammen mit meinem Onkel an der Spitze des Unternehmens, wobei mein Vater der Hauptgeschäftsführer ist. Und vor wenigen Monaten bin ich als dritter Eschenbach dazugekommen.

Warum haben Sie sich entschieden, Ihr Familienunternehmen fortzuführen? Wie stark war der Einfluss Ihres Vaters auf diese Entscheidung?

Der Einfluss war eher 110 Prozent als 100 Prozent. Ich war schon immer an der Firma interessiert, hatte Lust darauf und verspürte eine große Dankbarkeit dafür, diesen Weg gehen zu können. Schon als kleiner Junge waren wir jedes Wochenende unterwegs, sei es bei einem Firmenjubiläum, einer Porsche-

Autopräsentation in Monaco oder einem Biathlon-Weltcup in den Alpen. Mit 16 Jahren durfte ich mit zur Fußball-Weltmeisterschaft in Südafrika, für die wir alle temporären Bauten gestellt haben. Wir waren ständig unterwegs. Mehr Abwechslung geht gar nicht.

Wie haben Sie sich auf die Übernahme der Verantwortung vorbereitet?

Ich habe eine sehr gute Erziehung genossen, die streng war, aber nicht zu streng. Wir sind im Unternehmen groß geworden, haben alles mitbekommen und durften auch immer mit zu den Veranstaltungen, sodass man den Kunden schon als Knirps Hallo und Tschüss mit Anstand gesagt hat. Dem Abitur – ich bin der Erste in der Familie mit Abitur – ist das Studium gefolgt. Damit bin ich ebenfalls der Erste und meine Schwester, die gerade ihren Master-Abschluss macht, die Zweite. Wir haben eine sehr gute schulische Ausbildung genossen, was bei meinem Vater nicht der Fall war. Er hat mit 16 Jahren meinem Großvater geholfen, die Firma aufzubauen.

So, wie man das damals getan hat.

So war das. Danach habe ich verschiedene Praktika gemacht – bei der Deutschen Bank, bei einer der größten deutschen Sportagenturen – und zwei Jahre bei UPS gearbeitet. Dort war ich für den Vertrieb in den neuen Bundesländern Sachsen, Sachsen-Anhalt und Brandenburg tätig. Damit hatte ich eigentlich alles wichtige Wissen zusammen. Über die letzten dreieinhalb Jahre habe ich im Unternehmen immer mehr Verantwortung übernommen und bin dadurch auch gewachsen.

Die Industrie- und Handelskammern bieten lange Checklisten an, was man bei einer Nachfolge alles beachten sollte. Intensive Verwendung findet das in der Praxis aber offensichtlich nicht.

An der Universität wurde mir nur gesagt, dass die dritte Generation das Unternehmen vor die Wand fährt. Das wäre ich dann. Die erste baut es auf, die zweite macht es groß und die dritte fährt es vor die Wand.

Die Buddenbrooks kennt jeder. Gottgegeben ist das aber nicht. Es gibt viele Gegenbeispiele.

Es ist meine Motivation, diese Aussage auch bei uns zu widerlegen. Am Ende wächst man in die Aufgabe hinein. Mein Vater ist ja noch Geschäftsführer und vorgestern erst 56 Jahre alt geworden, also noch jung. Wir können noch ein paar Jahre gemeinsam in der Geschäftsführung tätig sein. Klar sind wir manchmal unterschiedlicher Ansicht, aber das ist normal.

Wie gut klappt denn die Zusammenarbeit mit Ihrem Vater?
Es hat zwischen meinem Opa und meinem Vater gefunkt, wie es in einem Familienunternehmen oft vorkommt. Und es funkt auch bei meinem Vater und mir. Aber es ist das Gute in der Familie, dass man abends wieder gemeinsam ein Wurstbrot essen kann.

Hat sich das Verhältnis über die Zeit verändert?
Ich bin hauptsächlich für das Tagesgeschäft und den Vertrieb zuständig und stelle sicher, dass genügend neuer Umsatz erzielt wird. Mein Vater kümmert sich um Finanzen & Co. Das Tagesgeschäft muss ihn nicht mehr interessieren. Und natürlich hat es vor allem in den ersten beiden Jahren oft Funken geschlagen. Ich bin jemand, der kein Blatt vor den Mund nimmt und jedem meine Meinung sage, egal, ob es in dem Moment gut oder schlecht für mich ist. Zumindest bin ich immer ehrlich. Anfangs passierte es ab und zu, dass wir laut wurden und Mitarbeiter kamen, um uns zu beruhigen. Aber das ist in den letzten beiden Jahren nicht mehr vorgekommen. Und von zehnmal sind wir mindestens neunmal derselben Meinung. Ich bin meinem Vater sehr ähnlich und deswegen haben wir oftmals die gleichen Ansichten.

Was würden Sie denn gerne anders machen als Ihr Vater?
Unser Produktportfolio ist sehr umfangreich. Ich würde gerne ein paar Produkte streichen, weil manche nur ein einziges Mal im Jahr vermietet werden. Wir haben eine große Lagerfläche, aber das ist manchmal gar nicht so gut, weil man sich nicht so konsequent entscheiden muss. Wenn wir nicht auf jeder Hochzeit tanzen, wird vielleicht die Qualität noch besser. Ein guter Vertriebler schafft es, einem Kunden eine 20-Meter-Halle zu verkaufen, wenn der eigentlich eine 21-Meter-Halle haben will. Auf einen Meter mehr oder weniger kommt es meistens nicht an. Trotzdem haben wir sowohl eine 20-Meter-Halle als auch eine 21-Meter-Halle. Warum?

Dann sind Sie ein untypischer Vertriebler. Vertriebler wollten doch immer möglichst viele Varianten im Programm haben.
Von den modernen Hallen möchte ich auch alle Varianten, Glas, Plane, Sandwich, Thermo – das Set hat dann noch einmal zehn verschiedene Ausführungen. Aber ich möchte nicht alles dreimal, weil uns das ein wenig daran hindert, unser Unternehmen konsequent weiterzuentwickeln. Dass das für uns wichtig ist, sieht man schon an unserem Namen: Wir haben uns vor einiger Zeit von Eschenbach Zeltbau GmbH & Co. KG zu der Marke Eschenbach Temporäre Architektur umbenannt. Zwar kommen wir aus dem Zeltbau, bauen

aber heute Objekte, bei denen nur noch das Dach aus einer Plane besteht, der Rest ist ein Glaskasten. Das hat nichts mehr mit einem Zelt zu tun. Es gibt mittlerweile viele Arten von temporären Bauten. Deshalb haben wir uns entschieden, temporäre Architektur statt Zeltbau in den Namen aufzunehmen.

Aber sonst sind mein Vater und ich wirklich fast immer einer Meinung und wir haben auch dasselbe Motto: »Geht es der Firma gut, dann geht es auch uns gut.« Ich habe am Ende die Freiheit, den Weg des Unternehmens selbst zu

bestimmen. Er gibt mir volle Rückendeckung, auch bei Projekten wie der Fußball Europameisterschaft 2024. Er war zwar bei den Gesprächen dabei, hat aber keine zwei Sätze geredet. Er hat schnell gemerkt, dass auf der anderen Seite des Tisches junge Leute sitzen, alle zwischen 25 und 40 Jahre alt.

Ist es eine Facette Ihrer Zusammenarbeit, dass Sie durch Ihren Altersunterschied Kunden unterschiedlicher Altersgruppe maßgeschneidert bedienen können?

Die größte Verbrauchermesse Deutschlands ist aus temporären Hallen errichtet. Der verantwortliche Unternehmer ist über 70 Jahre alt, und ich habe mich mit ihm schwergetan. Obwohl er mir den Auftrag erteilt hat, ist er immer wieder unzufrieden gewesen. Deshalb habe ich das Projekt an meinen Vater übergeben, was gut funktioniert hat, da mein Vater ja auch Vertriebler ist. Er hat die Fußball-Weltmeisterschaft in Südafrika akquiriert, den bis heute größten Auftrag, den die Firma je gewonnen hat, und ich die UEFA EURO 2024. Wir können uns wirklich aufeinander verlassen. Bis jetzt habe ich auch noch keinen großen Ärger mit ihm bekommen.

Zudem können wir sehr schnell entscheiden. Wenn wir z. B. die anderen Zeltbauunternehmen ärgern und zu einem Kampfpreis anbieten wollen, können wir uns zusammensetzen und innerhalb von zehn Minuten eine Entscheidung treffen, die so auch umgesetzt wird. Das ist der große Vorteil gegenüber einem Konzern. Dort braucht man teilweise dreißig Meinungen, um eine Entscheidung zu treffen. Das ist bei uns ganz anders. Es ist unsere große Stärke, dass wir selber sehr schnell und nach unserem Willen entscheiden können.

Welche wichtigsten Erkenntnisse konnte Sie von Ihrem Vater übernehmen?

Dass man mit Begeisterung und Leidenschaft sehr viel erreichen kann. Mein Vater war unter dem Strich so, wie ich jetzt bin. Ebenfalls schätze ich seinen Mut. Wenn es schlecht läuft, investiert er. In einer Zeit, in der niemand Lagerzelte kaufte, sagte mein Vater: »Komm, wir bauen jetzt Industriehallen für Lager.« Und das zahlte sich aus. Er war immer mutig, was typisch für den Mittelstand ist: mutige Entscheidungen und Investitionen, auch wenn es manchmal schwerfällt, weil man eigentlich gar nicht an den Erfolg glaubt. Aber seltsamerweise funktionierte es immer. Zwei Jahre später war genau das gefragt; er hatte immer ein Näschen dafür. Mutige Entscheidungen zu treffen und die Mitarbeiter mitzureißen, ist viel wert. Und mein Vater hat vor ein paar Jahren unsere Zelte auch noch selbst mit aufgebaut.

Das schafft Authentizität.

Genau. Das schafft kein anderer. Der Chef kommt auf die Baustelle und baut auf dem Augustusmarkt in Dresden selbst 140 Pagoden mit auf, weil es für den Weihnachtsmarkt zeitlich eng wird. Das muss ein Chef von 160 Mann ganz sicher nicht machen. Mehr Identifikation und Mitreißen geht nicht. Das ist eine unserer großen Stärken. Mein Vater geht voran. Er stapelt manchmal sogar das Aluminium auf dem Hof zusammen mit einem Mitarbeiter, da es ihm einfach Spaß macht. Besser geht es nicht.

Philipp Eschenbach zusammen mit seinem Vater Alexander Eschenbach

Das heißt, ich bin einer von euch.
Genau das heißt es! Und das hat er sich immer bewahrt. Mehr Wertschätzung und mehr Vorbildfunktion geht nicht. Er kann auch nicht wirklich Urlaub machen. Als wir einmal zehn Tage Mallorca-Urlaub gebucht hatten, ist er nach fünf Tagen heimgeflogen. Das war immer so. Mein Vater war selten die ganze Urlaubszeit da.

Haben Sie das als Kind gut gefunden?
Nein, aber ich verstehe seine Motivation, weil ich genauso bin. Ich komme zwar nicht früher aus dem Urlaub zurück, ich sitze aber jeden Tag zwei Stun-

den am Laptop. Es ist etwas anderes, wenn man es für sich selbst macht. Als normaler Arbeitnehmer kann man das nicht nachvollziehen. Bei UPS habe ich alle vereinbarten Umsätze gebracht, aber keinen Schritt zu viel unternommen. Hier waren es zu Anfang zu viele Schritte, und darunter hat manchmal meine Familie gelitten. Aber mittlerweile ist das entspannt. Ich habe sogar einen Monat Elternzeit genommen, auch wenn mein Vater gesagt hat: »Elternzeit, was ist das denn?«

Gibt es etwas, was Ihr unternehmerisches Handeln charakterisiert und es deutlich macht? Sie haben vorhin gesagt, dass Sie zuhören, dass Sie offen sind.

Genau. Ich liebe eine sehr offene und direkte Kommunikation, bei der klar die Meinung ausgesprochen wird. Ich finde es wichtig, dass meine Mitarbeiter wissen, wo sie stehen. Wenn sie etwas gut machen, sage ich das auch deutlich, und wenn etwas nicht gut läuft, spreche ich das genauso klar an. Dabei rede ich gerne auch sehr umgangssprachlich. Ich liebe kurze Entscheidungswege, und jeder im Unternehmen weiß, dass er zu mir kommen kann. Sie kommen häufiger zu mir als zu meinem Vater, weil bei mir die Hemmschwelle noch niedriger ist. Das hängt nicht vom Alter ab, sondern ich denke, sie kommen vielleicht deshalb zu mir, weil sie merken, dass ich noch gewillt bin, Änderungen und Korrekturen vorzunehmen – eine Kraft, die mein Vater mit den Jahren einfach weniger hat. Im Jahr 2012 hat er von meinem Großvater ein hoch verschuldetes Unternehmen übernommen, und jetzt sind wir so gut wie schuldenfrei. Ich ziehe den Hut vor ihm, dass er das alles geschafft hat. Es hat ihn aber sehr viel Kraft gekostet. Jetzt ist es meine Aufgabe, ihn so weit wie möglich zu entlasten, auch wenn ich dabei – umgangssprachlich formuliert – manchmal auf dem Zahnfleisch gehe. Trotzdem macht es Spaß; es ist mein Hobby, wie ich immer sage. Mein Vater und ich haben eben das falsche Hobby gewählt. Unser Hobby ist Zeltbau. Wir mögen unsere Arbeit schon sehr.

Ich glaube, sonst kann man sich auch nicht so bedingungslos einsetzen.

Einen solchen Elan kann ich von einem Arbeitnehmer nicht verlangen. Ich mache das am Ende für mich. Geht es der Firma gut, geht es mir gut – und der Firma geht es gerade so gut wie nie, auch weil wir sehr gute Abteilungsleiter haben. Das hilft uns. Wir überholen gerade viele andere Zeltbauer und bekommen viele Aufträge, weil die Kunden das merken.

**Welche Fähigkeiten werden für Ihren beruflichen Erfolg in der Zukunft
wahrscheinlich ausschlaggebend sein?**

Erfolg kostet sehr viel Energie. Wenn man diese nicht oder nicht mehr hat,
kann man nicht begeistern. Und ich sage meinen Mitarbeitern immer:
»Glaubt an euch, seid selbstbewusst, wir sind kein Tick schlechter als unsere
Wettbewerber!« Das fruchtet langsam. Aber Franken sehen das Glas immer
halb leer statt halb voll und es wird häufig genörgelt. Und so bin ich halt gar
nicht. Für mich ist das Glas halb voll.

Was macht für Sie das Spezifische am Mittelstand aus?

Starke Persönlichkeiten und ein familiärer Bezug, auch wenn viele mittestän-
dische Unternehmen mittlerweile verkauft wurden. Und mutige Entscheidungen. Für mich ist der Mittelstand der Motor der Wirtschaft in Deutschland.
Jedoch müssen wir uns alles selbst erarbeiten. Wenn ich sehe, was für Förde-
rungen Konzerne erhalten, ist das manchmal kaum noch zu verstehen. Wir
haben z. B. für Tesla die Betriebsversammlung ausgestattet. Wenn ein Mittel-

ständler wie Tesla ohne Baugenehmigung gebaut hätte, dann hätten sie ihm vermutlich den Kopf abgerissen. Großunternehmen erhalten so viel Förderung, wie sie ein Mittelständler nie bekommen würde. Wir sind auf uns allein gestellt. Für mich macht Mittelstand aus, dass starke Persönlichkeiten mutige Entscheidungen treffen und die Unternehmen über Generationen hinweg weitergeführt werden.

Macht es für Sie einen Unterschied aus, ob die Unternehmen noch von einer Familie geführt werden oder nicht?

Für mich ist unser Familienbezug – wie schon anfangs gesagt – mein Joker. Kunden mögen es, wenn sie direkt mit den Eigentümern sprechen können. Außerdem glaube ich, dass die Identifikation in einem Familienunternehmen eine andere ist. Meine Mitarbeiter haben selbst alle Familien daheim, und ich bin am Ende für ihr Wohlergehen verantwortlich. Wenn es meiner Firma gut geht, dann kann ich ein gutes Gehalt zahlen und dann geht es im Idealfall der ganzen Familie gut. So sehe ich das. Aber es ist nicht immer so leicht, wie es sich anhört.

Als meine Tochter geboren wurde, habe ich spontan gedacht, dass sie die erste Zeltbau-Chefin werden wird. Aber natürlich ist das keine Verpflichtung, ebenso wie bei mir. Mein Vater freut sich, dass ich hier bin, und er wäre enttäuscht gewesen, wenn das nicht so wäre. Aber es war meine eigene Entscheidung, in dieses Unternehmen einzusteigen, und ich setze mich mit Energie und Leidenschaft dafür ein. Wenn meine Kinder diesen Weg gehen wollen, würde es mich sehr freuen, und wenn nicht, dann wäre es halt so. Ich setze mich dafür ein, dass es meiner Familie gut geht und die Kinder – wie ich – die Chance haben, das Unternehmen weiterzuführen. Ob und wie sie das machen, ist dann ihre Entscheidung. Das hat mir auch mein Vater immer gesagt: »Irgendwann bist du dafür verantwortlich, was aus dem Unternehmen wird, ob du es gegen die Wand fährst oder nicht«, und das sehe ich genauso.

Wo sehen Sie die größten Herausforderungen, das Unternehmen erfolgreich fortzuführen?

Die größte Herausforderung besteht ganz klar in der Mitarbeitergewinnung. Für die Produktion und den Hof ist das schon nicht einfach, aber ich finde insbesondere keine Monteure mehr. Wer will denn noch bei Wind und Wetter, bei minus 17 Grad, bei Antholz auf 1.400 Metern Höhe für den Biathlon-Weltcup aufbauen? Diesen Knochenjob will keiner mehr! Lieber geht man auf den Bau, wo man ein paar Euro mehr bekommt und nicht weitergebaut wird, wenn es regnet. Wenn es bei uns zehn Stunden regnet, dann müssen wir zehn Stunden im Regen aufbauen, weil die Veranstaltung am Tag danach nicht wartet. Wir bauen bei jedem Wind und Wetter. Das ist ein ganz großes Problem. Deutschland ist leider einfach satt. Zwar haben wir deutsche Vorarbeiter, alles andere sind jedoch Subunternehmer aus Polen, Slowenien, der Slowakei oder Deutschland, insbesondere solche mit Migrationshintergrund. Da wird auf den Baustellen häufig mit Hand und Fuß geredet.

Eine weitere Herausforderung ist die Marktentwicklung. Im Industriebereich ist es heute oft so, dass feste Hallen gewünscht werden, ein richtiges Gebäude also. Da muss man mitgehen. Mein Großvater hat damals mit Holz angefangen, dann kam Aluminium, jetzt hohe Hallen. Man muss einfach mit der Zeit gehen.

Das ist ein Problem, das Sie selbst lösen können.
Genau. Ich habe eine eigene Technikabteilung, die Produkte weiterentwickelt oder ganz neu entwirft. Es liegt an mir, neue Anforderungen aus dem Markt zu erkennen und weiterzugeben. Aber einen Monteur zu finden? Das ist höchst schwierig.

Und eben nicht nur Fachkräfte.
Ich brauche auch Mitarbeiter für die einfachsten Handarbeiten: Aluminium stapeln, kommissionieren oder Planen waschen. Das muss keine Fachkraft sein. Auf dem Hof arbeiten viele, die vorher nichts mit Zeltbau zu tun hatten. Mitarbeiter für die einfachen Jobs finde ich aber gar nicht. Viele bleiben lieber daheim, beziehen Bürgergeld und bekommen ihre Wohnung bezahlt. Das ist ein Problem in Deutschland. Derzeit sind wir mit so vielen Herausforderungen konfrontiert wie seit Langem nicht mehr. Und man muss deutlich und kritisch sagen: »Made in Germany« hat schon seit einiger Zeit an Bedeutung verloren und Europa zählt auch nichts mehr, auch weltpolitisch. Alles spielt sich zwischen Asien und Nordamerika ab. Corona hat diese Entwicklung leider noch beschleunigt.

Außerdem sind wir in Deutschland viel zu bürokratisch. Es ist typisch deutsch, so viele Richtlinien und Kriterien zu haben, dass es kein ausländischer Zeltbauer auf den deutschen Markt schafft. Aber alle Länder um uns herum nehmen asiatische Zeltbauer, weil diese billiger sind, weil sie all diese Vorschriften nicht haben. Unser Produkt kostet dadurch natürlich mehr.

Bei der Europameisterschaft haben sie jetzt zusätzlich zwei Kilometer Zelt nachgefragt. Die Veranstalter möchten plötzlich sicherstellen, dass jeder, der zum Stadion läuft, einen überdachten Weg hat. Er könnte ja sonst auf dem Weg zum Stadion einen Hitzschlag erleiden. Daran hätten wir 2010 bei der Weltmeisterschaft in Südafrika im Traum nicht gedacht. Vielleicht bekomme ich dadurch noch einen großen Auftrag, aber wenn wir so anfangen, dann gute Nacht!

Mit der Einschätzung, dass wir viele Probleme in Deutschland haben, stehen Sie in den Interviews leider nicht allein. Herzlichen Dank für das Gespräch!
Das Interview wurde am 24. November 2023 in Bad Königshofen geführt.

Charlotte Finger

Jahrgang 1988.
Seit 12 Jahren Gesellschafterin und seit 8 Jahren Geschäftsführerin
der Maschinenfabrik Mönninghoff GmbH & Co. KG und der Chemnitzer
Zahnradfabrik GmbH & Co. KG.
2. Unternehmergeneration.

Können Sie mir bitte einen kurzen, stichwortartigen Überblick über Ihr Unternehmen und seine Entwicklung geben?

Das Unternehmen blickt in Bochum auf eine über hundertjährige bewegte Geschichte zurück. Richard Mönninghoff hat die Firma gegründet. Wir kommen ursprünglich aus dem Bergbau und haben jahrzehntelang große Anlagen für den Untertage-Transport gebaut, stark auf das Ruhrgebiet ausgerichtet. In den ersten Bergbaukrisen in den 1960er-Jahren haben wir glücklicherweise früh erkannt, dass dieser Markt langfristig vermutlich sehr problematisch werden würde, und haben uns deshalb auf Antriebstechnikkomponenten konzentriert. Dort sind wir heute in einer sehr kleinen Nische tätig und stellen Kupplungen und Bremsen für alles außer für Autos her. Bei Letzteren werden Stückzahlen benötigt, die wir nicht produzieren können und wollen, auch wegen des speziellen Umgangs, den man dort mit den Lieferanten pflegt. Das, was wir machen, ist viel spannender und technologisch anspruchsvoller, da wir ausschließlich kundenspezifische Produkte fertigen. Deutschland ist das Land des Maschinen- und Anlagenbaus, wir sind das Land der Antriebstechnik. Es gibt Kupplungsfirmen wie Sand am Meer. Wir fangen dort an, wo diese aufhören – wo man mit Standardprodukten nicht mehr wirklich weiterkommt, weil z. B. der Bauraum sehr eng ist, hohe Sicherheitsanforderungen wegen Personentransport bestehen oder Kupplungen 25 Jahre wartungsfrei sein müssen. In enger Zusammenarbeit mit unseren Kunden entwickeln wir maßgeschneiderte Lösungen und übernehmen auch die Fertigung. Die Entwicklungsphasen können dabei mehrere Jahre dauern, und die Stückzahlen variieren von Losgröße 1 bis zu mehreren Hundert Stück im Jahr, für die wir einen Rahmenvertrag abschließen. Damit sind wir kein klassischer Lieferant, sondern ein Technologiepartner und in unserer Nische ein typischer Hidden Champion – und darüber hinaus eines der wenigen Produktionsunternehmen, das den Strukturwandel des Ruhrgebiets tatsächlich geschafft hat.

Welcher Unternehmergeneration sind Sie zuzurechnen?

In unserer Familie der zweiten. Mein Vater hat das Unternehmen fünfzig Jahre geleitet. Der Gründer, Richard Mönninghoff, starb früh und vermachte das Unternehmen seiner Frau. Selma Mönninghoff hatte eine Adoptivtochter, deren Mann eine Art Frühstücksdirektor war, während ein angestellter Geschäftsführer das Geschäft managte. Dieser erbte dann auch das Unternehmen – verbunden mit der Auflage, den Schwiegersohn auszubezahlen. Das war für die Firma natürlich ein großer Aderlass. Da der angestellte Geschäftsführer seinen Sohn nicht überzeugen konnte, die Nachfolge anzutreten, verkaufte er das Unternehmen an eine Antriebstechnikfirma im Weser-bergland – die Firma der ersten Frau meines Vaters. Allerdings wurde beim Kauf nicht erkannt, wie bergbaulastig das Geschäft war. Einfach pleitegehen lassen konnten sie das Unternehmen nicht, weil sie für die Betriebsrenten gebürgt hatten und damals bereits mehr Rentner als Mitarbeiter im Unter-nehmen waren. Mein Vater, der während seines Studiums dort ein Praktikum machte, entschied sich schließlich dazu, das Unternehmen, so wie es war, mit einem riesigen Schuldenberg, für drei DM zu kaufen. Er hat es dann quasi 50 Jahre lang saniert.

Natürlich gibt es bei Familienunternehmen auch ganz stringente Nachfolge-Geschichten, aber es ist schon erstaunlich, dass es bei uns trotz all dieser Widrigkeiten so gut geklappt hat.

Das sind wirklich viele unerwartete Wendungen. Warum haben Sie sich entschieden, Ihr Familienunternehmen fortzuführen?

Ich war irgendwie »Last Resort«. Meine Geschwister kamen nicht mehr infrage, als ich ernsthaft in Betracht gezogen wurde. Mein Vater hat aus erster Ehe noch zwei ältere Kinder, die Anfang 50 sind. Mein Bruder hat nach seinem Diplom um die Jahrtausendwende herum zwei Jahre in der Firma gearbeitet, sich aber gegen die Nachfolge entschieden. Somit war ich die letzte Option, was für mich den inneren Druck sicherlich erhöhte. Es war wohl eine Mischung aus Pflichtbewusstsein und Verantwortung den Mitarbeitern gegenüber. Ich habe immer gesagt: »Ich weiß nicht, ob ich dafür die Richtige bin, ich weiß nicht, ob mir das Spaß macht, aber ich muss es zumindest versuchen.«

Aber bereits am ersten Tag habe ich gemerkt, dass dies das Allergrößte ist und ich nie wieder etwas Anderes machen werde. Häufig genug ist es so, dass sich die Leute das sehr einfach und schön vorstellen, um dann zu merken, dass es nicht zu ihnen passt. Ich bin sehr froh, dass das bei mir andersherum war, die Zweifel im Vorfeld da waren und dann quasi von der Realität aus-geräumt wurden.

Wie stark war der Einfluss Ihres Vaters auf Ihre Entscheidung?

Meine Eltern haben mir immer das Gefühl gegeben, dass die Entscheidung offen sei. Wenn ich etwas anderes gewollt hätte, wäre die Firma halt verkauft worden. Aber natürlich stand schon immer unausgesprochen im Raum, dass es schön wäre, wenn ich in die Firma käme. Bei der Absage meines Bruders – da war ich vierzehn Jahre alt – erklärte ich: »Gut, dann mache ich das.« Und mein Vater antwortete: »Ok, dann warte ich auf dich.« Obwohl wir das nie richtig besprochen hatten, war es für mich immer klar: Die Option besteht.

Wie haben Sie sich auf die Übernahme der Verantwortung vorbereitet?

Fachlich natürlich zunächst durch die Wahl des Studiums, was sowohl das Fach Betriebswirtschaft als auch den Ort Vallendar anging. Das war sicherlich ein bewusster Schritt dahin. Ich wäre wohl auch keine gute Ingenieurin geworden. Ansonsten wurde ich zwar nicht aktiv vorbereitet, kam aber mit 26 Jahren aus einer Unternehmerfamilie in die Firma und wurde demnach 26 Jahre darauf, indirekt, unterbewusst, aber sehr intensiv vorbereitet.

Kulturell ist das eine sehr gute Basis, auf der man aufbauen kann. Sie haben ja gemerkt, wo Ihnen etwas fehlt, und haben dann vermutlich die Lücken geschlossen.

Ja, und fast das Wichtigste ist: Man weiß, worauf man sich einlässt, dass es dann wirklich »selbst ständig« ist, dass man nicht automatisch Geld überwiesen bekommt und nach vierzig Stunden ausstempelt. Wenn man aus einem solchen Kontext kommt, schockt einen gar nichts mehr.

Wie ist der Generationswechsel erfolgt?

Ich möchte sagen: So leicht wie bei kaum jemanden. Mein Vater und ich schlossen im Vorfeld einen Vertrag, der fairerweise mit der Schenkung verbunden war. Mir gehörte die Firma schon, bevor ich anfing, hier zu arbeiten. Dafür gab es viele praktische und steuerliche Gründe. Wir haben den Wechsel vertraglich festgehalten, weil ich ihn nicht undefiniert auf mich zukommen lassen und keine Gefahr laufen wollte, am Ende persönlich aneinanderzugeraten, weil die Dinge unklar im Raum waren.

Wir haben festgehalten, dass wir auf den Tag zwei Jahre zusammen in der Firma sein wollten – nicht einen Tag weniger, nicht einen mehr, es sei denn, wir wären uns einig, das zu ändern. Ich hätte ihn, wenn es mich genervt hätte, zwei Jahre ertragen müssen, und er hätte – auch wenn er gerne geblieben wäre – nach zwei Jahren von mir hinausgeworfen werden können. Dank dieser klaren Vereinbarung und Erwartungshaltung machte es unfassbar viel Spaß. Neun Jahre später sitzen wir uns immer noch am Schreibtisch gegenüber, was ungewöhnlich genug ist, auch wenn das Verhältnis zwischen Vater und Tochter vielleicht im Schnitt ein anderes ist als zwischen Vater und Sohn. Er hat es mir auch unfassbar leicht gemacht. Wir sind uns einfach sehr ähnlich und harmonieren sehr gut miteinander.

Ein harmonischer Übergang ist bei Familienunternehmen nicht die Regel.
Ein Unternehmen ist schon komplex genug, die Familie aber sicherlich aufgrund der emotionalen Komponente noch komplexer. Es ist nicht einfach, alle unter einen Hut zu bekommen und an jede Befindlichkeit zu denken – und auch wir haben einige Fehler gemacht mit meinen Geschwistern. Aber es war vor allem deswegen schwierig, weil mein Vater klipp und klar gesagt hatte, bei der Nachfolgeentscheidung die Familie zu vernachlässigen und den Fokus

auf das Unternehmen zu legen. Familienunternehmen bedeutet für ihn ein Unternehmen mit einer angehängten Familie und nicht eine Familie, die ein Unternehmen hat. Er wollte zum Wohle des Unternehmens entscheiden, daher galt für ihn der Satz: »Der, der das Unternehmen leitet, dem soll es auch gehören.« Die Firma sei zu klein, um wegen zu vieler unterschiedlicher Familieninteressen nicht gut durch die Stürme gelenkt zu werden.

**Wie frei fühlen Sie sich, den weiteren Weg des Unternehmens
zu bestimmen? Wollen Sie bewusst etwas anders machen als Ihr Vater?**

Nein, ich glaube, wir sind uns sehr ähnlich, was dazu führt, dass das große
Ziel dasselbe ist und wir uns darüber 100% einig sind. Zwischen uns liegen
47 Jahre, die dafür sorgen, dass manchmal der Weg, dieses Ziel zu erreichen,
differiert. Er hat natürlich einen großen Schatz von Erfahrungen, die ich vielleicht noch machen muss, und die er mich auch machen lässt. Wenn wir uns
gar nicht einig sind, lässt er mich entscheiden: »Wenn's klappt, ist es gut, wenn
nicht, hast du etwas gelernt.«

**Dann seien Sie froh, dass das so ist! Wo sehen Sie für sich die größten
Herausforderungen, um das Unternehmen erfolgreich fortzuführen?**

Das klassische Problem eigentümergeführter Unternehmen bereitet mir
immer große Sorge: die langjährige Abhängigkeit von der bestimmenden Person. Man sucht sich mit der Zeit Leute für die Abteilungsleiterpositionen, die
so ticken, wie man selbst, mit denen man gut zusammenarbeitet, die nicht nur
stressen oder widersprechen. Ebenso bleiben viele kleine Mittelständler in den
ausgetretenen Pfaden. Es ist entscheidend, aus dieser Komfortzone herauszu-
kommen, sich umzugucken, nach Asien zu fahren, zu sehen, was da passiert,
zum VDMA zu fahren, mit Leuten zu reden, frische Impulse mitzubringen.
Dies zu versäumen, birgt ein ganz großes Risiko für ein eigentümergeführtes
Unternehmen, insbesondere, wenn man größenbedingt über keinen Beirat
oder Aufsichtsrat verfügt.

Diese können aber auch reine Akklamationsveranstaltungen sein.

Man muss wirklich aufpassen, nicht im eigenen Saft zu schmoren. Das ist
auch einer der Gründe, warum ich nebenbei noch zu viel mache. Ich brauche
den Input, weil ich noch jung bin, vieles noch nicht gesehen habe und noch
von vielen Älteren lernen kann, auch in anderen Firmen. Irgendwann werde
ich wohl genügend Erfahrung haben, aber gerade dann werde ich richtig mit
dem Risiko umgehen müssen, stehen zu bleiben, das Tempo der Veränderungen um mich herum zu vergessen und abzuhaken.

Ich hoffe, dass Sie das auch in zehn Jahren noch so sehen werden.

Deswegen muss ich anfangen, das nachzuhalten. Bei den Mitarbeitern achte
ich sehr darauf. Wir verfolgen einen strukturierten Schulungsplan, bei dem
wir stets darauf achten, dass alle dabei sind. Ich hake auch nach, wenn ein
Mitarbeiter zwei, drei Jahre nicht mehr an einer Weiterbildung teilgenom-

men hat. Aber wenn man auf alle achtet, vergisst man leicht sich selbst. Das ist meine größte Sorge.

Immun gegen Kritik zu werden, ist in der Tat nicht selten und für das Unternehmen gefährlich. Die nächste Frage: Gibt es etwas, was Ihr unternehmerisches Handeln charakterisiert bzw. dieses deutlich macht?
Ich glaube, die Tatsache, dass ich mich auch mit kleinen operativen Dingen intensiv beschäftige – nicht aus Kontrollwahn, sondern weil ich liebe, was wir tun, und dafür brenne. Natürlich kann man zum VDMA fahren und danach

Charlotte Finger und Timon Lubek

ganz strategisch sagen: »Ich hätte gerne in drei Jahren eine papierlose Fertigung.« Das reicht mir aber nicht, weil ich gerne im Schützengraben an der Front stehe und tief eintauche, um im Detail sowohl zu verfolgen, was wir machen, als auch, wer und wie. Es wäre nicht gerechtfertigt, zu fordern, in drei Jahren eine papierlose Fertigung zu haben, wenn ich nicht wüsste, wie das umgesetzt werden könnte. Das ist mir überaus wichtig und beschreibt, wie ich im Täglichen agiere. Das geht bei unserer Größe noch. Ich bin allerdings auch Tag und Nacht da, weil ich eine Wohnung in der Firma habe.

Im Schützengraben an der Front zu stehen, ist ein sehr prägnantes Zitat!
Hinten im Kommandozelt zu stehen und zu sagen: »Wir gehen nach Nordwesten«, ist eine Sache, aber »Mir nach!« ist etwas ganz anderes. Allerdings darf man sich nicht im Kleinen verzetteln und dabei ein wichtiges strategisches Thema verpassen. Man muss eine Balance finden. Das erfordert eine sehr gute Organisation und Disziplin. Deshalb erwarte ich von der Politik auch keine Impulse, die uns wirklich helfen können. Wir Unternehmer sind in den eigenen Unternehmungen schon teilweise zu weit weg vom allerersten Graben – und Politiker haben noch nie eine Firma von innen gesehen. Wo soll dann das Feeling für die Frage herkommen: »Was brauchen sie, wie funktioniert so etwas?«

Haben Sie bestimmte wirtschaftliche Grundüberzeugungen, die Ihr Wirken bestimmen?
Ich bin ein großer Fan der sozialen Marktwirtschaft. Damit sie sozial verträglich funktionieren kann, muss man natürlich Verantwortung übernehmen. Der mittelständische Familienunternehmer nimmt sich meiner Ansicht nach dieser Verantwortung deutlich mehr an als der durchschnittliche konzernangestellte Manager. Aber es herrscht zunehmend Misstrauen, dass wir nur Geld verdienen und Erbschaftssteuer sparen wollen. Das ist unfair. Alles, was hier erwirtschaftet wird, bleibt für Investitionen in der Firma. Auch die unternehmerische Freiheit wird zunehmend als Problem wahrgenommen. Der Staat soll immer mehr eingreifen und umverteilen, weil die Marktwirtschaft als ungerecht empfunden wird. Da mutet man dem Staat jedoch viel zu viel zu. Natürlich muss in einer Finanzkrise darüber geredet werden, wer systemrelevant ist, was mit den Konten passiert, wenn eine große Landesbank dichtmacht, und überlegen, welche Maßnahmen vonseiten des Staates sinnvoll sind. Allerdings ist das nicht das Signal: Wenn der Staat sich einbringt, wird es besser. Da muss man nur in das Schwarzbuch des Bundes der Steuerzahler schauen, auf den BER, die Maskenkäufe oder darauf, was mit den Impfdosen und den Preisen und Mengen alles passiert ist. Wenn wir so arbeiten würden, hätten wir ein Problem. Die Kompetenz des Staates liegt woanders. Es gibt zwar Ausnahmesituationen, in denen er vielleicht eingreifen muss – doch das sollte die Ausnahme bleiben. Es wird aber immer mehr die Regel.

Welche Fähigkeiten werden für Ihren unternehmerischen Erfolg vermutlich ausschlaggebend sein?
Wahrscheinlich ist es eine Mischung aus Offenheit für Veränderungen einerseits und langfristiger Verbindlichkeit andererseits. Es kommt so viel technisch, wirtschaftlich und gesellschaftspolitisch auf uns zu. Um nicht in eine Schockstarre zu verfallen, muss man flexibel und offen und auf alles vorbereitet sein. Nur so kann man schnell und resilient reagieren und sich anpassen.

Man muss quasi ein Chamäleon sein. Gleichzeitig darf das aber nicht fahrig oder chaotisch wirken, sondern verbindlich nach innen und außen. Die Mitarbeiter müssen mir abnehmen, dass ich weiß, was ich tue, und auch eine Krise bewältigen kann. Solange unsere Eigenkapitalquote auf dem aktuellen Niveau bleibt, werde ich immer auf Banken angewiesen sein, und muss auch in diese Richtung verbindlich wirken und konsequent die ausgerufenen Ziele verfolgen. Kurzfristig schnell für alles offen zu sein, aber trotzdem langfristig verbindlich zu wirken – das ist ein schwieriger Balanceakt und etwas, was man ausstrahlen können muss.

Welche Erfahrungen konnten Sie aus der bisherigen Zeit an der Spitze Ihres Unternehmens sammeln? Was hat Sie am meisten überrascht? Welche wichtigsten Erkenntnisse können Sie von Ihrem Vater übernehmen?

Für die wichtigsten Erfahrungen, die ich von meinem Vater übernehmen konnte, würde ich drei Zitate nennen. Erstens: »Zeit ist ein strategischer Faktor.« Zweitens: »Ein Chip macht kein Drehmoment.« Was er damit meint: Unser Produkt ist sicher. Es muss smarter werden, aber die Mechanik wird weiterhin gebraucht. Und drittens: »Frauen sind unser Untergang!« Das höre ich immer dann, wenn wir unterschiedlicher Meinung sind.

Und vielleicht noch ein viertes Zitat: »Wenn die 24 Stunden des Tages nicht ausreichen, dann nehmen wir noch die Nacht dazu.« Ich konnte mir anfangs nicht vorstellen, wie sehr mich der Job fordern würde, war dann aber erstaunt, wie stressresistent ich bin. Mitten in der Corona-Krise – die ja sowieso ein absoluter Albtraum war – musste alles balanciert und entschieden werden. Die Zahlen waren schlecht, wir hatten konjunkturelle Sorgen, sind mit dem Unternehmen an den neuen Standort gezogen, haben zudem eine Firma in China gegründet, die wir anfangs gar nicht besuchen konnten. Aber irgendwie ging es doch. Früher habe ich es mir auch als Frau generell schwieriger vorgestellt und den damit verbundenen Vorteil unterschätzt. Es gibt sicherlich Frauen, die sich dabei unwohl fühlen. So ein Typ bin ich aber nicht. Weil ich nicht auf den Mund gefallen bin, kann ich die Vorteile genießen. An das sprichwörtliche rote Kleid im Raum erinnern sich alle, das ist irgendwie ein Alleinstellungsmerkmal. Und auch weniger Ellbogen hilft. Vielleicht erscheine ich harmloser als ich bin, was die Sache natürlich einfacher macht.

Was macht für Sie das Spezifische im Mittelstand aus? Gibt es Unterschiede zu Großunternehmen? Besitzen Sie mehr Freiheitsgrade für Ihr Handeln?

Operativ sind wir auf jeden Fall schneller und haben natürlich eine flachere Hierarchie, wodurch wir flexibler und wendiger sind. Ein Großunternehmen im Sturm umzukehren, ist sicherlich wirklich schwierig. Als kleiner Mittelstand sind wir dagegen Kitesurfer und können uns viel schneller anpassen. Das ist unser großer Vorteil. Strategisch sind wir umgekehrt viel langfristiger, also verbindlicher – vielleicht nicht unbedingt ein Mittelständler per se, auf jeden Fall aber ein Familienunternehmen, da wir eher in Generationen als in

Quartalen denken. Durch unsere geringe Größe sind wir auch sehr kommunikativ sowie direkt und unmittelbar und dadurch sehr innovativ. Das ist der Schlüssel zum Erfolg als »Hidden Champion«: Die Tür steht immer offen, jeder hat im Prinzip nur einen Vorgesetzten, und danach kommen nur noch Praktikanten. Dass viele Köpfe eng beieinander sind und miteinander arbeiten, ermöglicht diese technische Vorreiterrolle. Unser neues Gebäude spiegelt diese Philosophie wider: voller Glas und Transparenz, mit zahlreichen Treffpunkten wie Küche oder Meetingraum. Das fehlte uns früher, was unserer DNA eigentlich gar nicht entsprach, aber durch das alte Gebäude vorgegeben war. Heute gibt es überall Kommunikation.

Die Flexibilität wird auch in Bewerbungsgesprächen deutlich. Strukturen haben bei uns eine ganz andere Funktion als in Großunternehmen. Das vermittele ich beispielsweise so: »Wir haben nicht für jeden noch zwei Ersatzleute im Schrank stehen. Wir reden jetzt über die Stelle Wareneingangsprüfung/ Qualitätssicherung; diese Aufgabe wird aber, egal was passiert, immer nur siebzig Prozent Ihrer Arbeit sein. Was die anderen dreißig sein werden, weiß ich noch nicht. Aber wir haben hier ständig etwas zu tun, für das es keinen festen Mitarbeiter gibt. Wir haben z. B. keine Marketingabteilung. Das muss irgendeiner parallel machen. Und das sind in drei Jahren vielleicht Sie. Es gibt bei uns keine starren Entwicklungswege.« Das müssen die Leute vorher wissen, auch wenn manche deswegen nicht zu uns kommen.

Ich ändere ständig alles Mögliche. Wir haben mittlerweile drei Abteilungen, die es vorher nicht gab. Dafür habe ich zwei andere gestrichen und die Aufgaben irgendwo anders integriert. Unsere Mitarbeiter haben oft ungewöhnliche Lebensläufe. Manchmal entpuppt sich, dass jemand, der zufällig an einer Stelle mithilft, es viel besser macht als bisher. Daraus entsteht vielleicht eine neue Abteilung, wo dieser Mitarbeiter zwei weitere Leute anlernen kann. Da aber deren ursprüngliche Abteilung an Bedeutung verliert, legen wir die beiden Abteilungen zusammen – diese stetige Bewegung verlangt den Mitarbeitern viel ab. Ich muss immer aufpassen, dass das nicht chaotisch wirkt. Aber ich glaube, es ist unser wesentlicher Marktvorteil, dass ich Herrn Müller sagen kann: »Sie sehen doch auch, dass wir dahinten jetzt jemanden brauchen. Sie sind mein Mann dafür, können Sie das retten?« Die Leute fühlen sich verpflichtet und antworten: »Klar Frau Finger, das kriegen wir hin.« So passen wir uns schnell an und verändern die Struktur nach Bedarf. Das ist der Unterschied.

Ich möchte noch einmal auf die Besonderheiten von Familienunternehmen zurückkommen. Dass diese noch ein Stück langfristiger orientiert als der klassische Mittelstand sind, haben Sie schon angesprochen. Was wäre sonst noch dazu zu sagen?

Ich glaube auch, dass man nirgendwo anders einen solchen Freiheitsgrad hat wie beim Führen des eigenen Unternehmens. Ein Unternehmen zu leiten, ist schon ein Privileg. Wenn es dann noch das eigene ist, was kann man sich mehr wünschen? Zudem habe ich keine acht Gesellschafter, die ich mit einer Gesellschafterversammlung abholen muss. Da kann es viel Sprengstoff und viele Probleme geben. Zumindest kenne ich viele Beispiele aus meinem Freundeskreis.

Wo sehen Sie die Zukunftschancen Ihres Unternehmens? Wo sehen Sie die größten Herausforderungen?

Ich bin natürlich ein Berufsoptimist, zumindest aber ein optimistischer Realist. Jemand hat einmal gesagt: Man soll nicht immer das Paradies sehen, sondern ein Paradies mit Schlange. Das trifft meiner Meinung nach ganz gut zu. Man sollte die Schlange im Blick behalten und nicht nur in die rosa Wolken schauen. Trotzdem haben wir ein tolles Produkt, eine großartige Position im Markt und – als i-Tüpfelchen unserer Strukturveränderung – einen grandiosen Neubau. Wir haben in den letzten Jahren unsere Hausaufgaben gemacht. Heute kamen die Zahlen für das erste Halbjahr im Maschinen- und Anlagenbau: 15 Prozent Rückgang im Auftragseingang, kein Wachstum in China. Dass die Branche derzeit auf dem absteigenden Ast ist, merken wir bei zwei, drei Kunden, die nicht mehr ganz so pünktlich zahlen wie in den letzten dreißig Jahren. Ich habe gestern in der Belegschaftsversammlung gesagt: »Wir haben natürlich die Augen offen und betreiben ein aktiveres Risikomanagement. Aber es sieht gut aus, weil wir unsere Hausaufgaben gemacht haben.«

Natürlich ist das Tempo unfassbar schnell geworden. Klassische Konjunkturzyklen gibt es nicht mehr. Es ist heute mehr eine Aneinanderreihung von externen Schocks und Krisen. Nichts ist mehr verlässlich. Dass es nach einer Krise automatisch wieder bergauf geht, ist nicht mehr der Fall. Es kann nach einer Krise auch einfach weiter bergab gehen, wie wir das in den letzten drei Jahren erlebt haben. Auch die technologische Entwicklung ist irgendwie beängstigend. Im Bereich der Digitalisierung bewegt sich alles wahnsinnig schnell: Industrie 4.0, smarte Produkte, smarte Produktion. Weiterhin innovativ zu bleiben, werden wir irgendwie hinbekommen, da es zum Grundhandwerkszeug gehört. Aber die große Herausforderung besteht darin, auch sozialverträglich zu bleiben, die langjährig verdienten Mitarbeiter mitzunehmen und beschäftigt zu halten, anstatt jedes Jahr 15 Prozent kündigen zu müssen, weil sie in diesem Setting nicht mehr produktiv sind, und zu sagen: »Wer hier nicht mitkommt, der muss gehen. Wer nicht mit der Zeit geht, geht mit der Zeit.« Eben nicht! Wir sind für die Leute zuständig und dafür verantwortlich, es ihnen zu ermöglichen, bis zum Ende produktiv zu sein, und das Geld, das wir ihnen überweisen, auch zu verdienen. Das ist das Schwierigste an dem Tempo.

Ich bin aber weiterhin optimistisch. Wir sitzen hier nicht wie das Kaninchen vor der Schlange, da die internen Faktoren die externen Einflüsse überwiegen. Ich glaube, dass wir unser Schicksal deutlich mehr in der Hand haben als oft angenommen. Unsere internen Maßnahmen werden ausschlaggebend sein – egal, wie viele Steine uns in den Weg gelegt werden. Wir werden da schon irgendwie darüber hinweg oder darum herum kommen, und im Notfall graben wir uns darunter durch, mit vereinten internen Kräften, einer flexibel aufgestellten Belegschaft und Leuten, die mitdenken und gerne miteinander arbeiten, kommunizieren und zusammen innovativ sind. Das wird schwierige gesetzliche Regularien oder Druck an den Märkten ausgleichen können. Aus jeder Krise gehen auch Gewinner hervor, daher muss man das Beste daraus machen. Häufig hört man, die Konjunktur sei schlecht. Aber ist das wirklich ein Grund? Ist es nur deswegen so schlecht? Oder kann man sagen: Sonst wären wir noch mehr gewachsen? Trifft das nicht eigentlich viel besser den Kern der Situation? In Summe bin ich natürlich optimistisch, aber die größte Herausforderung ist das Tempo.

Da spricht die Unternehmerin!
Wenn ich nicht so denken würde, wäre ich in diesem Job nicht richtig aufgehoben. Wenn ich hier säße und verkündete, dass alles furchtbar würde, könnten wir alle gleich die Tür zumachen und nach Hause gehen. Egal, wie schwierig es ist, muss ich vorne stehen und sagen: »Keine Sorge, wir wissen, wo wir hingehen. Wir bekommen das schon hin.«

Herzlichen Dank für das Gespräch.
Das Interview wurde am 1. August 2023 in Bochum geführt.

Isabel Grupp

Jahrgang 1986.
Seit 2015 in der Geschäftsleitung der Plastro Mayer GmbH.
3. Unternehmergeneration.

Können Sie mir bitte einen kurzen, stichwortartigen Überblick über Ihr Unternehmen und seine Entwicklung geben?

Wir sind ein klassischer Zulieferer der Industrie und haben kein eigenes Produkt, sondern beliefern Marken in vier Bereichen: Kunststoffteilefertigung, Kabelmeterwarenfertigung und Konfektion, Werkzeugbau und Montage. Jeder hat – behaupte ich – etwas von uns zu Hause, vom Keller bis zum Dach, z.B. in Enthärtungsanlagen im Keller, im Staubsauger, in Kaffeemaschinen, in Kühlschränken, Spielwaren bis hin zu Solarkollektoren und Reflektoren auf dem Dach. Wir sind überall dort, wo sich der Mensch aufhält, und damit branchenunabhängig aufgestellt.

Das Unternehmen ist 1957 als 100%ige Tochterfirma von Trigema, Trikotwaren Gebrüder Mayer, gegründet worden. Mein Opa, Dr. Franz Grupp, hat damals diversifiziert und neben der Textilindustrie – die zu dieser Zeit notleidend war – ein weiteres Standbein aufgebaut und eine Kunststofffabrik gegründet, die Plastro Mayer. Der Name Mayer ist für den Firmennamen gewählt worden, weil mein Opa in die Familie eingeheiratet hat. Meine Oma ist eine geborene Mayer. So sind die beiden Firmen entstanden. In der nächsten Generation wurden sie dann geschäftlich voneinander unabhängig. Mein Vater Johannes Grupp übernahm die Plastro Mayer, mein Onkel Wolfgang Grupp Trigema. Das ist die Entstehungsgeschichte. Ich selbst bin seit 2011 an Bord. Wir haben 250 Mitarbeiter – und 50 Roboter.

Warum haben Sie sich entschieden, Ihr Familienunternehmen fortzuführen? Wie stark war der Einfluss Ihres Vaters auf diese Entscheidung?

Ich bin direkt nach dem Master-Studium mit 24 Jahren in die Firma gekommen. Für das entgegengebrachte Vertrauen bin ich sehr dankbar, da ein solcher Türöffner ein Geschenk ist. Nicht alle haben das Privileg, eine solche Chance zu bekommen. Daher sollte man sie nutzen. Ich plädiere beim Thema Bildung immer für Chancengleichheit vom Kindesalter an, gerade, weil ich weiß, wie viel einfacher ich es am Start meiner Karriere hatte.

Ich wollte der Familie etwas zurückgeben, obwohl für mich klar war, dass klassische Mint-Berufe nicht gerade meine Leidenschaft waren. Anfangs arbeitete ich bei Hugo Boss in New York. Wenn man mich nach meiner Passion gefragt hätte, hätte ich nie gesagt: Kunststofffertigung, Werkzeugbau, Kabel oder Gerätemontage. Das hätte nicht gestimmt. Aber die Chance auszuschlagen, wäre einfach nicht meine Art gewesen. Einen Versuch war es immer wert. Und heute kann ich sagen: Die Arbeit im Unternehmen gelingt mir.

Hat Ihr Vater mit Ihrer Nachfolge gerechnet? Was das für ihn implizit klar?
Das kann ich jetzt nicht sagen. Mein älterer Bruder ist damals den externen Weg gegangen, ich bin ins Unternehmen eingetreten. Was die Zukunft bringt, werden wir sehen.

Haben Sie sich auf die Übernahme der Verantwortung explizit vorbereitet?
Nein. Gar nicht.

Es gibt bei den Industrie- und Handelskammern doch ausführliche Ratgeber …
Vielleicht hätte das den Prozess vereinfacht und Energien gespart. Aber mein Vater hält nichts von Coaches oder Beratern. Warum soll ich ein Thema forcieren, dass ich nicht durchsetzen kann? Stattdessen habe ich den Schwerpunkt darauf gelegt, mich in Netzwerken zu engagieren, wie z. B. im Verband der Jungen Unternehmer, und mich dort persönlich weiterzuentwickeln. Dazu ermutigte mich auch mein Vater. Als er das Unternehmen übernahm, hatte er dafür keine Zeit. In den Netzwerken konnte ich mich mit Gleichgesinnten austauschen, die ähnliche Themen hatten, was sicherlich ein Vorteil war. Aber auch sonst habe ich mich stark mit meiner persönlichen Weiterentwicklung beschäftigt. Ich habe zahllose Bücher studiert, viele Interviews angehört und viele Artikel gelesen, um von den Erfahrungen anderer zu lernen. Das hat mich spürbar verändert und mir gut getan.

Welche Bedeutung hat es für Sie, in einer Unternehmerfamilie groß geworden zu sein?
Ich habe sehr viele Werte mit auf den Weg bekommen. Meine Mutter ist immer fürsorglich, liebevoll und erzog uns sehr werteorientiert. Dass ich mich zu 100 Prozent auf meine Eltern verlassen kann, gibt sehr viel Stabilität. Meine Eltern haben mir sehr viel zugetraut und immer gesagt: »Wenn es eine kann, dann du!« Ich kenne viele, vor allem im Kreise der Jungen Unternehmer, die leider eine ganz andere Erfahrung machen mussten. Sie wurden kleingehalten, ihnen wurde nicht viel zugetraut. Wie soll sich so das Selbstbewusstsein entwickeln, das man zwingend braucht, wenn man eine Führungsrolle übernimmt, wenn man Probleme lösen soll, die kein anderer löst? Man muss davon überzeugt sein, eine Lösung zu finden, auch wenn man sie im Moment noch nicht im Kopf hat. In den Chor derjenigen einzustimmen, die daran zweifeln, dass es funktioniert, geht als Unternehmer nicht.

Wie haben Sie den Generationswechsel genau gestaltet?

Direkt nach dem Studium hatte ich wenig Ahnung von der Praxis oder der DNA der Firma und wusste nicht, wer die Treiber, wer die Querulanten sind. Ich war als Trainee eingestiegen und konnte innerhalb eines Jahres sehr gute Einblicke in die verschiedenen Abteilungen gewinnen. Mein Vater war in dieser Zeit mein Mentor und ich durfte zusätzlich zum Trainee-Programm bei sehr vielen Terminen einfach dabei sein, von ihm lernen und seinen Stil verstehen.

Nach dem Jahr als Trainee fiel jemand in der Produktionsplanung und -steuerung krankheitsbedingt für längere Zeit aus. Da meinte mein Vater: »Die Position ist gerade frei. Das bietet sich doch für dich an.« Im Nachhinein war diese Erfahrung das beste Learning, weil ich schnell festgestellt habe, was mir alles an Wissen fehlte. Daraufhin fasste ich den Entschluss, mehr zu den Themen Verfahrenstechnik und Kunststoff und im Bereich Chemie zu lernen, und belegte am Institut für Kunststofftechnik an der Technischen Universität in Stuttgart im Masterstudiengang Maschinenbau das Modul Verfahrenstechnik. Dank Professor Bonten, dem Institutsleiter, hatte ich die Zulassung dazu.

Grundsätzlich ist es nicht einfach, Externe in einem Studiengang einzubeziehen.

Ja, aber ich hatte ja schon etwas Berufserfahrung in dem Bereich, was letztendlich für die Zulassung zu dem Modul Verfahrenstechnik ausreichte. Dort konnte ich ein entsprechendes Zertifikat erwerben, quasi nebenberuflich. Es war eine harte Zeit, weil ich viele Vorlesungen gar nicht besuchen konnte.

Am Ende hat mir das sehr viel dabei geholfen, mich im Unternehmen richtig zu positionieren. Die Nachfolgerin zu sein, bedeutet keinen Bonus. Im Gegenteil, ich muss eine Extrameile gehen und noch eine Schippe drauflegen, um Anerkennung zu erlangen. Meine persönliche Erfahrung lautet: Ich habe sie durch Know-how und das Selbstbewusstsein gewonnen, das ich entwickelte, weil ich fachlich fit war, um Fragen zu beantworten, und vor allem, um Beiträge und Antworten zu bewerten. Zu Anfang hatte ich kein Gespür dafür. Dass ich kaufmännische Themen übernehmen konnte, hat mich nicht zufriedengestellt. Insbesondere als Frau muss man inhaltlich stark sein.

In der Produktionsplanung und -steuerung konnte ich feststellen, welche Prozesse nicht funktionierten oder ganz fehlten. Das war sehr erhellend für mich. Als der Mitarbeiter wieder auf seine Position zurückkehrte, ging ich in den Vertrieb, um Vertriebserfahrung zu sammeln und die Vertriebsstruktur kennenzulernen. Inhaltlich habe ich mich dort stark gefühlt, auch wenn ich zuweilen die eine oder andere Frage nicht beantworten konnte. So etwas ist normal und es ist legitim, weiter selbstbewusst zu sein, da ich ja alle anderen Fragen beantworten konnte. Danach ging es in den Personalbereich und ins Marketing, dem meine Leidenschaft gilt. Hier kann ich kreativ sein und mich mit Menschen und Aufgaben beschäftigen, die mir liegen. Für andere Berei-

che übernehme ich gerne Verantwortung und begleite sie jederzeit interims-mäßig. Meine Leidenschaft hängt aber nicht daran. Da man Dinge tun sollte, die man besser kann, hat sich meine Rolle über die Zeit herauskristallisiert. Und mein Vater sagt: »Es ist gut, wenn du das machst.«

Das ist eigentlich ein Glücksfall.
Genau. Wir ergänzen und unterstützen uns. Mittlerweile bin ich jetzt schon seit neun Jahren in der Geschäftsleitung.

Gibt es einen Zeitplan dafür, wie es für Sie und Ihren Vater an der Spitze des Unternehmens weitergeht?

Das ist eine gute Frage. Wir besprechen gerade, wie es am besten für die Firma weitergeht. Da liegt der Fokus. Darum geht es.

Wie frei fühlen Sie sich, den weiteren Weg des Unternehmens zu bestimmen? Wollen Sie bewusst etwas anders machen, wenn Ihr Vater nicht mehr dabei ist?

Meine Sichtweisen weichen stark von denen meines Vaters ab. Am Anfang war ich eher eine Art von Kopie, weil ich dachte, Unternehmer seien so. Irgendwann stellte ich fest, dass ich besser ich selbst bin und die Dinge auf meine Art und Weise mache.

Wie frei fühle ich mich heute? Ich achte im Moment sehr darauf, seine zentralen Themen zu respektieren. Das gehört sich so. Er hat die Firma erfolgreich gestaltet und weiterentwickelt, was auch für die Zukunft wichtig bleibt. Seine Werte werden immer hier verankert sein. Aber natürlich habe ich auch eigene Ideen für die Zukunft und für mich selbst. Er kennt meine persönlichen Ziele und befürwortet sie. Wir sind auch im Austausch sehr ehrlich, offen und kontrovers und haben nicht immer die gleiche Meinung, aber wir haben dieselbe Beziehung zum Unternehmen.

Wo sehen Sie die größten Herausforderungen, das Unternehmen erfolgreich fortzuführen?

Zum einen steht für mich natürlich die Branche im Fokus: Wir sind nicht im klassischen Single-Use-Bereich tätig, sondern produzieren Produkte oder liefern in Produkte hinein, die eine Mehrwegverwendung haben und das allein schafft schon eine klare Positionierung. Speziell sind uns die Themen Kreislaufwirtschaft und Nachhaltigkeit besonders wichtig, die Verwendung biobasierter und biologisch abbaubarer Kunststoffe sowie Rezyklate. Das müssen wir unseren Kunden schmackhaft machen können. Diese Technologie sehe ich als gegeben an – sie wird Stand der Technik bleiben.

Eine wichtige Herausforderung liegt natürlich in der Nutzung Künstlicher Intelligenz. Aber es geht nicht nur um technische Themen, sondern auch um Menschen: Wie befähige ich sie, wie reduziere ich das Konkurrenzdenken, wie gewinne ich Fachkräfte für unser Team? Das Thema Fachkräfte spielt gerade im ländlichen Raum eine sehr wichtige Rolle.

Ist der ländliche Raum für Sie eher ein Vorteil oder eher ein Nachteil?
Sowohl als auch. Wir haben sehr loyale Mitarbeiter aus der Gegend. Wenn wir diese binden können, bin ich zufrieden. Auch die Werte aus dem ländlichen Raum passen gut zu uns. Aber der eigentliche Dreh- und Angelpunkt ist das Thema Leadership und Unternehmenskultur: Wie verändere ich die Unternehmenskultur im Sinne von Leadership und Mental Health, sprich der men-

Isabel Grupp und Patrick Gaiser

talen Gesundheit der Menschen – ein Aspekt, der in einem Familienunternehmen ganz besonders relevant ist? Das Thema Gesundheit ist mittlerweile generell ein sehr wichtiger Faktor geworden – nicht nur für uns.

Die Bedeutung des Themas kann man auch an den aktuellen Krankheitsstatistiken ablesen.
Die Krankenquoten sind so hoch wie noch nie! In der Verwaltung, wo sie sich im Vergleich zur Zeit vor Corona nicht so stark verändert haben, liegen sie der-

zeit bei ca. 3 Prozent. Aber im produzierenden Bereich sind die Krankenquoten in die Höhe geschnellt – von früher 5 % auf einen zweistelligen Wert. Die Gründe dafür sind vielfältig. Die Menschen sind angesichts der vielen und tiefgreifenden Krisen verunsichert. Sie fühlen sich überfordert. Junge Menschen brauchen Vorbilder, aber das Wissen der Elterngeneration passt immer weniger auf die aktuellen Herausforderungen. Insbesondere im Bereich Social Media brauchen die Erfahrenen den Rat der Jungen und nicht umgekehrt. Das stellt natürlich systemisch einiges auf den Kopf. Social Media zeigt aber auch eine Welt, die für viele Menschen unerreichbar ist oder gar eine Scheinwelt darstellt. Das betrifft auch uns Unternehmer. Wir leben nicht in Saus und Braus und wissen, wie viel man arbeiten muss, um sich Dinge leisten zu können. Nie über meine Verhältnisse zu leben, ist auch virtuell mein Ziel: Ich möchte in meinen Social-Media-Kanälen einen realen Einblick in das Leben einer Unternehmerin geben.

Mental-Health-Leadership ist für mich persönlich ein Top-Thema. Wie kann ich sicherstellen, dass meine Mitarbeiter glücklich und zufrieden in die Zukunft gehen? Auch Menschen sind eine Ressource, für die das Postulat der Nachhaltigkeit gilt. Was bringt mir am Ende – überspitzt gesagt – ein gesundes Umfeld mit kranken Menschen?

Gibt es etwas, was Ihr unternehmerisches Handeln charakterisiert? Bzw. was dieses deutlich macht?
Führen mit Emotion!

Schön. Kauft Ihnen das jeder ab?
Ich lebe es jeden Tag. Das muss mir niemand abkaufen. Es ist spürbar und nicht etwas, das ich verkaufen muss, sondern meine Grundeinstellung.

Was ich eigentlich sagen wollte: Akzeptiert das jeder? Nach dem Motto: Ist das nicht zu emotional, kann man nicht lieber sachlich sein? Kommt eine solche Rückmeldung?
Es kann schon sein, dass das jemand sagt. Aber wenn ich die Dinge wie im Schulbuch angehe, das aber nicht meiner Natur entspricht, kann ich nicht arbeiten. Ich mache es auf meine Art. Und wenn ich – wie ich mich einschätze – ein sehr emotionaler Mensch bin, emphatisch, sehr einfühlsam und auch sehr nahbar, funktioniert bei mir eine Führung nach Schema X nicht. Ich kann keine Kopie eines anderen sein. In Vorstellungsgesprächen sage ich

immer: »Fühlen Sie sich in unserem Umfeld wohl. Wir sind ein Familienunternehmen, wir sind füreinander da.«

Wenn gewünscht, gehen wir weit über das Geschäftliche hinaus. Wenn mir jemand sagt, seine Frau oder sein Partner sei erkrankt – Krebs oder sonst irgendetwas Schlimmes –, wird das berücksichtigt. In einer solchen Situation muss man einfach ein bisschen Erwartungsmanagement betreiben und ent-

Isabel Grupp zusammen mit ihrem Vater Johannes Grupp

lasten. Wenn wir das Problem verstehen und nachvollziehen können, suchen wir nach Lösungen. Ich höre zu und versuche, zu unterstützen. So führe ich durchaus anders als mein Vater. Er ist zwar ebenfalls sehr menschlich und nahbar, aber auf eine andere Art und Weise als ich.

Lassen Sie mich noch einmal kurz auf Ihren Begriff der emotionalen Führung zurückkommen. Wenn ich Sie richtig verstehe, kennzeichnen Sie damit Ihre Art, mit Menschen zu arbeiten, die Empathie, das Berücksichtigen der Gefühlswelt der anderen. Das entspricht Ihnen und hilft, Themen mit anderen gemeinsam weiterzuentwickeln.

Das ist wirklich so. Wenn ich das Gefühl habe, dass sich der andere wohlfühlt, fühle auch ich mich wohl und das Miteinander ist gelungener. Wenn sich jemand immer unwohl fühlt, dann spreche ich das an und versuche, der Situation auf den Grund zu gehen. Aber wenn ich es nicht weiß, kann ich mich auch nicht verändern oder verbessern. Daher ist ein klares Feedback von großer Bedeutung. Gerade die junge Generation braucht sehr viel Einfühlungsvermögen, Wertschätzung und Anerkennung, und die bekommen sie von mir. Es ist sehr einfach, die Bedürfnisse der Menschen zu erfüllen, wenn man sie versteht.

Haben Sie bestimmte wirtschaftliche Grundüberzeugungen, die Ihr Handeln bestimmen?

Die soziale Marktwirtschaft nach Ludwig Erhard ist für mich klar, ebenso wie das Leistungsprinzip; aus meiner Sicht funktioniert unser Land nur so. Dafür steht auch der deutsche Mittelstand, der eine wichtige Säule Deutschlands ist, den man unterstützen sollte und nicht – so wie wir es gerade erleben – durch bürokratische Hemmnisse und andere Themen Stolpersteine für Unternehmen schaffen. Ich bin von der sozialen Marktwirtschaft vollkommen überzeugt.

Welche Fähigkeiten werden für Ihren unternehmerischen Erfolg vermutlich ausschlaggebend sein?

Zusätzlich zu den eben angesprochenen Punkten Authentizität. Ich lebe das, was ich sage. Und wenn etwas nicht klappt, verändere ich mich auch. In fünf Jahren könnte meine Antwort daher auch anders ausfallen.

Da wäre ich überrascht.

Die Welt verändert sich. Die Gesellschaft verändert sich. Man muss sich also selbst mit entwickeln. Wer still steht, hat etwas falsch verstanden.

Welche wichtigsten Erkenntnisse konnten Sie von Ihrem Vater übernehmen? Was ist das, was Sie von Ihrem Vater in dieser Zeit gelernt haben?

Das Kaufmännische. Er kann exzellent verhandeln. Er ist ein ausgezeichneter Kaufmann, und von ihm habe ich gelernt, finanziell genau und akkurat zu arbeiten. Rund um das Thema Finanzen ist er ein Experte. Davon habe ich viel profitiert.

Aber nachhaltig wird es dadurch, dass Sie es gelernt haben.

Ich habe natürlich auch Dinge gelernt, bei denen ich gesagt habe: »So will ich es nicht.« Das muss ich ausdrücklich betonen.

Können Sie ein Beispiel dafür nennen?

Das Thema Wertschätzung und Anerkennung handhabe ich definitiv anders. Es ist vielleicht ein Grundthema bei Familienunternehmen, dass man nicht genügend Wertschätzung erfährt, aber oftmals solche auch anderen gegenüber nicht kommuniziert – ganz gemäß der schwäbischen Mentalität, die im bekannten Satz mündet: »Nicht geschimpft ist genug gelobt.«

Das ist ein ganz bekanntes Zitat.

Ich finde es furchtbar. Mittlerweile habe ich sehr viele Menschen mit ganz anderen Charakteren kennengelernt. Dazu zählt mein Partner, der ebenfalls Unternehmer ist. Es ist grandios, eine solche Einstellung zu haben – Optimismus, Vertrauen in Menschen und ins Positive, Wertschätzung und gegenseitige Anerkennung. Diese Werte habe ich von ihm gelernt und kenne bisher niemanden, der sie authentischer und intensiver lebt als er. Und das will ich zurückgeben. Nicht nur ihm gegenüber, sondern auch an mein Team und mein Umfeld. Es bereichert das Leben ungemein.

Was macht für Sie das Spezifische im Mittelstand aus?

Da fällt mir vieles ein: Die Werteorientierung, der Fokus auf den Menschen, langfristige Ziele, generationengerechtes und verantwortungsvolles Handeln im Mittelstand versus kennzahlenbasierten, kurzfristigen Managern in Großunternehmen, die zielorientiert honoriert werden und nach wenigen Jahren wieder weg sind, die – überspitzt formuliert – Kennzahlen nach oben pushen und dann sagen: »Nach mir die Sintflut.« Das ist etwas, was ich weder leben will noch könnte. Aber ich habe verstanden, dass Manager eigentlich keine andere Chance haben, in großem Maßstab Geschäft zu machen.

Und noch etwas kennzeichnet den Mittelstand: Flexibilität und Agilität. Das hat sich auch während der Corona-Pandemie gezeigt. Wenn Vorschriften abends in der Tagesschau kurzfristig kommuniziert wurden, schrieben wir sie schon am nächsten Morgen um 9 Uhr nieder und um 11 waren sie umgesetzt. Am Abend kannte sie dann jede Schicht. In einem Konzern gibt es verschiedenen Genehmigungsstufen, daher muss man zunächst feststellen, wer die Vorschriften niederschreiben darf und woher die Unterschrift kommt.

Das dürfte für Sie sehr viel befriedigender sein. Sie können ein Problem unmittelbar lösen. Bei einem Großunternehmen braucht man sechs Wochen, drei Rückkopplungen und vier Gremien. Es dauert alles einfach sehr lange.

Die Großunternehmen drehen ein anderes Rad. Ihr Ziel ist es, den Profit zu maximieren, den EBITDA nach oben zu treiben. Ich hingegen möchte gesund in die Zukunft kommen, natürlich auch finanziell gesund. Wenn am Ende eines Jahres weniger Gewinn verbleibt, ist das vertretbar, solange wir insgesamt gesund bleiben, auch finanziell.

Welche Besonderheiten kommen noch dadurch dazu, dass Sie ein Familienunternehmen sind?

Man hat andere Emotionen, man hat andere Streitpunkte, man hat ein anderes Privatleben, das immer mitschwingt. Es ist schon anders, wenn man mit der Familie zusammen ist – sowohl eine andere emotionale Anstrengung als auch ein anderes Engagement. Manchmal gibt es aber keine Option, es in die nächste Generation zu übertragen, weil es in der Familie keine Nachfolger gibt oder sie die Nachfolge ablehnen. Das muss man dann auch respektieren. Wichtig ist in beiden Fällen, das Unternehmen im besten Sinne der Firma zu übergeben.

Herzlichen Dank für das Gespräch!

Das Interview wurde am 21. September 2023 in Trochtelfingen geführt.

Peter Hack

Jahrgang 1964.
Seit 2000 Vorstandsvorsitzender der Hack AG.
3. Unternehmergeneration.

Können Sie mir bitte einen kurzen, stichwortartigen Überblick über Ihr Unternehmen und seine Entwicklung geben?

Das mache ich gerne. Wir sind Bäcker, auch wenn dieses Berufsbild auszusterben scheint. Mein Großvater Karl-Wilhelm eröffnete am 18. August 1930, 6 Uhr, in Duisburg seine erste Bäckerei. Nachmittags um 14 Uhr wurde mein Vater geboren, deswegen kennen wir dieses Datum so genau. In den 1930er-Jahren hatte die Bäckerei eine Nahversorgeraufgabe, die Straße rauf und runter. Meine Großmutter Lisette – daher der Markenname für diverse Produktkonzepte – gründete gemeinsam mit meinem Großvater die Bäckerei. Die beiden Söhne – mein Vater und mein Onkel – wurden beide Bäcker, obwohl sie damals etwas anderes werden wollten. Man fragte sie aber einfach nicht. Bei einem Altersunterschied von acht Jahren wurden beide jeweils die jüngsten Bäckermeister Deutschlands. Früh übt sich!

Mein Großvater pflegte durch karnevalistische Aktivitäten in der Prinzengarde in Duisburg ein sehr gutes Netzwerk, was die Basis für eine Expansion des Geschäftes darstellte. Damals war es noch nicht üblich, gleich mehrere Filialen zu eröffnen, sondern man konzentrierte sich auf die eigene Backstube und den eigenen Verkaufsladen. Eine glückliche Fügung war jedoch, dass Helmut Horton in Duisburg das erste Kaufhaus eröffnete und Otto Beisheim später in Mühlheim den ersten Cash-and-Carry-Markt. Diese beiden ersten Großunternehmer bestimmten unsere zukünftige Entwicklung maßgeblich.

Über eine Zeit von vierzig Jahren wuchsen wir zum größten Kaufhausbäcker in Deutschland heran, da wir nicht nur Horton, sondern auch Karstadt und Kaufhof, Wertheim und Hertie sowie Quelle in ihren Kundenrestaurants beliefern durften.

Wie haben Sie das Wachstum bewältigt?

Das war damals total chaotisch! Es wurde rund um die Uhr gebacken, aber immer mit den gleichen Leuten. Es gab damals gar keinen Schichtwechsel. Im Hof und in der Backstube standen Betten, und wenn einer nicht mehr konnte, legte er sich eine halbe Stunde hin. Das ist mit der heutigen Zeit natürlich nicht vergleichbar, schweißte aber alle enorm zusammen. Dann gab es eine weitere Fügung: Vieles entstand bei uns Hacks aufgrund hoher Intelligenz, aber das Allermeiste war eher Zufall – so auch, als meine Eltern nach Kurtscheid zur Hauseröffnung eines Freundes eingeladen waren. An der Theke stand ein Bauunternehmer, von dem auf einem Bierdeckel am gleichen Abend rubbedidupp ein Grundstück samt Halle gekauft wurde, für

30 Pfennig pro Quadratmeter, da die Familie damals nicht mehr zur Verfügung hatte. Es gab weder eine Standortanalyse noch eine längere Chance der Überlegung, es wurde einfach gemacht. Die noch im Bau befindliche Halle wurde kurzerhand als Backstube umfunktioniert. Das war unser Start im Jahre 1967 im Westerwald.

Heute bezeichnen wir uns als Systembäcker. Wir haben kein eigenes Filialnetz, sondern arbeiten nach wie vor für B2B-Partner. Heute produzieren wir in Kurtscheid nur einen Teil unsere Gesamtportfolios. Der Großteil der Produkte wird über unsere größte Tochtergesellschaft, die BACKUNION GmbH, abgebildet, durch große Hochleistungsproduktionsanlagen, auf denen Brötchen, Baguettes, Croissants und Donuts in riesigen Stückzahlen gefertigt werden. Hier in Kurtscheid stellen wir Kuchen und Torten, Muffins und Brownies sowie sehr hochwertige Brote und Baguettes im Holzbackofen her. Wir beschäftigen uns auch gerne mit ganz neuen Produktideen und testen diese zunächst in Kurtscheid. Sobald die Mengen steigen, investieren wir in größere Produktionsmöglichkeiten. Mit dieser Individualität versuchen wir, uns im knallharten Wettbewerb über die Qualität und die Geschwindigkeit zu definieren.

Was sind heute Ihre größten Kunden?

Was für uns früher die Kaufhäuser waren, sind heute die Reisegastronomen, also Tankstellen, Raststätten, die Deutsche Bahn sowie die Airline-Caterer. So sind wir heute der Marktführer im »Convenience Retail Segment« und bedienen mit Partnern wie z. B. Lekkerland und Rewe sowie EDEKA Food Service den Großteil der 14.000 Tankstellen in Deutschland. Dazu haben wir vor 25 Jahren eine eigene Service- und Dienstleistungs-Organisation gegründet: die Bakery Solution GmbH. Das Team von knapp 30 Mitarbeitern kümmert sich national um die Mitarbeiter der Mineralölgesellschaften und hilft den Tankstellen und Raststättenpächtern bei der Ausbildung der Servicekräfte.

Wie sind Sie in das Unternehmen gekommen, was waren die wichtigsten Stationen Ihrer beruflichen Karriere?

Es ist ein bisschen so wie damals in Duisburg geschehen. Man hat Thomas und mir das Gefühl gegeben, uns tatsächlich gefragt zu haben. Was wirklich passiert ist: 1984 gab es einen Crash. Unser exklusiver Fachgroßhändler und Logistiker in Oberhausen ging Konkurs. Da ich dort gerade ein Praktikum absolvierte, war ich mitten im Auge des Hurricanes. Mein Vater rief mich an und sagte: »Wir haben Druck. Du musst schnell sehen, dass du nach Hause kommst, wir brauchen schon morgen eine Lösung für die Versorgung unserer Großkunden.«

In einer Krisensitzung, gemeinsam mit unseren wichtigsten Großkunden, haben wir uns entschieden, den Vertrieb und die Logistik selbst in die Hand zu nehmen. Thomas und ich gründeten somit im Dezember 1984 für die Frisch- und Trockenwaren die HACK Gastro Service oHG und gemeinsam mit dem größten Lieferanten im Tiefkühl-Segment, der Danish Crown GmbH, die tiefkühl-national GmbH, die Dänen als Fleischlieferant und wir als wichtigster Backwaren-Versorger.

Mein Cousin Thomas Hack und ich übernahmen die Geschäftsleitung der Hack Gastro-Service Gesellschaft und bauten das Geschäft sukzessiv weiter auf. Mein Vater Harald und Onkel Uwe kümmerten sich um den Aufbau des nationalen Tiefkühlgeschäftes und sorgten im Hintergrund für die Weiterentwicklung der Zentralproduktion der Gebr. Hack GmbH.

Das Unternehmersein liegt dann offensichtlich in Ihren Genen.
Offensichtlich ja. Unternehmer kommt von unternehmen. »Einfach machen« ist eine der Grundeinstellungen unserer Familie. Die Zeiten haben sich mit den heutigen Anforderungen des Marktes natürlich deutlich verändert. Gerade in der zurückliegenden Pandemie haben wir uns erhebliche Sorgen um die Zukunft unseres Unternehmens gemacht. Wie viele Unternehmerinnen und Unternehmer haben wir uns nächtelang den Kopf zerbrochen, wie man jeden einzelnen Arbeitsplatz retten kann und mit welchen Ideen wir uns selbst aus der Krise befreien können. Zu Beginn der Pandemie habe ich noch motivierende Videos für unsere Mitarbeiter gedreht, da ich – wie viele andere – gedacht habe, dass diese Seuche schnell zu Ende sein würde. Doch dann ist klar geworden, dass es sich um ein sehr großes Problem handelt. Gerade wir als Gastro-Bäcker waren massiv von den Schließungen unserer Großkunden betroffen.

Sie haben Ihre Fähigkeiten also hier im Job entwickelt?
Ja, schon früher ist es notwendig gewesen, selbst alles zu können: Gabelstapler fahren, Aufträge am Telefon annehmen, Rechnungen schreiben. Thomas hat sich stark in den Bereich Verwaltung und Finanzen hineingeboxt, wie auch damals schon sein Vater Uwe. Ich habe schnell von den Fähigkeiten meines Vaters profitiert. Somit haben wir die Aufgabenteilung 1:1 von den Vätern übernommen. Thomas hält das Geld zusammen, ich gebe es aus!

Welche wirtschaftlichen Grundüberzeugungen haben Ihr Wirken bestimmt? Haben Sie vielleicht so etwas wie ein Leitmotto?

Unser Leitmotto ist in unserem Firmenlogo versteckt: »Appetit auf Qualität.« Es ist uns sehr wichtig, dass alles, was wir machen, eine hohe Qualität hat. Damit ist nicht nur das Produkt gemeint, sondern auch der Anspruch an uns selbst. Unsere Mitarbeiterinnen und Mitarbeiter dürfen von uns eben-

falls eine hohe Qualität am Arbeitsplatz erwarten. Gerade in heutigen Zeiten, wo die Ansprüche an die Unternehmen steigen, ist das eine der großen Herausforderungen aber auch Chancen zugleich.

Früher konnte man als Unternehmer einsame Entscheidungen treffen, die niemand groß hinterfragte. Heute muss jede Entscheidung gut vorbereitet, erklärt und demokratisch und diplomatisch abgewogen werden. Das kostet wesentlich mehr Kraft und Zeit, macht die Entscheidungen aber langfristig sicherer und damit auch zukunftsfähiger. Das war für mich ein großes persönliches Learning. Als entscheidungsfreudiger Charakter treffe ich gelegentlich auch unpopuläre und überraschende Entscheidungen. Die neue Balance und damit die Verteilung der Entscheidungen auf viele Schultern ist für die ganze Mannschaft eine neue Qualität!

Welche Fähigkeiten waren für Ihren Erfolg ausschlaggebend?

Zunächst würde ich sagen: Gerechtigkeit und Fairness. Das war schon meinen Großeltern und Eltern sehr, sehr wichtig. Wir Hacks haben nie Geschäfte des Geschäftes wegen gemacht. Mein Opa erklärte schon damals: »Besser ist, der Kunde kommt wieder, und nicht das Brot!« Daher glaube ich, dass wir ein sehr gutes Image haben und als stets fairer Geschäftspartner angesehen werden. Das ist in heutigen Zeiten eine wichtige Kraft und liegt vielleicht auch daran, dass wir sowohl für unsere Kunden und Partner als auch für unsere Mitarbeiter immer etwas mehr getan haben als nötig.

Können Sie die wichtigste geschäftliche Entscheidung benennen, die Sie in Ihrer Karriere getroffen haben, die jetzt die Entwicklung des Unternehmens beeinflusst?

Im Jahr 2000 hatten wir schon einige Tochtergesellschaften unter dem Dach der HACK Unternehmensgruppe angesammelt. Nach außen waren diese unterschiedlichen Aufgaben und Funktionen aber nicht ganz verständlich. Daher waren wir auf der Suche nach einer neuen Dach-Organisation. Unser Fachanwalt Sebastian Korts aus Köln hatte gerade sein erstes Buch geschrieben: Die kleine Aktiengesellschaft. Das wollten wir an unserem eigenen Unternehmen ausprobieren und machten uns auf den Weg, eine Familien-Aktiengesellschaft mit allen rechtlichen und wirtschaftlichen Parametern zu erstellen – die HACK AG war geboren. Die Rechtsform der Aktiengesellschaft war sinnvoll, weil wir damals schon mit großen Konzernen zusammenarbeiteten. Als HACK AG erzielten wir quasi über Nacht eine solidere Wahrnehmung, was uns sehr geholfen hat, das Unternehmen weiterzuentwickeln.

Dieser Schritt ermöglichte es Thomas und mir, die gesamte Gruppe umzustrukturieren und die Verantwortung auf uns beiden Hauptaktionäre zu bündeln, aber gleichzeitig die ältere Generation auf dem Weg in die Zukunft mitzunehmen. Mein Vater Harald wurde zum Aufsichtsratsvorsitzenden gewählt und meine Tante Magret wechselte ebenfalls in den Aufsichtsrat. Ich übernahm den Vorsitz des aktiven Vorstandes und seitdem bilden Thomas und ich ein sehr erfolgreiches Duo.

Wie wurde damals der Generationswechsel eingeläutet?

Dazu gibt es eine sehr amüsante Geschichte. An einem Montagmorgen sollte unser wichtiges Jahresgespräch mit unserem Großkunden, der METRO AG, stattfinden. Wie so oft zuvor, war es an diesem Morgen geplant, dass mein Vater und ich zusammen nach Düsseldorf fahren. Als ich meinen Vater morgens anrief und fragte: »Wo bleibst du, Papa? Wir müssen doch nach Düsseldorf!«, sagte mein Vater: »Ich komme nicht mit. Du schaffst das allein. Und

Peter Hack und Alexander Felber

übrigens, du kannst ab heute immer allein fahren.« Erst später stellte sich heraus, dass mein Vater diesen Termin zusammen mit seinem alten Geschäftsfreund Heinz Ridder gefaked hatte, und die beiden großen Spaß daran hatten, mich ins kalte Wasser zu werfen. Das war unser Generationswechsel!

Eine AG sieht solide aus, weil sie relativ viele Strukturen hat, die helfen, gut zu agieren bzw. große Probleme zu vermeiden. Natürlich ist die Rechtsform am Ende nicht entscheidend, aber die starke Struktur innerhalb einer AG ist hilfreich, um besser zu werden und weiter wachsen zu können.

Definitiv. Früher hatten unsere Großeltern ihre Buchhaltung eher in einem Wäschekorb und erledigten ihre Büroarbeit, wenn das Tagesgeschäft es zuließ. Mit unserer heutigen Struktur sind die Bereiche Controlling und Finanzwesen unter den wichtigsten Abteilungen im Hause. Der administrative Aufwand ist groß, aber es ist die Grundlage für wirtschaftlich gesundes Wachstum und eine hohe Sicherheit im Umgang mit den planbaren Finanzstrukturen. Der heutige Aufsichtsrat besteht nach dem Tode meines Vaters im Übrigen aus 100% Damen. Damit haben wir eine für Aktiengesellschaften in Deutschland einzigartige Frauenquote.

Gibt es eine signifikante Fehlentscheidung, an die Sie sich erinnern können?

Oh ja, das war im Jahre 1999, als ich mir die fixe Idee in den Kopf gesetzt hatte, Europas bekanntestes Café, das Café Kranzler in Berlin, zu übernehmen. Das klingt zunächst cool und war es am Anfang auch. Das Kranzler war früher ein guter Kunde unseres Hauses. Ich erhielt einen Anruf aus Berlin, ob wir uns nicht vorstellen könnten, das Café Kranzler auf dem Kurfürstendamm in Berlin zu übernehmen und an der entsprechenden Ausschreibung teilzunehmen. Da unser Familienname eher wie eine Dorfmetzgerei klingt, sah ich in der Marke Kranzler die große Chance einer neuen Markenbildung unserer Back- und Konditorei-Aktivitäten. Die Marke Kranzler wäre für uns so etwas wie ein Ritterschlag.

Also schrieben wir ein umfangreiches Konzept und beteiligten uns an dem Wettbewerb. Zwei Wochen später fand ich mein Bild auf der Titelseite der BILD-Zeitung mit der Überschrift: »Der Retter des Café Kranzlers!« Plötzlich ging alles ganz schnell. Wir gründeten in Berlin die Kranzler AG & Co. KG a. A. und investierten in den Ausbau des Cafés auf dem Kurfürstendamm. Nach einigen Wochen wurde mir klar, dass dieses Unterfangen eine Nummer zu groß für uns war. Ich erinnere mich an eine Baubesprechung mit 60 Architekten und Planern von Hochtief. Die Difa AG investierte zur gleichen Zeit ins neue Kranzler-Eck und die Erwartungen an uns waren groß – zu groß. Damals dachte ich, ein solches Großprojekt nebenbei managen zu können. Sehr schnell wurde jedoch klar: »Das geht in die Hose, wenn wir es nicht stoppen.«

In dieser Zeit stand unser siebzigstes Firmenjubiläum an und ich saß an einem Abend an der Festrede zur Veranstaltung. Nachts rief ich meinen Vater an. »Vater, ich sitze hier an unserer Rede für morgen und komme beim Thema Kranzler nicht weiter, ich glaube, wir müssen das Projekt canceln.« Mein Vater antwortete: »Gott sei Dank, meldest du dich Jung, ich schlafe schon seit drei Monaten nicht mehr richtig durch, das ist eine Nummer zu groß für uns.« Mein Vater gab mir den Tipp, gleich morgens seinen Freund Gerry Weber anzurufen: »Gerry wird uns helfen!« Und tatsächlich ist die Gerry

Weber Sportpark & Gastronomie GmbH nach kurzer Verhandlung in unsere laufende Verpflichtung in Berlin eingetreten und hat alle Verträge und später auch den Betrieb des Café Kranzler in Berlin übernommen. Diese Aktion hat mich persönlich geerdet und mir meine persönlichen und beruflichen Grenzen aufgezeigt.

Welche Lehre haben Sie daraus gezogen?

Die Einstellung »Alles ist möglich« habe ich für mich persönlich etwas revidieren müssen. Alles ist machbar, wenn es vorher eine gute Machbarkeitsprüfung gab.

Was macht für Sie das Spezifische im Mittelstand aus? Welche zentralen Unterschiede bestehen zu Großunternehmen? Besitzen Sie mehr Freiheitsgrade für Ihr Handeln?

Das sind gleich drei Fragen auf einmal. Zunächst genießen wir unsere unternehmerische Freiheit, auch wenn es sich unter den aktuellen politischen Rahmenbedingungen nicht ganz so gut anfühlt, wie noch vor einigen Jahren. Schade ist, dass Leistung in der Gesellschaft nicht mehr den Stellenwert hat, der ihr gebührt. Ist der Fleißige heute eher der Dumme? Es gibt unternehmerisch in Deutschland aber immer noch einen großen Handlungsspielraum. Mit aktuell 250 Mitarbeiterinnen und Mitarbeitern können wir uns täglich aufs Neue beweisen. Wichtig ist dabei, dass unsere Türen immer offenstehen und wir stets versuchen, ein offenes Ohr für die Fragen, Sorgen und Ängste der Kollegen zu haben. Grundharmonie ist uns enorm wichtig und wir versuchen, das beizubehalten, was unsere Eltern vorgelebt haben.

In einem Familienunternehmen kennt man die Mitarbeiter noch mit Namen und weiß, wie lange sie an Bord sind. Unser großes Glück ist, dass viele unserer Kollegen schon sehr lange bei uns arbeiten. Das ist ein Wettbewerbsvorteil im Vergleich zu Großunternehmen. Vertrauen und Verbindlichkeit sind unser Trumpf. Sie kennen vielleicht den alten Spruch: »Die Leute kommen wegen der Aufgabe und bleiben wegen den Kollegen – und gehen wegen dem Chef.« Letzteres wollen wir vermeiden, indem wir stets fair und gerecht handeln. Unternehmerische Freiheiten sind aber nur dann umsetzbar, wenn die finanziellen Möglichkeiten es zulassen. Daher waren die Jahre der Pandemie für uns ein echtes Problem.

Welche Besonderheiten resultieren daraus, ein Familienunternehmen zu sein? Schafft das für Sie mehr Freiheitsgrade oder werden Sie in Ihrem Handlungsspielraum eher behindert?

Zunächst möchte ich Ihnen antworten, dass man Menschen lieben muss, wenn man Menschen führen und begeistern will. Die Ansprüche der Menschen steigen ständig und die Führungskräfte müssen sich mit entwickeln. Schon früh haben wir uns Hilfe von außen geholt und mit einer Persönlichkeitsanalyse die Antriebe und Widerstände der Führungskräfte ermittelt.

Früher ist man von lediglich drei Farben als Basis ausgegangen – blau, grün und rot. Mittlerweile sind wir bei neun verschiedenen Farben angelangt. Wir kennen das Farbmuster unserer ersten und zweiten Führungsebene ganz genau. Um ein schlagkräftiges Team zu formen, braucht es eine bunte Palette aller Farben und somit eine Zusammensetzung der verschiedenen Stärken. Zudem hat sich aus der Mitte der Mitarbeiter eine spannende Eigeninitiative entwickelt, der Culture Club. Mithilfe eines externen Coaches versuchen wir gerade, unsere Unternehmenskultur der Zukunft fortzuschreiben.

Ich glaube daran, dass die neuen Führungsqualitäten über Vertrauen gesteuert werden. Dadurch erreicht man hoffentlich eine höhere Loyalität der Kollegen. Das gilt vor allem für solche Themen wie Homeoffice oder Vertrauensarbeitszeit. Als Unternehmer ist es wichtig, den eigenen Laden und den eigenen Job zu lieben. Ist das nicht der Fall, haben Sie verspielt. Das spüren die Mitarbeiter, und wer will schon einen Chef, der seinen eigenen Laden nicht mag! Daher ist es wichtig, dass alle sich als Mitunternehmer und nicht als Mitarbeiter fühlen. Das ist vor allem für angestellte Führungskräfte eine große Aufgabe der Zukunft. Gerade in schwierigen Zeiten zeigt sich die Qualität der Menschen!

Was tun Sie, damit Ihr Unternehmen enkelfähig wird?

Indem wir mehr nach vorne blicken und selten zurück. Hierfür ist unser BACKUNION-Joint-Venture mit der La Lorraine Bakery Group aus Belgien ein gutes Beispiel. Zunächst konnten wir zum 01.01.2023 die La Lorraine Deutschland GmbH mit Sitz in Köln übernehmen. Danach haben wir die La-Lorraine-Gruppe als 50%igen Gesellschafter aufgenommen. Dadurch konnten wir unsere Kompetenzen bündeln und schon in kürzester Zeit erhebliche Synergien entwickeln. Ziel ist es, unsere Zentralproduktion am Standort in Kurtscheid internationaler auszurichten und weitere Investitionen in neue Anlagen zu tätigen. Außerdem wollen wir Handelsprodukte des heutigen BACKUNION-Sortimentes stärker auf die Produktionsanlagen unseres neuen Joint-Venture-Partners verlagern und die gemeinsame BACKUNION in den nächsten Jahren zu dem führenden Anbieter in unserem Kanal entwickeln. Das bringt eine neue Geschwindigkeit ins Unternehmen. Neben dem organischen Wachstum der letzten Jahre ist eine solche strategische Neuausrichtung auch für uns Neuland. Sie verschafft uns aber einen großen neuen Handlungsspielraum.

Wir kommen langsam zum Schluss des Gesprächs. Was können Sie der nächsten Generation als wichtigste Erkenntnis weitergeben?

Fairness und Gerechtigkeit bleibt sicherlich auch in der Zukunft eine wichtige Basis unseres Handelns. Hinzu kommt die wichtige Frage nach dem Sinn – dem Sinn eines Unternehmens, dem Sinn unseres Handelns. Daraus erwächst ein neuer Anspruch, dem wir alle gerecht werden müssen. Seit fast 25 Jahren sind wir mit unserer sozialen und gemeinnützigen Karl-Hack-Stiftung aktiv. Neben der Unterstützung von hilfsbedürftigen Menschen und Organisationen sowie Vereinen liegt uns die Aufforstung und Pflege des heimischen Waldes sehr am Herzen. Das stiftet richtig viel Sinn! In enger Kooperation mit der Ortsgemeinde Kurtscheid, dem heimischen Forstamt und dem Start-up Dein Hektar haben wir ein einzigartiges Projekt gestartet und forsten gerade rund 200 Hektar heimischen Wald wieder auf und pflegen diesen zugleich. Also keine Schein-Aktivitäten in Brasilien oder sonst wo auf der Erde. Greifbares und erlebbares ökologisches Handeln für die nächsten Generationen!

Green Painting gibt es wahrlich schon genug. – Ich habe noch eine kurze Abschlussfrage: Wo sehen Sie die Zukunftschancen Ihres Unternehmens, wo sehen Sie die größten Herausforderungen?

Um die Zukunft haben wir uns gerade gekümmert. Mit der neuen Struktur haben wir einen soliden Grundstein für unsere Weiterentwicklung gelegt und einen Fahrplan für die nächsten Jahre aufgestellt, dem wir jetzt konsequent folgen. Weitere strategische Wachstumspotenziale haben wir im Auge. Mal sehen, was uns die nahe Zukunft bringt. Auf jeden Fall haben wir weiter »großen Appetit auf Qualität«. Die größten Herausforderungen liegen meines Erachtens eher in den von uns nur schwer beeinflussbaren Faktoren wie zum Beispiel der bedrohlichen Sicherheitslage. Die aktuellen weltweiten Konflikte werden gerade nicht weniger, sondern nehmen leider zu. Das macht mir etwas Sorge mit Blick auf die wirtschaftlichen und gesellschaftlichen Einflüsse.

Mit der Sorge stehen Sie nicht allein! Herzlichen Dank für das Gespräch.

Das Interview wurde am 14. Juli 2023 in Kurtscheid geführt.

Thomas Hähn

Jahrgang 1965.
Seit 1993 Gründer & Gesellschafter der HAHN Automation Group.
1. Unternehmergeneration.

Können Sie mir bitte einen kurzen, stichwortartigen Überblick über Ihr Unternehmen und seine Entwicklung geben?

Meine unternehmerische Karriere startete aus der Not heraus. In der Wirtschaftskrise 1992 arbeitete ich als Werkstudent hier in der Nähe und machte dabei eine technische Erfindung. Zeitgleich wurde das Unternehmen von einem Konzern übernommen und es gab in der Folge einen Einstellungsstopp. Damit musste ich meinen Plan, dort als Ingenieur zu starten, erst einmal an den Haken hängen. Der Werkleiter sowie mein damaliger potenzieller Chef gaben mir daraufhin den Rat, mich selbstständig zu machen, und versprachen, mir Aufträge zu vermitteln, die mir einen guten Start in die Selbstständigkeit ermöglichten. Diese Chance ergriff ich – ein bisschen blauäugig – sehr gerne. Später merkte ich, dass man Maschinen konstruieren kann, sie dann aber besser auch selbst baut, um seine eigenen Konstruktionsfehler zu finden. Mit meiner Ausbildung als Maschinenschlosser begann ich, meine Idee im alten Traktorschuppen meiner Eltern umzusetzen. Weil ich dafür eine Fräsmaschine und eine Drehmaschine brauchte, nahmen meine Eltern eine Hypothek auf das Haus auf. Es gab damals noch keine Start-up-Förderung.

Es gab noch nicht einmal den Begriff Start-up.

Bei der Bank wurde mir gesagt: »Glaubst du denn, dass das gut geht? Wir glauben das nicht. Bring lieber Deine Eltern mit.« Obwohl diese nicht vermögend waren, gingen sie das Risiko ein, Haus und Hof zu verlieren, falls mein Plan scheitern würde. Doch er ging schnell auf und ich expandierte weiter mutig und trug die Idee auch in die USA, mit einem eigenen Standort. Das war damals, in der Anfangszeit der Globalisierung, sehr schwierig – der Mittelstand war überhaupt noch nicht globalisiert. Unsere Kunden, wie z.B. Bosch, fingen gerade erst damit an. Als junge Menschen zogen wir ganz allein mit, ohne Angst. Nach den USA haben wir noch in vielen anderen Ländern gegründet. Daraus ist später die HAHN Automation entstanden, aus der ich mich mittlerweile operativ zurückgezogen habe.

Ich begleite das Unternehmen natürlich als Gesellschafter und Beirat weiter. Aber ich habe inzwischen ein neues Unternehmen gegründet, die United Robotics Group, das sich mit Robotik außerhalb der Produktion beschäftigt. Wir bilden damit in zwei verschiedenen Unternehmensgruppen beides ab, Robotik in der Produktion und außerhalb der Produktion, und versuchen, die Synergien zu nutzen. Das ist mein neues unternehmerisches Wirken.

Im Jahr 2014 wurde ich von der RAG-Stiftung angesprochen, die sich an vielen mittelständischen Unternehmen beteiligt. Sie erwarb daraufhin Anteile der HAHN Automation. Mithilfe der RAG-Stiftung konnten wir in der Folge viele Unternehmen akquirieren, kaufen, eröffnen und integrieren. In den letzten acht bis zehn Jahren meiner unternehmerischen Tätigkeit habe ich insbesondere viele Unternehmenskäufe begleitet, was ich auch heute noch tue.

Ich wusste, dass die Stiftung bei Evonik involviert ist. Dass sie auch im Mittelstand Beteiligungen hat, war mir nicht bekannt.

Geld von Stiftungen ist kein typisches Private Equity. Das ist auch der Grund, warum ich an die RAG-Stiftung verkauft habe. Eigentlich hatten wir dies nicht vor und hätten unser Wachstum selbst finanzieren können – die letzten zehn Jahre waren ja investitionsfreundlich. Aber mit der Stiftung hat es sehr viel einfacher funktioniert. Im Vergleich mit anderen mittelständischen Unternehmen, die fast die gleiche Geschichte haben, haben wir uns dadurch völlig anderer Segmente bedienen können. Diese gegenseitige Befruchtung ist sinnvoll und macht Spaß. Die Stiftung hält z. B. ein Unternehmen, das sich mit Infrastrukturentwicklung beschäftigt, aktuell in Afrika und vormals in Dubai und in der Golfregion. Es ist sehr interessant für uns, an deren Erfahrungen zu partizipieren und einen näheren Zugang dazu zu haben.

Was steckt eigentlich hinter dem Begriff Automation? Wenn man ein Unternehmen entwickelt, dann geht es häufig um eine bestimmte Fähigkeit, von der in verschiedene Richtungen abgezweigt werden kann. Ist Automatisierung eine solche Fähigkeit, die man auf ganz unterschiedliche Felder anwenden kann?

Wenn man Automatisierung anbietet, die »customized« ist, dann bezieht sich das in der Regel auf eine einzelne Industrie. Dort hat jeder seine eigenen Produkte und seine eigenen Verfahren. Will man das automatisieren, muss man die Verfahren und Produkte der Kunden scannen, um Synergien zwischen allen Unternehmen zu nutzen. Die HAHN Automation Group umfasst fast zwanzig Unternehmen, und jedes einzelne hat eine Spezifizierung in Richtung ihrer Kunden. Diese ist entweder lokal – also Mexico, China – oder in den größeren Niederlassungen kundenbezogen. Die einen können gut mit Elektronikkunden umgehen, die anderen mit Automobilkunden, die dritten mit Herstellern von Medtec-Produkten, und auch dieses Kunden-Know-how ist für uns wertvoll.

Können Sie diese Fähigkeit in der Gruppe wirklich spielen?

Ja, aber das hat lange gedauert. Wir betreiben dieses Geschäft schon seit vielen Jahren, bereits im Jahr 1999 haben wir in den USA gegründet. Wenn wir es in 25 Jahren nicht gelernt hätten, hätten wir es sein lassen müssen. Allerdings haben wir durchaus auch Standorte geschlossen, an denen wir keinen Erfolg hatten. Man braucht dazu eine bestimmte Unternehmenskultur. Man muss teilen können. Wenn ich hier etwas lerne, sollte ich es nicht nur hier nutzen, sondern auch weitergeben können, damit auch andere etwas davon haben. Es ist entscheidend, kulturell zu verankern, dass die Fähigkeiten in der Gruppe freiwillig verteilt werden. Deshalb haben wir niemals Standorte gegeneinander verglichen! Zwar werden Preise verteilt für die, die in einem Jahr die besten Ergebnisse erzielt haben, aber mehr als ein Spaßfaktor als ein wirkliches Benchmarking. Nur so kann man an einem gemeinsamen Erfolg arbeiten und die Menschen dazu bringen, bereitwillig zu teilen.

Wie hat sich Ihre eigene Rolle im Unternehmen über die Zeit verändert?

Ich begann als Konstrukteur, dann war ich Vertriebler, Verkäufer der Anlagen. Danach wurde ich Stratege, indem ich Niederlassungen gründete, dann Auslandsspezialist. Bei der Gründung unserer Auslandsniederlassungen habe ich Leute gesucht, bin zum Notar gegangen, habe die ersten Kunden besucht und konnte dabei wieder Vertriebler sein. Danach war ich Verkäufer der eigenen Anteile und schließlich Unternehmenseinkäufer – und das ist bis heute meine Rolle. Ganz aktuell begleite ich die Konsolidierung strategisch und denke vielleicht bereits über das nächste Abenteuer-Venture nach – oder freunde mich mit dem Gedanken an, in den Ruhestand zu gehen. Das ist für mich aber schwerer, als neue Unternehmen zu gründen.

Das hört man immer wieder: Was macht man eigentlich, wenn man nichts mehr zu tun hat? Dann bleibt man lieber noch ein wenig. Kommen wir zur nächsten Frage: Besitzen Sie eine wirtschaftliche Grundüberzeugung für Ihr Handeln? Ein Leitmotto? Was treibt Sie, wenn Sie wirtschaftlich handeln?

Ich bin jemand, der gut und gerne investiert – aber am liebsten nur das Geld, das wir entweder schon verdient haben oder in absehbarer Zeit verdienen können.

Da ist kein Leitmotto, aber eine sehr klare Perspektive. –
Welche Fähigkeiten waren für Ihren Erfolg ausschlaggebend?
Das waren meiner Meinung nach mehrere Fähigkeiten, angefangen natürlich
mit einer technischen Vision. Die Vision für mein allererstes Produkt war,
Metalle mit Elektromagneten anzugreifen und sie in einem Schwung mit
einem Roboterarm in die Maschine einzulegen. Viele zweifelten an dieser
Vision und fragten sich, ob so etwas überhaupt funktionieren kann oder es

solche Elektromagneten gibt usw. Ich habe dann selbst solche Elektromagneten gebaut und mich tief eingearbeitet, habe vieles ausprobiert, aber auch viele
Rückschläge erlebt. Aber jeden Morgen bin ich aufgestanden und habe gedacht: »Jetzt weiß ich, wie es geht; jetzt muss ich nur noch dies oder jenes
ändern!« – und dann ging es leider immer noch nicht. Trotzdem war ich
davon überzeugt, dass es mit Elektromagneten funktionieren muss. Schließlich hat es dann wirklich geklappt, und es wurde die Grundlage für meine
Selbstständigkeit: Wenn es bei der ersten Anwendung funktioniert, wird es

auch an anderer Stelle funktionieren und dann können wir das automatisieren und Lohnkosten sparen – damals ging es noch um Kosteneinsparungen, heute automatisiert man, weil man keine Leute mehr findet, die diese Aufgaben manuell erledigen.

Die nächste Vision bestand darin, das Geschäft weltweit auszurollen, von einer Garage im Hunsrück aus. Das erschien wirklich zu weit gesprungen. Aber ich war der Meinung, dass es, wenn dieser eine Gummi-Metallkunde das Produkt braucht, noch mehr geben müsste, die es benötigen, und es clever wäre, zu ihnen zu gehen. Sofort kamen viele Fragen auf: Wie kommen wir dahin? Wer nennt uns die Unternehmen? Wie können wir überhaupt ins Ausland liefern? Meine Vision stand jedoch fest und ich teilte sie mit anderen. Einmal wurde ich als Menschenfänger bezeichnet. Ich habe das nicht so gerne gehört, auch wenn es positiv gemeint war. Ich habe die Leute ja nicht für meine Vision gewonnen, um sie gefangen zu nehmen, sondern um sie zu begeistern. Die meisten von ihnen sind noch hier, haben Karriere gemacht oder haben sich mit dem verdienten Geld ein Haus gebaut. Es war also nicht schlecht, dass ich sie für diese Vision begeistert habe. Das ist die Fähigkeit, die ich meine.

Sie haben sie nicht gefangen, Sie haben sie angezündet.
Genau. Dazu passt auch das bekannte Zitat von Saint-Exupéry sehr gut: »Wenn du ein Schiff bauen willst, beginne nicht damit, Holz zusammenzusuchen, Bretter zu schneiden und die Arbeit zu verteilen, sondern erwecke in den Herzen der Menschen die Sehnsucht nach dem großen und schönen Meer.« Schon mit meinen ersten vier Mitarbeitern habe ich Strategiemeetings abgehalten. Die lachen heute noch darüber. Ich habe zum Beispiel einen Bericht aus dem Handelsblatt ausgeschnitten, der über den Börsengang eines Unternehmens berichtete. Damals haben wir zwar nicht von einem Börsengang geträumt, wollten aber ein bedeutendes Unternehmen werden. Daher habe ich gesagt: »Wir müssen Weltmarktführer für Automation in der Gummi-Metall-Branche werden. Ja! Wir gehen auf die Gummi-Messe in die USA, und dann sind wir dort, wo eigentlich nur Gummimaschinen herumstehen, der einzige Automatisierer. Keiner erwartet da einen Roboter. Wir werden das!« So habe ich die Leute angezündet. Später haben wir auch frühzeitig Mitarbeiter auf die Messen geschickt, um ihnen zu zeigen, wie großartig das Unternehmen ist, für das sie arbeiten – auf der Messe zeigt sich ja jeder im Sonntagsanzug. Auf diese Weise haben wir es immer geschafft, die Leute auf diese Reise mitzunehmen. Warum sollen wir Weltmarktführer werden? Weil

es einfach cool ist. Weil es Arbeitsplätze sichert und wir uns nicht damit zufriedengeben, der Drittbeste zu sein. Unser Ziel ist es, der Beste zu sein.

Strategie war das, was Sie unbedingt wollten, nicht ein Auswählen zwischen fünf Alternativen, von denen man die eine oder andere nehmen könnte. Strategie war etwas, für das Sie gebrannt haben – spannend; etwas Vergleichbares habe ich in den bisherigen Gesprächen noch nicht gehört.

Es war nicht von Anfang an das Ziel, so weit zu springen. Es hat sich vielmehr im Laufe der Zeit entwickelt. Das erste Gebäude habe ich selbst gebaut. Es hatte acht Büroarbeitsplätze. Und ich dachte, dass es bis zur Rente dauern würde, es zu füllen. Trotzdem kamen weitere Gebäude hinzu. Die Vision des Weltmarktführers entstand erst etwa zehn Jahre nach der Gründung, aber immerhin.

Können Sie die wichtigste geschäftliche Entscheidung benennen, die Sie in Ihrer Karriere getroffen haben?

Die wichtigste war, zwei Kompagnons mit an Bord zu holen – zwei meiner besten Mitarbeiter. Wir waren und sind immer noch sehr eng befreundet, weil die Arbeit gleichzeitig unser Hobby und unser Antrieb ist. Wenn Sie heute ein junges Start-up sehen, wo die Leute alles zusammen machen – so war es auch bei uns. Die Entscheidung, die beiden zu beteiligen, war eher zufällig. Nach der Diskussion über Managerbeteiligungsmodelle traf mich ein familiärer Schicksalsschlag: Meine erste Frau verstarb und ich hatte kleine Kinder zu Hause. Die beiden Kompagnons sprangen ein und unterstützten mich in meinem Job. Deshalb war es für mich selbstverständlich, dass sie auch Anteile am Unternehmen bekommen sollten. Das war – glaube ich – für uns alle die beste Entscheidung.

Das hat sich später gezeigt, als es dem Unternehmen nicht wirklich gut ging. Wäre ich Alleininhaber gewesen, hätten die beiden zwar wohl auch alles mitgetragen, aber für mich war es eine zusätzliche Motivation, aufzupassen, dass wir nicht am Boden lagen. Sonst hätte ich es ihnen ja eingebrockt, Schulden zu machen, und sie hätten vielleicht ihr Haus verloren. Diese Freundschaft und Verbundenheit tragen auch nach dreißig Jahren noch. Jedes Familienunternehmen hat mehr Probleme als wir, weil wir uns gegenseitig aus freien Stücken ausgesucht haben. Dass wir nicht in diese Konstellation hineingeboren sind, ist meiner Meinung nach ein großer Vorteil. Wir haben uns gefunden, auch weil wir drei sehr unterschiedliche Charaktere sind. Jeder hat seine guten und seine anderen Seiten, und das kompensiert sich.

Gibt es einen Visionär unter den beiden Kompagnons?

Mittlerweile ist einer von ihnen strategisch in meine Fußstapfen getreten und entwickelt eigene Ideen, auch wenn er am Anfang mehr das Arbeitstier war.

Es gibt in der Theorie Führungsmodelle, die Treiber und Bremser unterscheiden. Man braucht zwar mehr Treiber, aber eben auch Bremser.

Die Theorie ist mir bekannt, jedoch mag ich die Begrifflichkeit »Bremser« nicht. Wir arbeiten in unserem Dreierteam natürlich in unterschiedlichem Tempo, aber Entscheidungen treffen und tragen wir gemeinsam. Dabei sorgen die unterschiedlichen Charaktere und die Ausgewogenheit dafür, dass wir als Team effizient arbeiten und gut funktionieren.

Gibt es eine signifikante Fehlentscheidung, an die Sie sich erinnern können?
Ich habe viele Fehlentscheidungen getroffen, doch weine ich ihnen keine Träne
nach. Vielmehr versuche ich, das Positive herauszuziehen und sie einfach abzuhaken. Wir haben einmal einen Auftrag angenommen, der uns ganz viele Probleme bereitet und ganz viel Geld gekostet hat, sodass unser eigentlich
kerngesundes Unternehmen in Schwierigkeiten geraten ist. Selbst die Unterschrift unter diesen Vertrag habe ich nie bemängelt, weil es dafür gute Gründe

Thomas Hähn, Jörg Odenbreit, Nils Griesang und Aironas Jacina (von links nach rechts)

gab und wir nur nicht wachsam genug waren, um alle Aspekte zu berücksichtigen. Hätten wir einen guten Kaufmann unter uns Dreien gehabt – wir sind
alle Techniker – hätte er uns vermutlich davon abgehalten, den Vertrag zu
unterschreiben. So war es eine Entscheidung, die sicherlich falsch war – aber
war sie deswegen auch eine bewusste Fehlentscheidung? Ich würde sagen, eine
wichtige Fehlentscheidung habe ich nie getroffen. Falsche schon.

Wichtig ist es, wenn falsche Entscheidungen etwas verändern, wenn man daraus gelernt hat.

Diese Entscheidung hat tatsächlich etwas geändert. Sie hat uns sicherlich fünf Jahre lang viele Schmerzen, Probleme und Sorgen bereitet und auch ein paar Mitarbeiter gekostet. Sie sind gegangen, weil sie den Druck nicht mehr aushalten konnten, was mir aus heutiger Sicht sehr leidtut.

Was macht für Sie das Spezifische im Mittelstand aus?

Ich glaube, per se hat der Mittelstand eine große Chance, Mitarbeiter an sich zu binden, die sich nur im Mittelstand wohlfühlen – diejenigen, die in ihrem täglichen Tun Freiheit wollen und die gerne kreativ tätig sind. Im kleineren Team viel mehr Innovation schaffen zu können als die großen Unternehmen, ist das Wesentliche.

Ist der Mittelstand auch durch etwas Familiäres gekennzeichnet, das aus der überschaubaren Unternehmensgröße resultiert?

Ja, aber nicht unbedingt familiär im Sinne von Familie. Ich glaube, dass mittelständische Unternehmen ein Stückchen mehr Bindung an ihre Leader herstellen können. Aber ich habe noch nie in einem Konzern gearbeitet und kann damit die Frage nicht wirklich beantworten. Zumindest ist der Mittelstand, was die Führung betrifft, wahrscheinlich beständiger.

Sehr viele mittelständische Unternehmer sind in Familienhand. Resultiert daraus Ihrer Meinung nach noch eine zusätzliche Besonderheit?

Sind wir ein Familienunternehmen? Wir nennen uns so. Für uns bedeutet das, dass wir familiär sind. Derzeit arbeitet jedoch keines der Kinder der Gründer hier, und es ist niemand da, der das Unternehmen in unserer Linie weiterführen könnte. Ich glaube, dass es auch besser ist, es nicht darauf anzulegen. Wenn Kinder die Fähigkeit haben, ein Unternehmen zu führen, dann werden sie es auch irgendwann tun und darauf hinarbeiten. Das nicht von vornherein zu unterstellen, hilft unseren Kindern. Sie können sich zunächst auf ihre Leidenschaft konzentrieren und wenn es zufällig nachher die ist, das Unternehmen zu führen, wäre das ebenfalls in Ordnung. Die Kinder sind aber alle noch im Studium und es ist noch viel zu früh, das zu beurteilen.

Sie haben die strategische Entscheidung getroffen, einen Investor mit einzubeziehen und damit ist Ihr Unternehmen eine Kapitalgesellschaft mit mehreren Investoren, in dem die Gründer noch beteiligt sind.

Ich habe mich oft gefragt, ob es nicht schön wäre, ein Familienunternehmen zu haben. Aber ich kann keine großen Vorteile erkennen. Folglich muss ich damit leben, dass das Unternehmen langfristig in andere Hände geht. Das ist aber leichter zu ertragen, als zu wissen, dass ich das Unternehmen in die Hände von jemandem gegeben habe, den ich nicht glücklich damit mache oder mit dem das Unternehmen vielleicht nicht glücklich wird. Das wäre für mich belastender, als zu denken, dass das Unternehmen jetzt keinem mehr von uns gehört. Dafür hat es aber die Chance, mit einem anderen Management noch hundert Jahre alt zu werden.

Familienunternehmen sind in meinen Augen dann sinnvoll, wenn es eine Familienstruktur gibt, die es gut führen kann. Je größer das Unternehmen wird, desto schwieriger wird diese Art der Führung aber. Am Ende funktioniert nur noch eine mehr oder weniger normale Kapitalgesellschaft, bei dem sich hinter einem der Anteilseigner ganz viele Familienstränge verbergen können.

Die Familienunternehmer, die ich kenne, gehören oft der zweiten oder dritten Generation an. Für sie ist es schwer, überhaupt darüber nachzudenken, ob sie das Unternehmen nicht besser in andere Hände legen sollten. Sie haben immer diesen latenten Druck, zu glauben, dass ihre Vorfahren das nicht gewollt hätten, oder zu überlegen, wie sie es dem Papa erklären sollen, der im Altenheim sitzt und dort in der Zeitung liest, dass sein Unternehmen verkauft ist. Das ist eine große Bürde, insbesondere, wenn man sieht, dass die eigenen Kinder nicht für eine Nachfolge geeignet sind oder es nicht wollen – oder wenn man selbst nicht möchte, dass die Kinder diese Bürde auf sich nehmen. In dieser Hinsicht sind wir in einer deutlich besseren Situation.

Welche Erkenntnisse, wie man ein Unternehmen führt und weiterentwickeln kann, könnten Sie an eine Nachfolgergeneration weitergeben?

Das sind die Werte dieses Unternehmens, die wir vor dreißig Jahren gepflanzt haben, speziell der folgende: »Wir sind immer ehrlich. Notlügen gibt es nicht. Das sind auch Lügen.« Unsere Überzeugung ist es, immer ein offenes Visier zu haben, ganz offen zu sein. Damit sind wir dahin gekommen, wo wir heute stehen. Diese Werte haben wir irgendwann auch zu Papier gebracht – das ist üblich, wenn eine Organisation stark wächst. Für mich persönlich war das jedoch nicht entscheidend, weil wir die Werte täglich leben, auch heute noch.

Ein schönes Beispiel ist der Umgang mit einer Cyber-Erpressung. Wir wurden erpresst, und das ganze Unternehmen war lahmgelegt – wirklich furchtbar. Das Management berichtete darüber offen und mutig in der Zeitung, auch wenn normalerweise jeder die eigenen Missstände verschweigt. Das hat mir gezeigt, dass die offene Unternehmenskultur immer noch da ist, obwohl ich schon viele Jahre nicht mehr vor Ort bin. Wenn ich etwas an meine Nachfolger weitergeben müsste, würde ich sagen: »Behaltet das bei. Seid ehrlich, seid freundlich, seid authentisch und zurückhaltend, wenn es darauf ankommt, und seid offen – offen gegenüber allem.«

Wie sehen Sie die Zukunftschancen Ihres Unternehmens, wo liegen die größten Herausforderungen?
Generell sehe ich die Zukunft unseres Unternehmens rosig. Ich bin mir sicher, dass wir die Kraft haben, uns immer wieder zu verändern, auf neue Herausforderungen einzugehen und daraus stets etwas zu lernen. Natürlich stehen wir aktuell wahrscheinlich vor den größten Herausforderungen der Unternehmensgeschichte. Die Globalisierung wird zum Teil zurückgedreht, worauf wir Antworten finden müssen. Auf den Druck, klimaneutral zu werden, müssen wir uns nicht nur einstellen, sondern müssen entsprechend aktiv handeln, und natürlich gibt es einen »War of Talents « um Fachkräfte. Die Liste der Herausforderungen ist lang, aber bin mir sicher, dass dieses Unternehmen für alles eine richtig gute Lösung finden wird.

Das kann auch bedeuten, dass wir nicht mehr wachsen. Einen Rückbau schließe ich aber eigentlich aus, weil Fabrikautomation in den nächsten Jahren immer noch gebraucht wird – vielleicht sogar wegen dieser Veränderungen noch viel mehr. Aber selbst, wenn wir schrumpfen müssten, hätte ich um dieses Unternehmen keine Angst, weil ich weiß, dass wir uns erfolgreich anpassen können. Wir haben so viele kluge und fleißige Menschen, dass ich mir da überhaupt keine Sorgen mache.

Das ist ein Mut machendes Schlusswort. Herzlichen Dank für das Gespräch.
Das Interview wurde am 31. Januar 2024 in Rheinböllen geführt.

Max Jankowsky

Jahrgang 1993.
Seit 2020 in der Geschäftsleitung der Gießerei Lößnitz GmbH.
3. Unternehmergeneration.

Können Sie mir bitte einen kurzen, stichwortartigen Überblick über Ihr Unternehmen und seine Entwicklung geben?

Lößnitz ist eine Salzstadt und liegt auf der alten Salzstraße. In mittelalterlichen Zeiten wurde hier noch Salz gehandelt, was der Stadt Reichtum bescherte. Auch die Erzstraße verlief durch den Ort. Weil hier Salz und Erz zu finden war, siedelten sich Dienstleistung und Gewerbe an, aber auch die nachgelagerten Industrien für den Bergbau, Eisenerz und Gießerei. In Lößnitz wurde ziemlich früh, im Jahr 1849, eine Gießerei gegründet. Sie bildet quasi die DNA der Stadt.

Wir sind Qualitätshersteller für den automobilen Presswerkzeugbau. Fahrzeuge wie der Porsche, der Aston Martin und sogar der Tesla beginnen ihre Reise hier bei uns. Die Karosserie ist die Grundlage des Fahrzeugs, egal, welcher Antrieb dahintersteckt. Unser Unternehmen beschäftigt 85 Mitarbeiter und verzeichnet einen Jahresumsatz von 24 Mio. Euro. Wir sind im Jahr 1992 durch meinen Großvater mütterlicherseits privatisiert worden. Mein Vater war nie im Unternehmen.

Was hat Ihr Vater gemacht?

Mein Vater war Rennfahrer und Schnitzelwirt, ist aber schon früh gestorben. Mein Onkel, der Bruder meiner Mutter, war einer von zwei Geschäftsführern, bevor ich kam. Meine Mutter arbeitete im Unternehmen mit, ebenso meine Schwester und meine Cousine. Mein Großvater war vor der Wende Gießereileiter in der VEB Vereinigte Gießereien Schwarzenberg Werk 3, einer von vielen Gießereien in der Gegend. Er hatte den Mut, den Pioniergeist und den Antrieb – eine Flamme in sich, die der Gießer schon immer hatte –, vor die Belegschaft von knapp 60 Leuten zu treten und zu sagen: »Wir machen jetzt weiter! Wir investieren. Ich privatisiere, ich gehe diesen Schritt und nehme euch mit.« Ich habe die Zeit zwar nicht selbst miterlebt, aber aus Erzählungen weiß ich, dass sich mein Großvater – der schon 2002 gestorben ist – ähnlich gefühlt haben muss wie ich heute. Damals, wie auch jetzt, wusste man überhaupt nicht, auf welchem Fundament man stand, wie stabil die Wirtschaft ist, wie stabil die Beziehungen sind, wie stabil die geopolitische Situation ist. Trotzdem erklärte er: »Wir müssen weitermachen, wir investieren jetzt hier. Ich übernehme das von der Treuhand.« Er hat die Gießerei 1992 gemeinsam mit einem Freund und Kollegen gekauft – dessen Sohn ist heute der zweite Geschäftsführer. Beide haben investiert, auf das Produkt gesetzt und den Mut gehabt, diesen Schritt zu gehen.

Davor habe ich den größten Respekt und ich fühle mich angetrieben, auch in dieser Zeit zu investieren. Man muss investieren, an den Standort glauben und den Mut haben, Entscheidungen zu treffen und Verantwortung zu übernehmen. Es ist wieder an der Zeit. Vor dreißig Jahren hat mein Großvater diesen Schritt unternommen. Ich bin jetzt dreißig Jahre alt. Nach ein paar Jahrzehnten muss immer wieder ein Wandel vollzogen werden, und es ist mein Erbe, jetzt eine Entscheidung zu treffen. Ich kann mich nicht auf den Lorbeeren ausruhen, sondern ich muss jetzt den Weg in die Zukunft weisen.

Das ist für mich natürlich eine sehr große Herausforderung. Mir wurde ein Unternehmen hinterlassen, das finanziell sehr gut dasteht, aber wir heizen noch mit Koks; wir haben einen Kupolofen, der heute mit dem Klimaschutzabkommen von Paris nicht mehr kompatibel ist. Unsere Emissionen betragen im Jahr rund vier- bis fünftausend Tonnen CO_2 und die CO_2-Preise werden jetzt auf 45 Euro pro Tonne erhöht. Das bedeutet für uns richtig viel Geld. Mit Margen von nur zwei bis vier Prozent werden uns die CO_2-Preise langsam auffressen. Wir stehen kurz vor einer Umstellung von Koks zu Strom, die mit einer Investition von 10 Mio. Euro verbunden sein wird. Dazu muss man wirklich den Mut haben. Es darf nicht schiefgehen, denn daran hängen viele Familien und die gesamte Tradition unseres Unternehmens. Man muss investieren, man muss an den Standort glauben, sich den richtigen Experten dazuholen und dann den Schritt wagen.

Ich habe in einem Gespräch gehört: Jede Generation muss eine maßgebliche Entscheidung treffen, um das Unternehmen fortzuführen.
Das ist wohl so.

Eine solche Entscheidung steht für Sie jetzt ganz am Anfang Ihrer Unternehmertätigkeit an.
Die Entscheidung wird mein ganzes Leben prägen. Nächstes Jahr feiern wir 175 Jahre Gießereibestehen am Standort Lößnitz, und es ist mein klares Ziel, die 200 Jahre zu knacken. Meine Herausforderung besteht darin, dass meine Nachkommen hier eine Gießerei vorfinden, die funktioniert.

Warum haben Sie sich dazu entschieden, das Unternehmen fortzuführen? Wie groß war der Einfluss Ihrer Mutter?
Ich bin hier groß geworden. Die Firma ist mehr oder weniger mein Spielplatz gewesen. Aber wenn man ein möglicher Nachfolger ist, dann ist das eigene Unternehmen oftmals nicht ganz so interessant wie andere Unternehmen.

Zunächst habe ich mich in die Fliegerei verliebt und eine Pilotenausbildung in der Schweiz absolviert. In dieser Ausbildung ging es auch darum, zu lernen, Verantwortung zu übernehmen. Als mein Onkel aufhören wollte, wurde ich gefragt, ob ich bereit sei, in das Unternehmen zu kommen, zumal ich von 2017–2020 einen Master in Management Consulting in Mainz absolviert hatte. Meine Cousine wollte nicht in die Geschäftsführung gehen. Meine Schwester war Medizinpädagogin und noch nicht im Unternehmen. Da blieb eigentlich nur ich. Meine Mutter sagte, dass sie mit viel mehr Freude im Unternehmen arbeiten würde, wenn sie wüsste, dass sie es für ihren Sohn täte.

Ich habe mich dann dafür entschieden, diese Verantwortung zu übernehmen. Das war ein großer Schritt für mich, weil ich damit ein ganz anderes Lebensumfeld hatte. Zuvor war ich überall unterwegs, erkundete die Welt, war ein Jahr in Australien und Zentralchina und arbeitete zuletzt in der AHK in Bangkok. Es war mir sehr wichtig, die Welt zu sehen und die Welt zu verstehen. Wenn ich Reden halte vor jüngeren Leuten, sage ich: »Geht raus, schaut euch die Welt an, ihr müsst sie verstehen, um Zusammenhänge zu erkennen – um tolerant zu werden und vor allem auch, um Verständnis zu haben für andere Kulturen, für andere Regierungen und für andere Denkweisen in Sachen Wirtschaftspolitik.«

Nach meiner Rückkehr habe ich mich darauf vorbereitet, 2020 die Geschäftsführung zu übernehmen. Ich habe in einem dualen Studiengang Wirtschaftsingenieurwesen für Gießereitechnik in Bautzen studiert. Die praktische Ausbildung als Gießereiingenieur absolvierte ich nicht im eigenen Betrieb, sondern in anderen Betrieben. Das geht in der Branche, da wir eigentlich keine direkten Konkurrenten sind, weil wir alle ganz spezifische Produkte herstellen. Dort war ich ein ganz normaler Auszubildender und lernte sowohl die Härte des Jobs als auch seine Wichtigkeit kennen. Ich habe ein Verständnis dafür entwickelt, wie anstrengend diese Manufaktur, diese Handarbeit ist, und dass sie die Grundlage unseres Maschinenbaus bildet. Unsere Industrie ist traditionsreich und bietet einen großen Gestaltungsspielraum. Ich will junge Menschen motivieren, in diese Industrie zu gehen, da der demografische Wandel vor Gießereien nicht haltmacht.

Ist das einer der Gründe, sich so für Verbandsarbeit zu engagieren, bis hin zum Amt des Präsidenten Ihrer Industrie- und Handelskammer?
Das hat mich zumindest dazu ermutigt. Ich war sehr früh im Senat der Wirtschaft, oft in Bonn zu Gast, und knüpfte dort die ersten Kontakte zur Politik.

Es ging weiter mit dem Wirtschaftsrat der CDU. Ich bin in keiner Partei, glaube aber, dass man sich mit Politik beschäftigen muss, um Politik zu verstehen. Zudem war ich in einem Start-up-Netzwerk aktiv und organisierte mit der Industrie- und Handelskammer Marktorientierungsreisen nach Brasilien, Panama und Kolumbien. Dadurch entstand ein Netzwerk von Akteuren in unserer Region, die sie jetzt voranbringen. Wir haben uns zusammengeschlossen, kommunizieren mit der Politik, suchen den Kontakt zur Landes- und

Bundesregierung und treten in einen Dialog ein, um als Region nicht zwischen Leipzig und Dresden unterzugehen. Die ganze Zulieferindustrie sitzt in Südwestsachsen. Wir haben über 70.000 Mitgliedsunternehmen in der IHK. Das ist eine Macht. Die Region ist stark von Kleinst- und Kleinunternehmen, kleinen Maschinenbaubetrieben und kleinen Fräsereien geprägt. Es gab in der Vergangenheit immer Menschen, die sich eingesetzt haben, und ich bin jetzt auch einer davon, ebenso wie meine Kolleginnen und Kollegen im Präsidium. Es sind diese Menschen, die unsere Region jetzt prägen – die nächste Generation.

Man weiß nie, wie viele Personen es wirklich waren, die große Veränderungen ausgelöst haben, aber ohne solche Menschen gäbe es die Veränderungen nicht.

Ich bin froh, ein Teil einer solchen Bewegung zu sein – letztlich hat mich das motiviert, und ich bin mit vollem Herzen dabei und mit der Gießerei in der Region verwurzelt. Ich bin wieder ins Erzgebirge zurückgekehrt und stolz, hier zu sein. Die Verantwortung, die ich in der Fliegerei gelernt habe, übertrage ich nun quasi auf das Unternehmen und die Region und möchte Akzente setzen, damit wir stark bleiben und bei den großen strukturellen Veränderungen, die bevorstehen, nicht vergessen werden. Wir streben danach, eine Stimme zu bekommen, die ernst genommen wird, eine Stimme, die auch von der gesamtdeutschen Bevölkerung gehört wird.

Wie haben Sie das Verhältnis zu Ihrer Mutter gestaltet, als Sie zurückgekommen sind? Ging die Veränderung leicht vonstatten oder hat es sehr gefunkt?

Eigentlich gut. Meine Mutter vertraut mir blind, mein Onkel auch, ebenso wie der zweite Geschäftsführer. Jeder von uns bringt seine Kompetenzen ein und wir schätzen diese untereinander sehr. Das hat deshalb geklappt, weil wir alle für die Familie kämpfen. Es geht ja nicht um Zahlen, es geht um Generationen.

Man muss natürlich viel selbst bewegen wollen, und auch viel selbst studieren. Niemand sagt einem genau, wie alles funktioniert, zumal die Herausforderungen, die sich aktuell stellen, erst 2020 sichtbar wurden. Corona, Energiekrise – das waren Entwicklungen, bei denen ich erst einmal allein dastand und intensiv recherchieren musste. Vor allem musste ich aber erst einmal mit mir selbst ins Reine kommen, ein bisschen durchatmen und sagen: »OK, ich schaffe das schon irgendwie. Ich kann diesen Weg gehen und muss nicht in Hektik verfallen, auch wenn ich in eine Situation komme, die nicht vorhersehbar war.« Eine solche innere Ruhe bewies schon mein Großvater, und ich habe sie auch. Es ist wichtig, erst einmal nachzudenken und nicht in Aktionismus zu verfallen – und wenn ein Problem kommt, sich mit den Leuten abzustimmen, die zusammensitzen müssen.

Die Kommunikation ist gut – ich wohne hier in Lößnitz. Das Thema Familienbetrieb ist jedoch ständig präsent – beim Frühstück, Mittagessen und

Abendessen. Die Firma ist ein Familienmitglied und Work-Life-Balance spielt keine Rolle, weil Arbeit und Familie verschmelzen. Man kümmert sich um ein Familienmitglied, und das ist eine ganz besondere Verbindung, die man als Familienunternehmer zum Unternehmen hat. Ich fühle mich nicht als Chef, sondern diese Firma ist ein Teil meines Lebens, Teil meiner Familie. Wir haben eine gemeinsame Grundlage; da ist man sich oft schnell einig, weil man sich gegenseitig vertraut und alle mit demselben Engagement, Herz und Verstand hier tätig sind.

Wollten Sie etwas bewusst anders machen als Ihre Mutter oder haben Sie das Unternehmen ganz homogen weitergeführt?
Bewusst eigentlich nicht. Aber der anstehende Wandel führt dazu, dass wir in Deutschland nicht mehr wettbewerbsfähig sind. Wir müssen uns umstellen, in Sachen Kommunikation und als Arbeitgeber attraktiver werden, mehr soziale Komponenten einbringen – wir haben z. B. Job-Bikes –, und die Prämienmodelle anpassen. Ich wollte nicht bewusst etwas verändern, aber das,

was in den vergangenen zwanzig Jahren funktioniert hat, läuft jetzt einfach nicht mehr. Es ist ein Auslaufmodell, nicht unbedingt vom Produkt her, sondern von der Aufstellung der Prozesse und von der Energieeffizienz her muss viel passieren. Mein Onkel kannte in seiner Zeit als Geschäftsführer nur Aufschwung. Die Finanzkrise berührte unsere Branche kaum, sie war davon abgekoppelt. Er konnte investieren und viel bewirken, aber er war im Nachhinein froh, dass er das Zepter abgeben konnte, bevor die Krisen kamen. Für mich waren die Krisen nur ein Ansporn, mich voll zu engagieren. Ich kenne das Unternehmen als Geschäftsführer nicht ohne Krise.

Krise ist heute das neue Normal.

Einen Betrieb in einer Krise kennenzulernen, ist die beste Schule. In dieser herausfordernden Zeit lernt man viel dazu: Man lernt die Mitarbeiter am besten kennen und man weiß, wer zum Unternehmen steht und wer nicht. Auch lernt man, verschiedene Persönlichkeiten im Managementbereich dadurch einzuschätzen, wie sie mit Krisen umgehen, weil sich ein gutes Unternehmen nur in der Krise zeigt. Während einer guten Konjunktur ist weniger Können erforderlich. Resilienz kann man erst in Krisenzeiten beweisen. Dann merkt man, wie stabil die Prozesse, die Finanzen und die Geschäftsmodelle sind. Wir haben jetzt schon drei Jahre lang bewiesen, dass wir in der absoluten Krise unserer Branche einen resilienten Mittelstand darstellen. Jetzt geht es aber langsam darum, dass wir zwar resilient sind, aber nicht unsterblich. Die Unsterblichkeit hat uns keiner geschenkt. Schon drei Jahre lang durchzuhalten, ist eine enorme Leistung, aber wir können uns nicht leisten, sechs Jahre im Krisenmodus zu bleiben. Wir müssen jetzt zügig Lösungen für die großen Probleme finden. Wenn ich mir die tausend Milliarden Haushaltseinnahmen des Bundes ansehe – man kann schon zielgerichteter verschiedene Themen überbrücken und unterstützen.

Haben Sie etwas, was Ihr unternehmerisches Handeln charakterisiert? Was für Sie typisch ist?

Ruhe, auf alle Fälle. Ich bin ein sehr ruhiger Mensch, was mir immer wieder bestätigt wird. Nur selten verfalle ich in Hektik, sondern überlege, bevor ich handele. Und Empathie. Ich versuche stets, die Menschen zu verstehen, was aber häufig an die Grenzen des wirtschaftlichen Kontextes stößt. Wenn man wie ich viel in der Welt herumgekommen ist, entwickelt man Empathie. Wenn man dann auf die Härte einer erzgebirgischen Gießerei trifft, will man natürlich die Ansätze, die man kennengelernt hat, einbringen, aber man merkt schnell, dass es schwierig ist, ohne die gewisse Strenge einer Wirtschaft dort zu arbeiten. Start-up-Kultur klingt gut, und wir wollen unsere Kultur ein Stück dahin entwickeln, aber in unserer Gießerei herrscht eine andere Realität vor. Es ist ein sehr harter Kampf, es geht um Wettbewerbsfähigkeit, um Gewinnung von Mitarbeitern und trotzdem auch um steigende Anforderungen der Mitarbeiter und eine sehr, sehr harte Arbeit. Das Gussputzen in der Putzerei war früher eine Strafarbeit für Gefangene. An dieser Arbeit hat sich nicht viel geändert, aber jetzt müssen Menschen auf dem Arbeitsmarkt dafür angewor-

Max Jankowsky und David Röder

ben werden. Das ist schwierig. Deswegen ist mir schnell bewusst geworden, dass es eine ziemliche Herausforderung ist, eine Mittelstandsgießerei in Deutschland mit all den Problemen von Fachkräften, Demografie, Energie, Standort, Emissionen und Klimaschutz zu führen.

Gibt es noch sonstige Eigenschaften, die Ihnen einfallen?

Vielleicht eine noch: Vorausschauend. Ich betrachte gerne – wie beim Flie-gen – die Dinge aus der Vogelperspektive und schaue mir das große Ganze an. Wenn man das Gesamtbild versteht, kann man alles verstehen. Man muss sehen, welcher Dominostein dazu geführt hat, dass eine Situation so ist, wie sie ist. Und deshalb hebe ich gedanklich gerne ab.

Was Sie zu einem interessanten Gesprächspartner macht. Haben Sie so etwas wie eine wirtschaftliche Grundüberzeugung?

Nicht direkt, also keine fundierte. Sie schwingt immer ein wenig zwischen freiem Markt, Kapitalismus und Karl Marx hin und her. Auch freie Wirtschaft und überdurchschnittliche Entwicklung des Landes, Wohlstand, diese stän-dige Verfügbarkeit von allem und jedem, dieser Drang nach Konsum, diese überdurchschnittliche Angebotsvielfalt, das hat seine Grenzen. Was wir der-zeit in der Wirtschaft erleben, ist mehr oder weniger ein Experiment, das schon ziemlich lange funktioniert. Noch nie gab es so lange einen stabilen Welt-markt. Jetzt stößt das System jedoch an seine Grenzen. Man sieht die großen Auswirkungen, wenn nur ein einzelnes Schiff in einem Kanal stecken bleibt. Dann wird schnell gefordert, wieder lokal zu produzieren. Das hält dann zwei Jahre, dann wird es wieder vergessen und es gibt wieder Outsourcing.

Es ist ein ständiges Experiment in Sachen Wirtschaft, aber ich bin der fes-ten Überzeugung, dass wir in Deutschland zu viel in den Markt eingreifen, dass wir überregulieren, dass wir zu viele Mauern für die Entwicklung einer technologieoffenen Industrielandschaft bauen, zu viel vorgeben. Außer-dem denken die Politiker in Berlin und Brüssel, dass sie alles besser wissen, sei es in Bezug auf Technologie, Umweltfragen oder Marktentwicklung. Das geht nicht.

Kommen wir zu einer vielleicht etwas einfacheren Frage: Welche Fähigkei-ten werden für Ihren beruflichen Erfolg vermutlich ausschlaggebend sein?

Geduld, Ruhe, das ständige Streben nach Wissen und die Erkenntnis, dass man immer am Ball bleiben muss und nicht resignieren darf. Dass man auch die politischen Prozesse in Deutschland im Auge behält und immer versucht, einen eigenen Akzent zu setzen. In unserer Demokratie in Deutschland haben wir das große Glück, mitgestalten zu können. Aber man hat gesehen, dass das Thema durch die konjunkturelle Entwicklung des Landes in den letzten zwanzig Jahren bei den Unternehmern eher uninteressant geworden ist. Es sitzen viel zu wenige Unternehmer in den Parlamenten. Es ist daher wichtig, sich zu engagieren und Akzente zu setzen und zu vermitteln.

Wir werden meiner Meinung nach eine Leistungsgesellschaft brauchen, die bereit ist, wieder mehr zu machen, und die den anstehenden Wandel akzeptiert. Dadurch wird sich unsere Gesellschaft verändern, ebenso wie die industrielle Landschaft. In welchem Ausmaß dies geschehen wird, bleibt abzuwarten. Ich spüre aber, dass wir das Jahrzehnt deutlich anders beenden werden, als wir es angefangen haben.

Was macht für Sie das Spezifische im Mittelstand aus?

Da fällt mir ganz viel ein: Resilienz und Generationendenken, keine Fixierung auf Zahlen, ein Miteinander, Flexibilität und Schnelligkeit, aber auch Erfinderreichtum, Machermentalität. Das ist auch im Erzgebirge so – Makers Hub –, wobei zu unserer Machermentalität die Kumpelmentalität dazukommt. Nicht zu vergessen als weitere Eigenschaften sind Freundlichkeit und Bedachtsamkeit, auch Sparsamkeit, Realismus und die Fähigkeit, kritisch zu hinterfragen. Deshalb würde ich mir wünschen, dass in der Bundesregierung mehr Mittelständler säßen, die die eine oder andere Gesetzesvorlage noch einmal überdenken und kritisch beäugen würden.

Das war eine sehr lange Liste von Spezifika! Machen Sie einen Unterschied zwischen Mittelstand und Familienunternehmen?

Definitionsmäßig schon. Für mich geht das aber meistens miteinander einher. Natürlich gibt es auch sehr große Mittelständler, in denen einzelne Familien keine exponierte Rolle einnehmen. Aber in kleineren mittelständischen Unternehmen ist es zumeist eine Familie, die die Geschicke der Firma bestimmt. Wenn es so eine Familien-DNA im Unternehmen gibt, macht sich das bemerkbar. Sie können mir 100 Bilanzen hinlegen ohne Firmennamen, und ich kann Ihnen bei den meisten auf den ersten Blick sagen, welche Unternehmen Familienunternehmen sind und welche nicht. Das kann man in den Bilanzen 1:1 ablesen.

Was sind für Sie dabei relevante Kriterien?

Eigenkapital, Fremdkapitalaufnahme, Lang- und Kurzfristigkeit, die Art der Anlage, das Verhältnis zum Kapitalmarkt, aber auch, wie die Personalausgaben stetig steigen und dass die Abschreibungen hoch sind, weil auf lange Sicht in den Standort investiert wurde. Man kann in den Bilanzen auf jeden Fall erkennen, ob eine Familie hinter dem Unternehmen steht, ob ein Herz darin steckt oder eben nicht. Insbesondere die Fremdkapitalquoten geben hierüber Aufschluss. In den Bilanzen von Familienbetrieben steckt auch immer ein Puffer für Liquiditätsprobleme, sie sind einfach krisensicherer aufgestellt.

Eine Frage habe ich noch, und ich glaube, dass mich Ihre Antwort darauf nicht überraschen wird. Wo liegen für Sie und Ihr Unternehmen die größten Herausforderungen?

Die größte Herausforderung für uns – und da werde ich Sie wirklich nicht überraschen – ist die anstehende Transformation von Kohle auf Strom. Die schon angesprochene Investition von ca. 10 Millionen Euro in diesen Standort geht nur mit Förderung. Wir haben verschiedene Fördertöpfe, wie die Dekarbonisierung der Industrie und verschiedene Energieeffizienzmaßnahmen der BAFA. Unser Transformationskonzept liegt auf dem Tisch und steht kurz vor der Bestätigung, doch derzeit ist erst einmal alles auf Eis gelegt, weil Projekte jetzt doppelt geprüft werden. Ob die Förderung kommt oder nicht, steht in den Sternen. Die Industrie befindet sich gerade in einem Vakuum, was uns Sorge bereitet, weil wir nicht einfach warten können – die Sanktionen gehen ja weiter. Wenn ich im nächsten Jahr die Transformation des Schmelzbetriebes unterschreibe, dauert es bei den jetzigen Lieferzeiten mit Bauanträgen und weiteren Schritten drei Jahre bis zur Inbetriebnahme, und in dieser Zeit steigen auch die CO_2-Preise. Dadurch geraten wir schnell in einen Strudel, in dem das Eigenkapital und die Kassen schrumpfen und gleichzeitig die Anforderungen eines Kreditgebers steigen. Je grüner das Unternehmen, desto weniger Eigenmittel braucht man bei der Kreditvergabe und desto höher kann der Kredit ausfallen. Egal, wie neu oder wie alt, Hauptsache grün. Das trifft gerade die energieintensiven Bestandsindustrien. Diejenigen Unternehmen, die solide Eigenkapitalquoten vorweisen können und gut gewirtschaftet haben, haben derzeit die besten Chancen, ihre Transformation erfolgreich umzusetzen. Und das ist gut so.

Wir haben die Chance, uns zu transformieren, aber wir können Prozesse nicht elektrifizieren, wenn der Strompreis stetig steigt – was er aber durch den neuen Haushalt tut. Die politischen Strategien müssten ineinandergreifen. Die Politik kann nicht auf der einen Seite die Dekarbonisierung subventionieren, aber auf der anderen Seite durch andere strategische Maßnahmen im Haushalt, die den Strompreis erhöhen, die Elektrifizierung fast unmöglich machen. Obwohl ich kein Parteibuch habe und der Politik gegenüber treu bin, erkenne ich, dass es Stückwerk ist. Die Maßnahmen sind nicht ressortübergreifend und funktionieren nicht zusammen.

Wenn man kritische Argumente äußert, wird man aber schnell als kompletter Gegner bestimmter Vorgänge und strategischer Maßnahmen hingestellt. Das finde ich sehr schade, ebenso, dass die Industrie oft in eine Ecke gedrängt wird: »Wir wollen das alles nicht. Wir wollen nicht transformieren. Wir sind träge. Wir sind profitgierig.« Das typische Bild von Unternehmern, die ihre Mitarbeiter ausbeuten und keinen Mindestlohn zahlen wollen, ist immer noch weit verbreitet. Das höre ich ganz oft. Leider hat die Bereitschaft, uns ernsthaft zuzuhören, abgenommen. Dabei wollen wir ja nur einen Input geben, unsere Perspektive einbringen, weil wir wissen, wie der Markt und die Wirtschaft tatsächlich funktionieren. Das ist ja ganz offensichtlich: Trotz der Konjunkturschwäche in Deutschland wurde letzte Woche der DAX-Rekord geknackt! Die Wirtschaft kann schon mit Geld umgehen und strategische Impulse setzen. Aber der Handlungsspielraum, in dem wir uns bewegen, gerade als Mittelstand, wird durch die Regulierungen und Sanktionierungen immer kleiner.

Kein Mittelständler der Welt, kein Mittelständler in Deutschland, ist gegen eine klimaschonende Produktion. Es ist immer nur eine Frage der Finanzierung. Für mich sind 10 Millionen für die Investition – wie schon gesagt – eine Existenzfrage. Wenn das Vorhaben scheitert, ist es für uns vorbei. Wenn es schief geht, hafte ich dafür und Gläubiger stehen vor der Tür. Daran hängen dann 85 Familien. Daher ist es wichtig, zu verstehen, dass im Mittelstand das Sicherheitsbedürfnis viel höher ist, weil die Familien haften. Da geht es um Familiengeschichten. Die Mitarbeiter wohnen gleich neben der Gießerei. Hier fertigen wir noch traditionsreiche Manufakturprodukte, die nach wie vor die Grundlage des Maschinenbaus in Deutschland bilden. Als Teil einer Grundlagenindustrie, die stark durch Familienbetriebe oder kleine KMU-Strukturen geprägt ist, haben wir momentan einfach nur Angst. Wir wissen nicht, wie wir diese Transformation bewältigen sollen, weil wir in Sachen Subventionen verunsichert sind. Wir wollen nicht immer nur sagen, dass wir Geld brauchen, aber wir schaffen es nicht allein. Dafür ist die Zahlungsbereitschaft des Weltmarkts zu gering, und unsere Wettbewerber im Weltmarkt haben ganz andere Ausgangsbedingungen. Die Türkei hat sich als der größte Konkurrent im Bereich energieintensiver Produktion etabliert. Insgesamt droht, dass die Hälfte der Wertschöpfung eines Fahrzeugs aus Deutschland verschwindet. Das ist aus wirtschaftlicher Sicht zwar nachvollziehbar und einkaufsstrategisch mache ich den Automobilunternehmen da keinen Vorwurf, aber für unser Land ist das sehr schwierig.

Herausforderungen haben Sie in der Tat genug. Ich wünsche Ihnen viel Erfolg und das nötige Quäntchen Glück auf Ihrem Weg. Vielen Dank für das Gespräch!

Das Interview wurde am 14. Dezember 2023 in Lößnitz geführt.

Christian Mohr

Jahrgang 1968.
Seit 2000 Geschäftsführer der Gerhard Mohr GmbH & Co. KG
Malerwerkstätten.
3. Unternehmergeneration.

Können Sie mir bitte einen kurzen, stichwortartigen Überblick über Ihr Unternehmen und seine Entwicklung geben?

Mein Großvater hat das Unternehmen am Nikolaustag 1923 im Alter von 20 Jahren gegründet, in einer spannenden und extrem schwierigen Zeit. Es ist jetzt 100 Jahre alt und in der dritten Generation. Mein Großvater hat das Unternehmen bis Ende der 1960er-Jahre geleitet, bis er einen Herzinfarkt erlitt. Mein Vater ist Mitte der 1960er-Jahre in die Geschäftsführung eingetreten, die er bis 2014 aktiv wahrgenommen hat. Ich bin seit 2000 Geschäftsführer und habe das Unternehmen eine ganze Zeit lang zusammen mit ihm geleitet.

Wir waren immer ein Malergeschäft. Mein Großvater fing als Maler an, ebenso mein Vater und ich. Als in der ersten Ölkrise die Fassadendämmung hinzukam, war mein Vater einer der Ersten, der sich auf dieses Feld wagte. Zu unseren Kunden zählten die ehemals Chemischen Werke Hüls, die mit Polystyrol arbeiteten. Dort unternahm mein Vater die ersten Dämmversuche. Seitdem haben wir die Fassadendämmung im Programm. Ihr Umsatz wuchs anfangs stark an, bis ihn ein harter Preiskampf wieder abflachen ließ. Neben der normalen Malerei beschäftigen wir uns mit Kirchenrestaurierung – schon immer das Steckenpferd meines Vaters und seine große Leidenschaft im Rahmen der Malerei. Obwohl wir schon 300 Kirchen restauriert haben, liegt das Thema derzeit weitgehend brach, weil die Kirchen kein Geld mehr haben. Wenn dort etwas erneuert wird, dann nur durch einen weißen Anstrich. Das ist schade, weil dadurch Wissen verloren geht. Und schließlich führen wir auch Glaserarbeiten durch.

Direkt nach der Wende nahmen wir über Umwege eine Kooperation mit einem Unternehmen in den neuen Bundesländern auf, das unter dem Modrow-Erlass reprivatisiert wurde. Es hatte seinen Schwerpunkt im Bereich des Korrosionsschutzes, der mit Schließung großer Industriekombinate deutlich an Bedeutung verlor. Außerdem gab es erhebliche Konkurrenz aus den alten Bundesländern. Aus diesem ersten Zukauf haben wir in der Folgezeit echte Maler gemacht. Danach kam der eine oder andere Betrieb hinzu, der nicht mehr weitermachen wollte. Als z.B. Paul Schnitker, der ehemalige Handwerkspräsident, in Münster verstarb, wollte sein Sohn das Unternehmen nicht fortführen, sodass wir es 2016 übernahmen. Wir sind also in den letzten Jahren durch Zukäufe gewachsen, aber unser inhaltlicher Schwerpunkt ist unverändert die Malerei.

Was waren die wichtigsten Stationen Ihrer persönlichen Karriere?

Nach meinem Abitur habe ich eine Ausbildung zum Maler und Lackierer abgeschlossen, teilweise hier im elterlichen Betrieb. Schon damals ist für mich klar gewesen, dass ich den Familienbetrieb gerne weiterführen will.

Sind Sie von Ihrem Vater ein wenig geschoben worden?

Nein, gar nicht. Ich bin eher angezogen worden, da ich in unmittelbarer Nähe des Betriebs aufgewachsen bin und schon immer gerne in den Schulferien im Unternehmen gearbeitet habe. Mein Vater hat mich dafür extrem gut bezahlt – genauso gut wie die anderen Mitarbeiter. Als ich in die Lehre gekommen bin, gab es aber nur die normale Lehrlingsvergütung. Nach meinem Wehrdienst bei den Marinefliegern habe ich Betriebswirtschaftslehre studiert. Ein Studium nach einer Malerausbildung hat in unserer Familie Tradition.

Sie haben hier in den Räumen einen Familienstammbaum hängen. Da habe ich gesehen, dass Ihr Vater sogar einen Doktortitel besitzt.

Das ist eine große Leistung meines Großvaters, der sich mit 20 Jahren ohne jegliche Mittel selbstständig gemacht hat. Seine zwei Söhne – meinen Vater und meinen Onkel – hat er beide auf ein Gymnasium geschickt. Das ist zu dieser Zeit ganz ungewöhnlich gewesen – danach an eine Hochschule zu gehen, noch ungewöhnlicher. Mein Vater hat Betriebswirtschaftslehre studiert, angefangen in Freiburg und dann in Köln, wo er auch promoviert hat. Anschließend hat er noch ein Jahr an der Wharton-School in Amerika verbracht.

Das hat damals so gut wie niemand gemacht. Das ist extrem ungewöhnlich.

Fast zeitgleich hat sein zweiter Sohn in Bonn Physik studiert und dort ebenfalls promoviert. Danach ist er an die Universität in Freiburg gegangen, hat sich aber nicht habilitiert. Er war und ist mehr der praktische Physiker und war für seine Hochschule lange Jahre am CERN in Genf tätig.

Ich selbst promovierte nicht, sondern ging nach dem Studium nach Chemnitz, in unsere Kooperation und spätere Beteiligung. Nachdem ich die meiste Zeit in Bochum verbracht hatte, dachte ich, es sei an der Zeit, zu schauen, wie es anderswo aussieht. Mein Vater hatte schon 50 Prozent der Anteile an dem 20-Mann-Betrieb übernommen. Die restlichen 50 Prozent kaufte ich, was meine erste Beteiligung war. Deswegen hing ich sehr daran, auch wenn es einige Tiefschläge gab. Es geht eben nie immer nur nach oben. Es gab z. B. ein wenig Stress mit der Handwerkskammer, weil der Betrieb keinen angestellten Meister hatte und ich kein Meister war; das ganze Konstrukt hätte schnell als

Schwarzarbeit gelten können. Also meldete ich mich zur Meisterschule an und machte nebenher noch den Meister, obwohl ich ihn nur formal brauchte. Aber es schadet nicht, wenn man ein Malermeister ist. Ich bin bis zum Jahr 2000 in Chemnitz geblieben, dann nach Bochum zurückgekommen und in die Geschäftsführung eingestiegen.

Wie gestaltete sich dort die Zusammenarbeit mit Ihrem Vater?
Von Anfang an bestand keine Trennung in unterschiedliche Aufgabenge-biete. Jeder von uns hat alles gemacht. Insgesamt hat die Zusammenarbeit gut funktioniert, auch wenn es nicht immer einfach gewesen ist und natürlich zuweilen auch gekracht hat. Wir hatten für unsere Zusammenarbeit keinen Masterplan, kein Drehbuch, auch keine Familiencharta, in der die Grund-lagen aufgeschrieben waren.

Nur die zukünftige Vermögensaufteilung innerhalb der Familie hatten wir abgesprochen. Da ich noch drei Schwestern habe, mussten wir genau überle-gen, wie man eine gerechte Aufteilung hinbekommt. Was ist ein Unterneh-men wert? Ist es gerecht, wenn die Schwestern Mehrfamilienhäuser bekom-men, die einen Ertrag ohne große Schwankungen erzielen? Und Sie selbst einen Betrieb mit 150 Leuten, der in manchen Jahren sehr erfolgreich ist, Ihnen aber schlaflose Nächte bereitet, weil es immer wieder große Probleme geben oder manchmal sogar bergab gehen kann? Vielleicht ist der Ertrag am Ende wirklich höher, aber dafür tragen Sie immer das Haftungsrisiko.

Gerechtigkeit ist ein soziales Konstrukt und eine sehr subjektive Wahrnehmung.
Das ist so. Beteiligt sind meine Schwestern am Unternehmen nicht, aber auch nicht leer ausgegangen. Es war – wie gesagt – abgesprochen, wie verteilt wird, und es war klar, dass ich in das Unternehmen einsteige. Meine jüngere Schwes-ter arbeitet heute freiberuflich im Bereich Farb- und Raumdesign des Unter-nehmens. Auch sie ist eine Malermeisterin.

Besitzen Sie eine wirtschaftliche Grundüberzeugung, etwas, was Sie dabei leitet, wie Sie Ihr Geschäft machen?
Das, was wir angefangen haben, bringen wir zu Ende, auch wenn es für uns schlecht ist. Manchmal haben wir unter dieser Maxime gelitten, aber es ist etwas, das uns auszeichnet. Bei uns erhalten Kunden natürlich auch eine gute Leistung. Die letzten hundert Jahre haben gezeigt, dass wir unser Geschäft wohl überwiegend richtig machen.

Das sind die Themen Qualität und Verlässlichkeit gegenüber den Kunden.
Genau! Verlässlichkeit und Nähe sind mir auch aufseiten der Mitarbeiter sehr
wichtig. Ich bin morgens schon um kurz nach sechs Uhr im Büro und meine
Türe steht immer offen. Der Betrieb käme auch ohne mein frühes Kommen
aus, sonst wäre er schlecht aufgestellt. Aber so wissen die Mitarbeiter, dass sie
immer auf mich zukommen können, und nutzen diese Möglichkeit auch.

Damit bekommen Sie ein Gespür für Probleme Ihrer Leute.
Die haben in den letzten Jahren deutlich zugenommen. Z. B. werde ich immer
öfter bei gesundheitlichen Problemen gefragt, ob ich einen geeigneten Arzt
empfehlen kann. Da ich relativ gut vernetzt bin, kann ich häufig eine Hilfestellung bieten.

Damit stehen Sie nicht allein. Vergleichbares habe ich in vielen anderen Interviews gehört. Kommen wir zum nächsten Thema. Welche Fähigkeiten waren für Ihren bisherigen beruflichen Erfolg ausschlaggebend?

Keine Angst vor viel Arbeit zu haben, zielstrebig zu sein und eine gute Ausbildung genossen zu haben. Eine gute Grundausbildung ist wichtig; der Rest kommt mit der Lebens- und Berufserfahrung. Es ist immer eine Kombination aus Können und Wollen, und wenn man beides hat – in durchaus unterschiedlichen Ausprägungen –, kann man viel erreichen.

Wenn ich daran denke, dass Sie jeden Morgen um sechs Uhr um Betrieb sind, um für Ihre Mitarbeiter zugänglich zu sein, hätte ich auch Empathie oder andere soziale Fähigkeiten erwartet.

Das gehört vermutlich mit dazu. Dabei hilft die Berufs- und Lebenserfahrung, verbunden mit einer guten Ausbildung und Neugier. Wenn man neugierig ist – und das bin ich –, interessiert man sich auch dafür, was die Mitarbeiter wissen und wie sie denken. Mit der Zeit entwickelt man dann ein entsprechendes Gespür. Dabei helfen mir wohl auch die vielen Ehrenämter, in denen ich tätig bin, in Jugendorganisationen, in Vereinen oder im kirchlichen Bereich.

Könnten Sie die wichtigste geschäftliche Entscheidung benennen, die Sie im Laufe Ihrer Karriere getroffen haben?

Das war die Übernahme von Schnitker in Münster, die wichtigste der Übernahmen, die die Entwicklung unseres Unternehmens bestimmt haben.

Können Sie auch eine Fehlentscheidung benennen, die wirklich signifikant war?

Natürlich. Das gehört doch dazu!

Welche war das und was haben Sie daraus gelernt?

Natürlich haben wir Entscheidungen getroffen, die sich im Nachhinein als nicht gut entpuppt haben, und das im Wesentlichen bei Baustellen oder Projekten, bei denen ich besser – wie mein Vater immer sagt – auf das Bauchgefühl gehört und die Finger davon gelassen hätte. Solche Erfahrungen können schmerzhaft sein, wie z.B. ein Auftrag in einer neu übernommenen Filiale, der diese fast in die Insolvenz getrieben hätte. Das Projekt sah vom Volumen her verlockend aus, lief aber durch eine Verkettung unglücklicher Umstände komplett aus dem Ruder. Im Rückblick betrachtet, hätten wir das nie angehen dürfen. Es hat uns um mehrere Jahre Aufbauarbeit zurückgeworfen.

Eine Verkettung unglücklicher Umstände ist am Ende gar nicht so selten, wie man meinen mag.

Aber das Generalunternehmergeschäft ist auch nicht unser übliches Tätigkeitsfeld. Darin unterscheiden wir uns deutlich von unseren Wettbewerbern. Betriebe unserer Größe sind in der Regel bei weniger Kunden unterwegs; sie haben primär große Projekte. Wir haben viele Kunden mit vielen Aufträgen, in Summe immer über hundert laufende Bauaufträge.

Das ist risikopolitisch vorteilhaft.

Mein Vater hatte immer die Prämisse: »Mach keinen Kunden größer zehn Prozent. Dann bist du von denen nicht abhängig. Zehn Prozent bekommst du immer wieder unter, auch durch Neugeschäft. Oder zehn Prozent kannst du dich auch verringern, ohne dass dir alles um die Ohren fliegt.«

Was macht für Sie das Spezifische am Mittelstand aus?

Zum einen ist es – glaube ich – eine deutlich langfristigere Denkweise. Wir müssen in größeren Zeiträumen denken und hängen in der Finanzierung sehr stark an dem eigenen Geld, an der eigenen Bürgschaft. Zum anderen denke ich, dass die Bindungen der Mitarbeiter personenbezogener sind. Auch in einem großen mittelständischen Unternehmen besteht häufig noch eine größere Nähe zur Familie oder zu der Führungsperson, als das im Konzern der Fall ist. Speziell im Malerhandwerk sind die Kostenstrukturen auch anders als im industriellen Mittelstand. Bei normalen Malerarbeiten im Innenraum beträgt der Kostenanteil des Lohns 85 bis 90 Prozent. Malerbetriebe definieren sich fast ausschließlich über den Lohn, daher besteht ein sehr großer Lohn-Preis-Wettbewerb. Die kleinen Betriebe – ein durchschnittlicher Malerbetrieb hat noch nicht einmal sechs Mitarbeiter – haben viel weniger Overhead. Deshalb sind für uns die Themen Verlässlichkeit und Tradition, die ich schon angesprochen habe, so wichtig.

Sie sind ein klassisches Familienunternehmen. Würden Sie das Unternehmen anders führen, wenn Sie keine Familienperspektive hätten?

Vielleicht ist es etwas anderes, wenn man sich mit dem Gedanken beschäftigt, etwas Großes zu schaffen, um es dann wieder zu veräußern. Dennoch ist es wichtig, den Betrieb gut zu führen, um ihn potenziellen Erwerbern ordentlich übergeben zu können. Vielleicht ist die Denkweise hinsichtlich der Fristigkeit eine andere.

Ich habe in den Gesprächen ganz unterschiedliche Antworten auf diese Frage bekommen, von »Das ist das, was mich treibt« bis »Eigentlich gar nicht«.

Wahrscheinlich gibt es beides. Bereits mein Vater hatte diese Langfristigkeit eines Familienunternehmens im Auge, als er meiner Mutter eine Einkaufsgesellschaft übertrug: »Wenn mir etwas passiert, dann hast du deine Einkaufsgesellschaft. Unsere hundert Maler sind auf die drei GmbHs verteilt, und du wirst bestimmt jemanden finden, der das als Geschäftsführer für dich leitet. Die Firmen sind verpflichtet, bei dir einzukaufen. Du schlägst auf den Materialeinsatz einen sicheren Aufschlag von 10 Prozent auf und hast damit zumindest schon einmal ein Grundeinkommen.« Aus dieser Idee heraus habe ich dann eine Holding-Struktur eingerichtet, die wir bis heute beibehalten haben.

Was könnten Sie als wichtigste Erkenntnis an die nächste Unternehmergeneration weitergeben?

Dass man die Nachfolge unbedingt wollen, aber dann auch können muss, mit einer entsprechenden Ausbildung. Es ist wie im echten Leben: Es wird nie nur nach oben gehen, es wird ein stetiges Auf und Ab sein, das einen herausfordern und viel Einsatz erfordern wird. Daher ist es wichtig, die Arbeit auch zu mögen. Da ich drei heranwachsende Töchter habe, beschäftige ich mich derzeit intensiv mit diesen Themen.

Sehen Sie eine Chance für die Fortführung?

Ich weiß nicht. Auf keinen Fall würde ich jedoch ein Kind in diese Richtung drängen, weil ich zu viele Beispiele kenne, in denen das schiefgegangen ist – in drei Fällen sogar mit tragischem Ausgang. Das ist es nicht wert.

Weil die Belastung zu groß war?

Ja – und das möchte ich nicht. Es wäre natürlich schön, wenn das Unternehmen innerhalb der Familie weitergeführt würde, aber nur ohne Druck. Das wissen auch meine drei Kinder. Eine andere Variante wäre, einen Geschäftsführer einzustellen. Dazu braucht es jedoch eine gewisse Größe, und ein Geschäftsführer fällt nicht vom Himmel und arbeitet auch nicht für einen warmen Händedruck. Die dritte Variante wäre der Verkauf des Unternehmens. Das könnte im Moment gut funktionieren. Nie zuvor habe ich so viele Anfragen dazu erhalten. Aber leicht sind solche Übergaben bei dem Thema Familie und Familienunternehmen nicht, wie ich bei meinen eigenen Übernahmen gemerkt habe.

Wie sehen Sie die Zukunft Ihres Unternehmens? Wo liegen die größten Chancen, wo die größten Herausforderungen?

Chancen liegen mit Sicherheit im Bereich der Renovierung, besonders im Hinblick auf energetische Optimierung. Der Immobilienbestand in Deutschland wird in Zukunft eine deutlich stärkere Beachtung finden; Sanierung vor Neubau, damit die vorhandenen Ressourcen geschont werden. Das ist ein sehr spannendes Thema, da neue Baugebiete immer restriktiver erschlossen werden. Zusätzlich sehen wir Chancen im hochwertigen Gestaltungsbereich. Es gibt Kunden, die einen großen Wert auf sehr hochwertige Handwerksleistungen legen. Diesen Bereich bedienen wir gerne und verfügen auch über entsprechend qualifizierte Mitarbeiter.

Eine große Herausforderung, der wir – wie viele andere auch – gegenüberstehen, ist die Bürokratie. Aufgrund unserer Größe schwimmen wir nirgendwo mehr unter dem Radar. Uns trifft alles an Bürokratie. Wir werden auch von unseren Industriekunden bezüglich des Lieferkettensorgfaltspflichtengesetzes angefragt, weil sie das entsprechende Häkchen brauchen. Woher weiß ich, wo das Farbpigment, das ich bei einem Farbh,ersteller kaufe, aus dem Boden geholt wird? Und ob es umweltschonend und im Hinblick auf das Alter und die Bedingungen ethisch gewonnen wurde? Das ist schon ein schwieriges Thema. Zusätzlich belastet uns auch das Thema Datenschutzgrundverordnung.

Haben Sie dafür mittlerweile keine Routinen?

Doch, aber trotzdem kann das im Einzelfall sehr viel Arbeit bereiten. Gemäß der Datenschutzgrundverordnung hat beispielsweise jeder das Recht, die Herausgabe seiner elektronisch gespeicherten Daten zu verlangen, und man ist dabei völlig frei in der Wahl der Umsetzung. Ein ehemaliger Mitarbeiter hat uns eine entsprechende E-Mail geschrieben, was juristisch zulässig ist; wir konnten ihn anfangs aber nicht identifizieren, weil er einen Fantasienamen verwendet hat. Wir haben zwar Routinen, aber diese müssen gepflegt und angepasst werden, was Kosten von ziemlich genau 10.000 Euro im Jahr verursacht. Das ist – wie ich finde – viel Geld, das ich auf die Preise aufschlagen muss.

Das nächste Thema wird das der Nachhaltigkeit, das uns bereits vonseiten der Banken erreicht hat. Bei Kreditgeschäften wird immer nach Nachhaltigkeit gefragt und im Risiko-Tragfähigkeitsprofil mitberücksichtigt. Damit nimmt die Nachhaltigkeit Einfluss auf den Zins. Für den Vertrag für die Übernahme eines Unternehmens durfte ich gerade einen entsprechenden Fragebogen ausfüllen. Aber ich habe weder einen Stab, der das für mich erledigt, noch fertige Vergleichszahlen dafür.

Eine weitere Herausforderung ist und bleibt das Thema Personal. Das Problem besteht nicht generell darin, Auszubildende zu finden, aber es ist sehr schwierig, solche zu gewinnen, die in die Richtung laufen, die wir haben wollen. Wir haben uns auf unserer Ausbildungswebsite im Internet viel Mühe gegeben. Dort kann man sich mit wenigen Klicks direkt bewerben, was mittlerweile von den jungen Leuten so gewollt wird. Ob dies jedoch wirklich vorteilhaft ist, weiß ich nicht. Je leichter der Bewerbungsprozess ist, desto größer ist die Anzahl derer, die sich einfach nur durchklicken, ohne ein richtiges Interesse daran zu haben. Der Malerberuf steht in der Hierarchie der Wünsche von Kindern und Jugendlichen sicher nicht ganz oben. Sehr häufig hören wir in Bewerbungen, dass sie nur deshalb erfolgen, weil etwas anderes nicht geklappt hat. Dabei unterscheiden sich übrigens die Bewerber mit und ohne Migrationshintergrund kaum voneinander. Während der Flüchtlingskrise im Jahr 2016 haben wir Auszubildende primär aus afrikanischen Ländern eingestellt, die mittlerweile alle ihre Ausbildung abgeschlossen haben – vielleicht auch wegen des Drucks, dass sie sonst abgeschoben worden wären, weil die Berufsfähigkeit der einzige Grund für ihre Daseinsberechtigung in Deutschland ist.

Ein solcher Druck hilft letztlich beiden Seiten.
Genau, das funktioniert. Alle haben die Gesellenprüfung geschafft. Was weiterhin schwierig ist, ist das Thema der deutschen Sprache. Die Migranten erreichen zwar schnell ein Niveau, um sich verständigen zu können, das aber

nicht mehr steigt, weil sie, was das Sozialgefüge betrifft, in ihren eigenen Communities bleiben und dort ihre eigene Sprache sprechen.

Mitarbeiter zu gewinnen, ist also auch eine wesentliche Herausforderung, die Sie bewältigen müssen.

Zusätzlich ist die Sicherstellung der Nachfolge in den zahlreichen Betrieben, die keinen Nachfolger haben, eine weitere wesentliche Herausforderung im Handwerk. Das Thema ist schwierig und zugleich zeitlich brisant. In den nächsten drei bis vier Jahren werden in vielen Betrieben erhebliche Löcher entstehen, da ihre Mitarbeiter im Regelfall ähnlich alt sind, d.h., der Altgeselle ist auch wirklich alt, und der nächste Geselle eigentlich schon Altgeselle – und beide sind so alt wie der Meister. Wenn keine Lösung für die Nachfolge gefunden wird, sterben diese Betriebe aus, da man sie nicht mehr in ein anderes Gefüge hineinbekommt. Und damit geht auch ganz viel Erfahrungswissen verloren. Dieses Problem betrifft nicht nur Malerbetriebe, sondern alle im Handwerk, die etwa zehn bis zwanzig Mitarbeiter haben.

Angesichts dieser großen Zahl von Herausforderungen wird es Ihnen in den nächsten Jahren sicher nicht langweilig! Herzlichen Dank für das Gespräch.

Das Interview wurde am 26. Januar 2024 in Bochum geführt.

Thilo Mühle

Jahrgang 1968.
Seit 2000 in der Geschäftsführung der Mühle-Glashütte GmbH
nautische Instrumente und Feinmechanik.
5. Unternehmergeneration.

Können Sie mir bitte einen kurzen, stichwortartigen Überblick über Ihr Unternehmen und seine Entwicklung geben?

Glashütte ist außerhalb der Schweiz der wichtigste Uhrenstandort in Europa. Die Geschichte unserer Familie in diesem Ort beginnt im Jahr 1869 mit meinem Ururgroßvater Robert Mühle, der hier Messinstrumente für die Uhrenindustrie herstellte. In den 1920er-Jahren kamen wir zur Automobilindustrie, die in der Nähe, in Zwickau, mit Horch, Wanderer und DKW bzw. ab 1932 mit der Auto Union stark vertreten war, und bauten Tachometer und Einbauuhren. Im Jahr 1945 wurden wir enteignet, weil wir auch für Militärfahrzeuge geliefert hatten und damit ein Rüstungsbetrieb gewesen waren. Die Russen deportierten 90 Prozent unserer Produktionsmittel nach Russland. Mein Opa Hans kam 1945 als Kriegsflüchtling nach Glashütte zurück, wurde in der Verwaltung für die Abwicklung des Unternehmens eingesetzt und gründete im selben Jahr unter seinem eigenen Namen neu. Er fertigte Lauf- und Hemmwerke für die Foto- und Kinoindustrie und Zeigerwerke für Druck- und Temperaturmessgeräte. Da er 1970 gestorben ist, habe ich ihn leider nicht mehr richtig kennengelernt. Als junger Vater mit drei kleinen Kindern, wovon ich das jüngste war, musste mein Vater das Unternehmen übernehmen. Die letzte Welle der Zwangsverstaatlichung in der DDR kam 1972, als der Betrieb mit einem Zwischenschritt in den Komplex der Glashütter Uhrenbetriebe eingegliedert wurde. Mein Vater war dort im Vertrieb tätig und stieg nach der Wende zum Geschäftsführer auf. Später wurde das Unternehmen verkauft und er freigesetzt.

Der Käufer stellte damals den Gerätesektor und die Schiffschronometer ein, weil er daran kein Interesse hatte. Da mein Vater die Kunden durch seine vertriebliche Tätigkeit kannte, übernahm er das Geschäft. Hierzu gründete er 1994 ein eigenes Unternehmen. Deshalb ist heute »Nautische Instrumente« Teil des Firmennamens, auch wenn wir den Hauptumsatz mittlerweile mit Armbanduhren erzielen und das Geschäft mit Schiffschronometern stark heruntergefahren haben.

Mein Vater fragte daraufhin uns Kinder, wer sich vorstellen könne, mit ins Unternehmen zu kommen, da er es alleine nicht schaffe. Meine Schwester wollte nicht, mein Bruder ist erst später zu uns gestoßen und arbeitet heute im Vertrieb. Als gelernter Werkzeugmacher war ich nach der Wende in der neu gegründeten Firma eines Freundes meines Vaters im Außendienst tätig – spektakuläre Zeiten. Nach einigen Jahren wechselte ich zu einem Uhrengroßhändler, der von der Armbanduhr bis zur Standuhr alles im Angebot hatte.

Dort blieb ich sechs Jahre, bis ich meiner Leidenschaft für Autos folgte und zu einem Ausrüster für Autowerkstätten ging. Da dieses Unternehmen jedoch in wirtschaftliche Turbulenzen geriet, war ich gerade frei, als mein Vater mich ansprach. Ich sagte zu, ohne zu wissen, was mich erwartet, und stieg im Oktober 2000 in unser Unternehmen ein.

Wir haben das Geschäft eine Zeit lang gemeinsam geführt. Mein Vater ist ein Bauchmensch, ich bin ein Kopfmensch. Das funktioniert auf Dauer nicht. Am Anfang habe ich seine Bauchentscheidungen natürlich mitgetragen, weil ich noch keinen hinreichenden Einblick in das Geschäft hatte. Später waren wir dann jedoch nicht immer einer Meinung.

Im Jahr 2007 übernahm ich die alleinige Geschäftsführung. Dem vorausgegangen war ein Rechtsstreit mit einem anderen Glashütter Uhrenhersteller. Wenn man eine Uhr in Glashütte baut und den Namen verwenden will, muss man mindestens fünfzig Prozent der Gesamtwertschöpfung am Uhrwerk in Glashütte tätigen, was bei dem Rechtsstreit angezweifelt wurde. Zunächst stimmten wir einem Vergleich zu und stellten unsere Produktion ein Stück weit um. Als wir ein Lizenzgeschäft mit einem großen Automobilhersteller aufgebaut hatten, wurden wir 2007 erneut verklagt und am Ende gab der Richter der Klägerin statt. Die im vorherigen Vergleich festgelegte Strafe bei Verstoß summierte sich auf einen hohen zweistelligen Millionenbetrag. Eine Einigung war nicht möglich. Daraufhin mussten wir in eine Planinsolvenz gehen. Ich habe das wie einen Sportwettkampf gesehen, ganz anders als mein Vater, der hochemotional war. Er konnte nicht verstehen, dass eine Familie, die seit dem 14. Jahrhundert in Glashütte tätig war, den Ort nicht auf ihren Uhren vermerken durfte.

Im Nachhinein hatte diese existenzielle Krise auch ihr Gutes. Auf der einen Seite konnte ich den Generationswechsel vollziehen, ohne dass mein Vater dabei sein Gesicht verlor. Sein Austritt aus der Geschäftsleitung war vermutlich auch das ausgemachte Ziel der Gegenpartei. Auf der anderen Seite nutzte ich die Chance der Planinsolvenz, um alles zu hinterfragen. Z. B. reduzierten wir die Zahl der Händler von 700 auf heute 150 aktive und gingen von vorher 140 Uhrenmodellen auf heute knapp 60 zurück. Die Insolvenz kostete mich auch persönlich viel Geld und ich musste einen Kredit aufnehmen, um weiterzuleben. Heute sind wir wieder schuldenfrei.

Damit war die Phase, in der Sie gemeinsam mit Ihrem Vater in der Geschäftsleitung waren, ungewöhnlich kurz.

Ja, aber ich könnte auf Dauer ohnehin nur mit jemandem eng zusammenarbeiten, der mit mir sachlich über die anstehenden Probleme diskutiert. Nur aus einem Diskurs entsteht die notwendige Dynamik im Unternehmen. Es gibt so manches patriarchisch geführte Familienunternehmen, in dem die Kinder frustriert sind, weil der Patriarch immer nur selbst entscheidet. Gerade erlebe ich mit meinen Kindern etwas ganz anderes. Wenn ich mich so verhalten würde, wären sie spätestens nach drei Jahren wieder weg. Mir ist es viel lieber, dass sie sich einbringen und hinterfragen, was ich tue, daher lasse ich ihnen relativ freie Hand. Sie bringen so eine neue Energie und frische Ansätze ein, die ich mit meinem alten Denken nicht abwehre, sondern gegebenenfalls nur mit ihnen diskutiere. Auf diese Weise bleiben sie gesprächsbereit.

Dann war die erste Entscheidung, die Sie treffen mussten, zugleich die wichtigste?

Ja, und es war von Vorteil, dass ich schon fünf Jahre im Unternehmen war und auch davor schon einiges gesehen hatte. Damals gab es in Glashütte noch häufig Treffen auf der Ebene der Inhaber oder Geschäftsführer. Da ich gut zuhören kann, habe von den anderen dabei sehr profitiert. Die Herausforderungen und die Lösungswege sind häufig dieselben, egal, wie groß die Unternehmen sind. Wenn man gut zuhören kann und einen gesunden Menschenverstand hat, klappt das auch ohne Studium ganz gut. Und sicherlich hat mich auch die Insolvenz in kurzer Zeit reifen lassen. Sehr lehrreich war, dass ich Schriftsätze lesen und ihre Juristensprache verstehen musste. Zu sehen, wie der Veränderungsprozess mit den Milestones, die ich gesetzt hatte, funktionierte, war ebenfalls ein wichtiger Schritt. Ich denke, wir waren bis heute nicht unerfolgreich.

Haben Sie so etwas wie eine wirtschaftliche Grundüberzeugung? Ein Leitmotto?

»Man kann nicht mehr Geld ausgeben, als man einnimmt!« Ich bin ein Sicherheitsunternehmer. Bevor ich Geld ausgebe, drehe ich es fünfmal um. Vor Ort gab es nur zwei Unternehmen, die nach der Wende mit nichts anfingen. Eines davon war das meines Vaters. Alle anderen hatten Geldgeber im Hintergrund oder Geld aus vorheriger Geschäftstätigkeit, das sie investieren konnten. Mein Vater nutzte damals, als er mit nur zwei Mitarbeitern anfing, noch die Provision aus dem Verkauf von Schmuck im Außendienst, um seine Leute zu bezahlen. Das kann sich heute niemand mehr vorstellen. Das war schon abenteuerlich, aber es spiegelte den Pioniergeist der Nachwendezeit wider; man wollte etwas bewegen. Alles, was Sie hier sehen, haben wir gemeinsam mit unseren Mitarbeiterinnen und Mitarbeitern selbst aufgebaut. Es macht mich ein Stück weit stolz, dass wir so mit den Mitteln, die wir erwirtschaftet haben, umgegangen sind, dass wir sie immer wieder zielgerichtet für das Unternehmen eingesetzt haben. Alles, was wir verdient haben, steckt in der Firma. Das funktioniert bei dieser Unternehmensgröße auch nicht anders.

Welche Fähigkeiten waren für Ihren Erfolg ausschlaggebend?

Ich habe nach einem Kreuzbandriss angefangen, intensiv Sport zu treiben, zu laufen, bis zum Marathon hin, und bin mittlerweile beim Radfahren gelandet. Sport hat mir viel Kraft gegeben, Ziele zu erreichen und durchzuhalten. Diese Erfahrungen haben mich gestärkt, insbesondere in Zeiten, die Energie und Durchhaltevermögen erfordern. Das nutze ich auch im Unternehmen aus. Manchmal muss man Dinge aussitzen, manchmal nach anderen Wegen suchen; nicht immer ist der erste Weg auch der beste. Ohne meinen

Sport wäre ich wahrscheinlich nicht mehr hier. Er ist für mich häufig ein Mittel, um den Stress abzubauen. Dieses Durchhaltevermögen zu haben, diesen Willen aufzubringen, ist meiner Meinung nach das, was uns als Familienunternehmer auszeichnet – dieser Wille zum Leben, zum Überleben und zum Gestalten.

Wenn – um beim Sport zu bleiben – eine Top-Fußballmannschaft ein paar Spiele hintereinander verliert, kann der Trainer schnell unter die Räder kommen und ausgetauscht werden. Als Familienunternehmer können wir nicht ausgetauscht werden. Wir müssen sowohl mit dem Erfolg als auch dem Misserfolg umgehen können, unsere Lehren daraus ziehen und uns stetig verbessern. Akzeptanz und Erfolg in einem so umkämpften Gebiet zu erzielen wie dem, in dem wir unterwegs sind, treibt mich an. Unser Markt wird von drei großen Gruppen beherrscht, deren Marken jeder kennt. Deswegen verstehe ich mich ein bisschen wie ein kleiner Fisch, der ab und zu an die Oberfläche kommt, schaut, was dort passiert, wieder abtaucht und dann unten gut weiter schwimmen kann.

Was war die wichtigste Entscheidung, die Sie in Ihrer Karriere getroffen haben? Ich vermute, die Insolvenzentscheidung.

Die Entscheidung, Insolvenz anzumelden, war sehr wichtig, wichtiger aber noch die darauffolgende Entscheidung, dieses Unternehmen ganz neu auszurichten. Wir haben grundlegende Veränderungen vorgenommen, ohne dabei einen einzigen Mitarbeiter zu verlieren. Darauf bin ich heute noch ein bisschen stolz. Von meinem Vater habe ich gelernt, dass man als Unternehmer für alles verantwortlich ist. Jeden Tag hat es bei mir gebrannt und ich bin stets gerannt, um die Feuer zu löschen. Mein Vater meinte aber auch, dass ein Geschäftsführer alles wissen müsse. Diese Ansicht habe ich nicht geteilt: »Warum? Dafür habe ich meine Leute. Die bezahle ich, und wenn etwas ist, kommen sie zu mir. Und wenn ich was wissen will, dann gehe ich zu ihnen und frage sie.« Patriarchalisch aufgebaute Unternehmen laufen leicht Gefahr, zu scheitern. Wenn ich anderen kein Vertrauen schenke, bin ich bei neuen Problemen schnell überfordert. Als ich im Unternehmen anfing, war Marketing nicht viel mehr als ein bisschen Printwerbung. Heute ist es faszinierend breit gefächert und Social Media eine ganz eigene Welt – aber nicht meine. Ich bin eher ein analoger Mensch und liebe die persönliche Interaktion.

Jetzt sind wir an dem Punkt angelangt, an dem meine Kinder Verantwortung in der Firma übernehmen. Ich werde sie bei der Festlegung der künftigen Strategie natürlich begleiten, aber letzten Endes müssen sie jetzt den nächsten Schritt für das Unternehmen anstoßen. Das wird ein spannendes Thema, weil Armbanduhren ein mechanisches Produkt sind. Junge Menschen laufen heutzutage nur noch ohne Uhr herum. Was ist das mechanische Produkt von morgen? Wo setzen wir unseren emotionalen Punkt, um die Generation Z für ein mechanisches Produkt abzuholen?

Thilo Mühle und Doreen Krönert

Welche wichtigsten Erkenntnisse können Sie Ihren Kindern weitergeben?
Sie sollten Mut haben, Entscheidungen zu treffen, und zu ihren Entscheidungen stehen und nicht wankelmütig umfallen, wie die Politik gerade. Sie sollten hartnäckig bleiben; weil nicht immer alles gleich von heute auf morgen geht. Sie sollten klar mit unseren Mitarbeiterinnen und Mitarbeitern kommunizieren. Ich finde, eine offene Kommunikation schafft Klarheit im Unternehmen. Eine wichtige Erkenntnis, die ich gewonnen habe und die auch für sie

relevant ist: Man sollte in den geschaffenen Strukturen leben, also Verant-wortung auch tatsächlich wie gewollt abgeben. An jeder wichtigen Stelle im Unternehmen sitzen zur Zeit Personen, denen ich zu 100 Prozent vertraue.

Ich will mit meinen beiden Kindern ein Power-Trio sein. Mein Sohn verant-wortet das ganze Thema Fertigung, weil er ein studierter Wirtschaftsingenieur ist. Meine Tochter leitet den Vertrieb und den Innendienst. Als studierte Sozialpädagogin hat sie akademisch gelernt, wie man mit Konflikten umgeht. Meine Tochter ist so, wie ich in ihrem Alter war: »Hier muss alles anders wer-den, jeder Stein wird umgedreht.« Mein Sohn ist so, wie ich jetzt bin, vielleicht noch überlegter. Es ist schön, sich in seinen Kindern widergespiegelt zu sehen.

Können Sie sich an eine signifikante Fehlentscheidung erinnern, die Sie getroffen haben?

Eine Fehlentscheidung bestand vor Jahren darin, ein Lizenzgeschäft mit einem großen Automobilunternehmen einzugehen. Das Unternehmen ver-gab Lizenzen für Brillen, Taschen und mechanische Armbanduhren. Zu die-ser Beziehung kamen wir über einen Mittelsmann und sollten für ihn die Pro-duktion dieser Uhren übernehmen. Der Mittler war in der Folge nicht dazu in der Lage, das Geschäft fortzuführen, sodass wir es übernahmen. Dabei wurde mir schmerzlich bewusst, dass in der Zusammenarbeit zwischen einem Rie-sen und einem Zwerg immer der Zwerg benachteiligt wird. Im Zweifel ist die Rechtsabteilung eines so großen Unternehmens immer stärker als mein Anwalt, dadurch findet ein Streit nie auf Augenhöhe statt. Wir zahlten dafür viel Lehrgeld und es kostete Nerven, aber es war eine wertvolle Lektion. Heute haben wir durchaus noch Industrieaufträge von Großunternehmen. Für Audi stellen wir z. B. die Mitarbeiteruhren bei 40-jähriger Beschäftigung her. Die gezogene Lehre war, nicht mehr unterhalb einer großen Marke als Lizenz-geber tätig zu sein – einmal kann es Geld kosten, zweimal darf es das nicht.

Große Unternehmen funktionieren anders, und man muss auch die Sprache der Großen sprechen können.

Das für mich Faszinierende waren die vielen Ebenen. Zu dem Sachbearbeiter, mit dem ich direkt kommunizierte, hatte ich einen guten Draht. Aber die Entscheidungen fielen drei Etagen höher. In jeder Zwischenebene saß je-mand, der mehr verdiente als der darunter. Ich habe mich immer gefragt, wie ein solcher Wasserkopf eigentlich funktionieren kann. Keiner wollte Verant-wortung übernehmen, jeder hat nach oben gekuscht und nach unten getreten. Oben wurde nur unterschrieben und dann das Ganze auf die operative Ebene zurückgespielt.

Ist das einer der wesentlichen Unterschiede zwischen Großunternehmen und mittelständischen Unternehmen?
Ja, aber ich würde auch noch danach unterscheiden, ob die Unternehmen inhabergeführt sind oder nicht. Bei inhabergeführten Unternehmen sind die

Thilo Mühle mit seinen beiden Kindern Fanny und Dustin

Strukturen straff; spielt die Familie nur noch die Rolle eines Besitzers und steht ein eingesetzter Manager an der Spitze, gehen die Strukturen aber in Richtung der von Großunternehmen. Meine Erklärung dafür ist einfach: Jeder eingesetzte Geschäftsführer bringt Leute aus seinem alten Umfeld mit ins Unternehmen, ähnlich wie in der Politik. In einem lokalen Unternehmen erlebten wir dies ebenfalls so. Ein Geschäftsführer aus einer ganz anderen Branche holte in kurzer Zeit vier, fünf Leute in die untere Managementebene der Firma, die alle aus dem Dunstkreis seiner vorherigen Industrie kamen. Damit sicherte er sich seinen Stuhl ab, weil er Vertrauen zu den neu eingestellten Mitarbeitern hatte. Etwas Vergleichbares passiert in inhabergeführten Unternehmen nicht.

Aber auch wir brauchen Strukturen. Früher war das hier eine Einmann-Show, jetzt – bei 65 Leuten geht das nicht mehr anders – sitzen an den wichtigsten Punkten Vertrauensleute, die entweder im Unternehmen groß geworden sind oder aus der eigenen Familie kommen. Deshalb haben wir immer noch schlanke Strukturen, aber schon deutlich mehr als früher.

Dem Mittelstand sagt man nach, dass er viel mehr Freiheitsgrade besitzt als ein regelgebundenes, durch feste Strukturen bestimmtes Großunternehmen. Würden Sie das teilen?
Ja, auch wenn wir durch den Gesetzgeber im Augenblick geradezu dazu gezwungen werden, dort, wo bisher unausgesprochene Regeln galten, nun formale Strukturen aufzubauen. Ein ganz aktuelles Beispiel: Sie müssen jetzt eine Stelle schaffen, bei der sich jemand anonym beschweren kann. Ich frage mich, in was für einer Welt wir eigentlich leben, wenn es in einer hoch entwickelten Gesellschaft nicht möglich ist, direkt zum Chef zu gehen. Dennoch denke ich, dass wir im Mittelstand freier sind, weil die Entscheidungswege in einer ganz flachen Hierarchie viel direkter sind. Damit sind wir viel schneller und können mehr ausprobieren, lernen und verändern. Das ist in Großunternehmen aufgrund des Umgangs mit fremden Geldern anders.

Sie sind schon auf einen Aspekt eingegangen, der inhabergeführte Familienunternehmen von managergeführten mittelständischen Unternehmen unterscheidet. Welche Bedeutung hat es für Sie, im Sinne einer Enkelfähigkeit alles zu tun, dass die nächste Generation das Unternehmen fortführen kann? Ist das etwas, was Sie treibt, oder etwas, was Sie belastet?
Für meinen Vater war das Unternehmen das Lebensziel. Ich hingegen bin nicht so eng damit verflochten. Natürlich habe ich viel Herzblut für unser Unternehmen und erledige meine Aufgaben gerne, aber ich würde dafür nicht alles aufs Spiel setzen, insbesondere, was die Gesundheit betrifft. Zudem bin ich auch nicht jemand, der seinen Kindern sagt, dass ich alles nur für sie gemacht habe. Im Dezember haben wir unseren Mitarbeitern bekannt gegeben, dass meine beiden Kinder jetzt mehr Verantwortung übernehmen und damit auch ihre Vorgesetzten werden. Dabei habe ich betont, dass ich sehr stolz darauf bin, dass beide Kinder diesen Schritt aus eigener Motivation her-

aus gegangen sind, ohne Zwang. Die Entscheidung kam von ihnen selbst. Ich finde es gut, dass wir damit eine gemeinsame Sprache finden können.

Trotzdem arbeite ich nicht für meine Kinder oder Enkel. Ich trage vielmehr die Verantwortung für 65 Leute, und dafür und danach lebe ich. Das versuche ich, auch meinen Kindern mitzugeben. Es geht nicht um uns als Familie, sondern es geht um die vielen Menschen, die bei uns arbeiten, und denen wir es ermöglichen, einen wesentlichen Teil ihres Lebensunterhalts mit dem zu erwirtschaften, was wir tun und entscheiden. Das ist viel wichtiger, als das eigene Ego in den Vordergrund zu stellen. Sowohl das Team als auch die Menschen dahinter sind entscheidend, und nie nur derjenige, der vorne führt. Der ist austauschbar. Eine ganze Mannschaft auszutauschen, funktioniert nicht. Es ist wie beim Fußball: Man kann nach vielen sieglosen Spielen den Trainer auswechseln, aber nicht die ganze Mannschaft hinauswerfen, wenn sie nicht versteht, was der Trainer will.

Wie sehen Sie die Zukunftschancen Ihres Unternehmens, und wo liegen die größten Herausforderungen?

Um diese Frage zu beantworten, muss ich einen Blick auf die letzten zehn bis fünfzehn Jahre werfen. In dieser Zeit war die Situation relativ entspannt. Solange man bei den Neuheiten nicht daneben lag, und Uhren in den Markt brachte, die grundsätzlich passten, war das Risiko überschaubar. Man konnte immer etwa zwei Jahre im Voraus planen. Mit Corona änderte sich das grundlegend. Heute ist die Lage nicht mehr wie früher. Das betrifft nicht nur das Kaufverhalten, sondern auch das Wissen, wie schnell sich vieles durch staatliche Eingriffe verändern kann, und dass man lernen muss, damit umzugehen. Das macht es heute für mich schwierig, irgendwelche Prognosen abzugeben. Jeder dachte, nach Corona würde alles wieder gut, aber dann brach der Krieg in der Ukraine aus. Die Konflikte in dieser Welt werden zunehmen. Es gibt so vieles, bei dem wir meiner Meinung nach aktuell auf einem schlechten Weg sind.

In einer solchen Situation sollte man dennoch optimistisch bleiben und darüber nachdenken, was das für das Unternehmen bedeutet und wie man dieses richtig absichern kann. Ich bin ein großer Verfechter von Synergien und sehr kommunikativ und stehe mit anderen Uhrenunternehmen, ob regional oder aus Deutschland generell, in Kontakt. Schon seit längerer Zeit überlegen wir, wo es möglich ist, – ohne uns zu kannibalisieren – zusammen aufzutreten, um Kosten zu sparen. Ein einfaches Beispiel dafür ist das Thema Export, insbesondere der Besuch von Messen: Warum muss jeder allein dort auftreten? Wenn drei Unternehmen, die nicht direkt konkurrieren, zusammenarbeiten, können sie die Kosten dritteln.

Mein Plan ist es, mich zunehmend aus dem Tagesgeschäft zurückziehen. Damit habe ich Zeit, mich verstärkt um strategische Fragen zu kümmern, z. B. um die dynamischere Gestaltung von Lieferantenbeziehungen oder um die Ausweitung von Industrieaufträgen. Wenn man in Glashütte tätig ist, kommt man irgendwann unweigerlich mit dem Thema eigenes Uhrwerk in Berührung. Nach der Vorstellung unserer Manufakturwerke im Jahr 2014 sind wir derzeit allein noch zu klein, um ein neues Uhrwerk für unsere Gesamtkollektion zu fertigen – sowohl finanziell als auch von der Stückzahl her. Aufgrund der bestehenden Synergien mit anderen Unternehmen könnte es jedoch sinnvoll sein, sich intensiver damit auseinanderzusetzen. Den zentralen Punkt für die Zukunft hatte ich schließlich schon angesprochen: Welches Produkt sollten wir der nachfolgenden Kundengeneration anbieten, bei dem sie einen Mehrwert hat oder sieht? Das kann meiner Meinung nach nicht mehr eine rein mechanische Uhr sein. Dabei denke ich nicht an Funktionen wie die Messung von Puls und Blutdruck, die es bereits gibt, sondern an andere Möglichkeiten, unser Leben zu erleichtern. In Dresden gibt es eine sehr gut ausgebildete Universitätslandschaft, die wertvolle Impulse geben kann, wohin sich die Menschheit entwickelt. Diese Erkenntnisse können wir schon heute in die Produktgestaltung einfließen lassen, um ein Angebot zu schaffen, das das Schöne und das Beschauliche mit modernen Attributen kombiniert. Das ist meine Idee für die Zukunft.

Wo liegen die größten Gefahren oder Probleme?

Eine Gefahr habe ich vorhin schon genannt: Dass wir mit einer der drei großen Gruppen auf dem Uhrenmarkt in Konflikt geraten. Eine andere Gefahr besteht in der Abhängigkeit von unserem Rohwerk-Lieferanten in der Schweiz. Aktuell gibt es dabei keinerlei Probleme, aber der Lieferant ist für uns freie Marken Monopolist; es gibt keine Alternativen. Das lässt sich nicht schnell verändern. Selbst wenn ich ein eigenes Werk hätte, wäre das keine Lösung, da man uns vorwerfen würde, nur einen Klon zu bauen und unseren Namen darauf zu schreiben. Hier hilft es nur, sich partnerschaftlich aufzustellen und diese derzeitige Abhängigkeit zu reduzieren.

Herzlichen Dank für das Gespräch!

Das Interview wurde am 21. Februar 2024 in Glashütte geführt.

Sabine Rademacher-Anschütz

Jahrgang 1966.
Seit 27 Jahren geschäftsführende Gesellschafterin in der apra-Firmengruppe.
2. Unternehmergeneration.

**Können Sie mir bitte einen kurzen, stichwortartigen Überblick
über Ihr Unternehmen und seine Entwicklung geben?**

Das Unternehmen wird in diesem Jahr 55 Jahre alt. Gegründet wurden wir
1969 von Wolfgang Appenzeller und Wilfried Rademacher, was auch die
Namensgebung der Firmengruppe erklärt. Unser Schwerpunkt liegt auf dem
Bau von Gehäuse- und Schranksystemen aus Metall und Kunststoff, gemäß
unserem Slogan aus den frühen 1970er-Jahren: »Die optimale Schale für wertvolle Elektronik.« Im Laufe der Zeit gründeten wir eine Reihe von Firmen. Die
Umfirmierung von der anfänglichen apra-gerätebau auf die apra-norm Elektro-
mechanik fand in den 1980er-Jahren statt. Neben der apra-norm gehören noch
vier weitere Firmen zu der Firmengruppe: Die apra-plast stellt Kunststoffge-
häuse und -teile mit verschiedenen Techniken her, von der Fräs-Biegetechnik
über den 3-D-Druck bis hin zum Tiefziehen. 1995 haben wir in Chemnitz die
apra-gerätebau gegründet. Im nächsten Monat weihen wir dort eine neue große
Halle von 4.900 qm feierlich ein, worauf wir sehr stolz sind. Die apra-norm SAS,
eine reine Vertriebs- und Montagefirma in Frankreich, und die apra-optinet in
Polen, wo wir neben Software Eigenprodukte aus dem Elektronikbereich herstellen, z. B. zur Überwachung von Rechenzentren und deren Klimatechnik,
sind die weiteren Mitglieder unserer Unternehmensgruppe.

In der apra-norm, die ich leite, beschäftigen wir ca. 250 Mitarbeiter, in der
gesamten Firmengruppe sind es ca. 420 Mitarbeiter. Hinter dieser Firmen-
struktur steckt grundsätzlich eine Spezialisierung nach Produkten und ihren
Fertigungstechnologien; wobei sich das teilweise auch organisch ergeben hat.

Das hört sich führungsmäßig nicht ganz einfach an.

Ja, das ist manchmal ein wenig schwierig. Aber ich finde es sehr spannend,
weil ich immer mit unterschiedlichen Materialien, Technologien, Menschen
und Themen zu tun habe. Wir können unseren Kunden mit dieser Aufstellung die optimalen Gehäuse und Racks für die jeweilige Anwendung liefern.
Konstruktion, Produktion, Montage und Lieferlogistik kommen aus einer
Hand und wir sind damit in der Lage, Synergien der verschiedenen Materialien Stahl, Aluminium, Edelstahl und Kunststoff und deren Fertigungstech-
niken zu nutzen.

Was waren die wichtigsten Stationen Ihrer Karriere?

Nach meinem Abitur absolvierte ich ein duales Studium an der Berufsakademie Mannheim im Fachbereich Betriebswirtschaft. Dieses Programm um-
fasste abwechselnd drei Monate Studium und drei Monate Arbeit in verschie-

denen Abteilungen des Unternehmens, insgesamt über einen Zeitraum von drei Jahren. Im Anschluss arbeitete ich insgesamt ein Jahr in einem Vertriebsbüro, neun Monate davon in Paris, drei in Birmingham. Zurück in Deutschland war ich in Mainz und Frankfurt für Siemens im Vertrieb tätig. Dann kam der Vorschlag meines Vaters: Er war von einem französischen Unternehmen angesprochen worden, das in den deutschen Markt einsteigen wollte. Mein Vater wurde gefragt, ob er den Vertrieb ihrer Produkte übernehmen wolle, da sie gut zu apra-norm passen würden. Mein Vater sagte: »Das sind französische Produkte, du kennst die französische Arbeitsmethodik und die Sprache, kannst du dir vorstellen, dies zu übernehmen?« Ich wollte eigentlich gar nicht, aber muss ganz ehrlich sagen, dass es schön war, wieder in die Eifel zurückzukommen, zumal mein Mann ohnehin hier noch verwurzelt war.

Sie haben die Entscheidung getroffen, aber die Frage Ihres Vaters traf Sie vermutlich nicht gänzlich überraschend. Ich habe häufig gehört, es sei eigentlich schon von Kindesbeinen an klar gewesen, dass das Kind die Nachfolge antritt. Was das auch bei Ihnen so?

Ja, ein bisschen schon, aber man darf nicht vergessen, dass ich das jüngste Kind der Familie bin. Bei meinem zwölf Jahre älteren Bruder war immer klar, dass er in die Firma einsteigen würde. Meine Schwester, die nur wenig älter ist als ich, zeigte aber am Anfang kein großes Interesse an der Firma – im Gegensatz zu mir. Ich fand die Arbeit dort spannend und war auch häufig bei Veranstaltungen im Unternehmen mit dabei. Aber ich muss sagen: Hochachtung für meinen Vater, dass er mir als junge Frau diese ambitionierte Aufgabe angeboten hat. Für mich war es spannend und herausfordernd zugleich, etwas aufzubauen, bei dem ich unabhängig von allen anderen arbeiten konnte. Das war eine hervorragende Gelegenheit, mir die eigenen Sporen zu verdienen und bei den anderen einen gewissen Respekt zu verschaffen. Mein Vater hatte dabei schon einen sehr weitsichtigen Blick, da er nicht wissen konnte, ob das Experiment erfolgreich sein würde, besonders weil es zu Beginn erhebliche Auseinandersetzungen mit der französischen Firma gab. Ohne einen internen Übersetzer und Problemlöser hätte er sicher die Firma nicht aufgebaut bzw. weitergeführt.

Warum war das so extrem?

Kennen Sie die französische Mentalität? Die Unternehmen sind viel hierarchischer strukturiert. Außerdem hatten wir anfangs auch viele Qualitätsprobleme. Aber mein Vater ließ mich und meinen Kollegen wirklich frei laufen. Diese lange Leine und seine damit verbundene Geduld habe ich sehr geschätzt.

Hat er viel hinterfragt?
Nein, gar nicht.

Haben Sie seinen Rat vermisst oder haben Sie sich den einholen können?
Ich konnte ihn einholen, manchmal erreichte er mich aber auch ungefragt mittels Hausmitteilungen. Das waren dann nicht unbedingt nur Empfehlungen, aber das gehört einfach dazu und man muss sich zu wehren wissen. Er mischte sich immer gerne ein und war bis zu seinem Tod Geschäftsführer in der apra-gerätebau in Neukirchen bei Chemnitz. Dort setzte er einige Dinge durch, die vielleicht nicht immer ideal waren, aber er wollte sich auch ein wenig profilieren und zeigen, dass er es noch konnte. Das verstehe ich. Manchmal wäre allerdings ein tieferes Verständnis nötig gewesen. Aber trotzdem: Hut ab, dass er das so gemacht hat.

Eine solche Chance hatte mein Bruder nicht. Er landete im Prinzip gleich in der Firma und fühlte sich dabei nicht immer ganz wohl. Meine Schwester kam später ins Unternehmen, zusammen mit ihrem Mann, der Elektrotechnik im Bereich Informationstechnologie studiert hat. Mein Vater sprach ihn 1995 wegen unserer IT an und machte ihnen ein gutes Angebot; so kamen die beiden mit ihrer Familie wieder in die Eifel zurück.

Wann sind Sie in Ihre jetzige Führungsposition im Unternehmen gekommen?
Im Jahr 2001 fand der Führungswechsel in die 2. Generation statt. Herr Appenzeller und meine Eltern sind zum selben Zeitpunkt aus der Geschäftsführung ausgeschieden, was vernünftig war. Wir haben neue Geschäftsführer definiert und so bin ich bei apra-norm in die Verantwortung gekommen, ebenso wie mein Bruder und mein Schwager.

Wollen Ihre Kinder Ihnen nachfolgen?
Unsere Tochter will das nicht. Unser Sohn sammelt erste Erfahrungen im Controlling und Management in einer anderen Firma. Die Chance, die ich hatte, wäre auch für ihn toll – ich war damals 25 Jahre alt. Für ihn als Mann ist das sicherlich eine andere Situation als für mich damals, zumal er viele Mitarbeiter durch seine Freizeitaktivitäten kennt.

Ist das heute immer noch so?
Ja, denke ich schon. Hier in unserer Region auf jeden Fall. Ich wurde früher immer für Interviews angefragt, weil ich eine Frau bin, was mich echt auf-

regte. Aber es ist schon ein Unterschied. Ich finde auch, dass man einer Frau ein bisschen mehr verzeiht.

Ganz durch ist das Thema Emanzipation noch nicht. Man soll eine Gesellschaft aber auch nicht überfordern. Und es fängt mit Mauern im eigenen Kopf an, wenn man z.B. daran zweifelt, ob man als Frau überhaupt in der Lage ist, ein Technologieunternehmen zu führen.

Ich kenne Frau Leibinger-Kammüller ganz gut, auch persönlich. Sie hat wenige Jahre nach mir die Geschäftsführung in ihrem Technologieunternehmen Trumpf übernommen und ist mittlerweile eine Vorzeige-Unternehmerin – und hat Philosophie studiert.

Man muss die Technologie zumindest einschätzen können, ein Gefühl dafür haben, was sie kann und was nicht.

Und ich muss sie vorantreiben können. Ich muss immer wieder neue Ideen haben, neugierig sein. Für mich ist Neugierde der wichtigste Punkt. Natürlich liebe ich es auch, in meiner Komfortzone zu sein, das gebe ich offen zu. Aber ich weiß, dass ich immer wieder etwas Neues kennenlernen und überlegen muss, wo wir neue Wege beschreiten können.

Haben Sie so etwas wie eine wirtschaftliche Grundüberzeugung, die Ihr Wirken bestimmt?

Wir sind ein Familienunternehmen, in dem sich traditionelle Werte und die Veränderungen der globalen Wirtschaftswelt miteinander verbinden. Und bei uns sollte man nicht nur im, sondern auch am Unternehmen arbeiten. Ich bin weiterhin davon überzeugt, dass Teamarbeit der Schlüssel zum Erfolg ist, aber jeder seinen eigenen Weg geht und ständig nach neuen technologischen und organisatorischen Ideen sucht. Doch bei uns stehen die Menschen im Vordergrund, was sich auch in unserem Leitsatz widerspiegelt: »Wir lieben die Herausforderung, Menschen mit unseren innovativen und maßgeschneiderten apra-Lösungen zu begeistern.« Man kann immer wieder Menschen begeistern, man kann sie führen, man muss mit ihnen zusammenleben und feststellen, wo deren Grenzen liegen, wo seine eigenen Grenzen sind, und dann sich und andere weiterentwickeln. Für mich persönlich sind Menschen von großer Bedeutung. Ich bin in einem hierarchischen System groß geworden, aber ich liebe es nicht, sondern möchte, dass wir uns gemeinsam weiterentwickeln.

Alle bisher von mir Befragten sagten, dass Menschen für sie sehr wichtig seien, aber ich habe den Eindruck, dass die Bedeutung für Frauen noch größer ist als für Männer, dass das Denken noch mehr von den Menschen ausgeht, die zusammengebracht werden müssen. Männer scheinen an dieser Stelle noch ein bisschen nüchterner zu sein.

Vielleicht sollte man sagen, ein bisschen sachlicher – was auf meinen Vater übrigens nicht unbedingt zutrifft. Er war ein sehr emotionaler Mensch und nicht immer sachlich unterwegs, meine Mutter schon eher. Sachlichkeit war dagegen eine Stärke von Herrn Appenzeller. Wenn ich eine nüchterne Betrachtung wollte, war ich bei ihm eher am richtigen Platz als bei meinen Eltern, bei denen Emotionen schon immer stark ausgeprägt waren.

Wenn man sich Leitungsgremien zusammenstellen könnte, müsste man immer jemanden dabei haben, der moderieren kann und der eine neutrale Position hält, der kritisch reflektiert. Wenn diese Person fehlt und man letztlich stark impulsgetrieben ist, kann man zwar sehr erfolgreich sein, aber das Risiko von Fehlentscheidungen ist sehr viel höher.

Dafür gibt es viele Beispiele. Deshalb ist mir das Team so wichtig. Ein Team muss aus verschiedenen Rollen bestehen, die durchaus auch einmal wechseln

können. Ich bin häufig die, die versucht, alles zu versachlichen, aber manchmal auch diejenige, die ein paar emotionale Impulse hineinbringt. Das kann ich (leider) auch gut.

Welche Fähigkeiten waren für Ihren Erfolg ausschlaggebend?

Sich nicht immer mit allem zufriedenzugeben, sondern sich immer wieder neu infrage zu stellen. Man kann nicht auf dem gleichen Level bleiben. Neugierde ist für mich das Wichtigste überhaupt. Diese Eigenschaft hilft mir auch, persönliche Rückschläge wie den Tod meiner Eltern und meines Bruders zu bewältigen.

Neugierige Menschen sind mit nichts zufrieden und wollen immer noch mehr wissen.

Ich strebe immer nach Verbesserung. Dabei geht es nicht immer darum, etwas komplett Neues zu schaffen, sondern jeden Prozess zu optimieren, was ich besonders spannend finde.

Können Sie eine wesentliche geschäftliche Entscheidung benennen, die Sie in Ihrer Karriere getroffen haben? Eine solche kenne ich ja schon, den Aufbau der apra-plast. Gab es später noch etwas Vergleichbares?

Ja, der Kauf dieser Firma. Wir waren früher in Daun-Boverath ansässig, konnten uns dort jedoch nicht mehr erweitern. Das Gelände hier in Mehren hatte eine Insolvenz hinter sich und stand leer. Mit dem Kauf sind wir von vormals 5.500 qm auf 13.000 qm gewechselt, haben uns also um das Doppelte vergrößert. Ein weiteres Beispiel wäre die Entwicklung bei apra-plast: Im Jahr 1999 haben wir uns baulich von 300 qm auf 1.500 qm vergrößert. Das war ebenfalls eine schwierige Entscheidung, und ich weiß, dass mein Vater damals von den Banken angesprochen worden ist, die meinten, er solle seine Tochter doch ein wenig zurückhalten, da sie ein bisschen größenwahnsinnig geworden sei.

Grundstücksentscheidungen sind häufig Generationenentscheidungen. Damit legt man etwas fest, auf dem lange aufgebaut werden kann. Gibt es eine signifikante Fehlentscheidung, die Sie getroffen haben, an die Sie sich erinnern können?

Es gibt immer Entscheidungen, die man hätte besser treffen können. Eine spezielle und zudem signifikante Fehlentscheidung kann ich Ihnen aber nicht nennen. Für mich ist es wichtiger, eine Entscheidung getroffen zu haben als keine. Natürlich kann man sich auch mal irren, aber damit müssen wir leben. Eine falsche Entscheidung kann man immer wieder korrigieren. Hauptsache, man hat eine Entscheidung getroffen.

Was macht für Sie das Spezifische des Mittelstands aus? Gibt es zentrale Unterschiede zu Großunternehmen?

Mittelstand bedeutet für mich kurze Entscheidungswege. Man kann sich viel schneller und flexibler an Veränderungen anpassen. Man hat eine besondere Nähe zu den Kunden, und das gilt auch auf der Lieferantenseite, wo es häufig langfristige Bindungen gibt. Und man ist natürlich viel näher am Mitarbeiter.

Ich bin mit der privaten Situation vieler meiner Mitarbeiter vertraut und kann deshalb häufig unterstützen. Man ist auch fest in der Region verankert, manchmal vielleicht sogar ein bisschen zu fest. Aber ich finde es wichtig, dass man sich für die Region einsetzt.

Ist diese regionale Verankerung in einem ländlichen Gebiet für Sie auf der personalwirtschaftlichen Seite eher ein Vorteil? Können Sie Mitarbeiter leichter gewinnen und besser binden?

Tesla, Gerolsteiner Brunnen, Stihl, Technisat sind nicht weit weg von hier. Tesla genießt einen sehr innovativen Ruf und wir merken schon, dass viele dorthin gehen wollen. Um qualifizierte Mitarbeiter zu gewinnen und zu binden, bieten wir aber verschiedene Programme an. Wir haben eine eigene Krankenversicherung und ein Job-Rad, wir machen schon seit zehn Jahren Kinowerbung für Auszubildende, wir sind in ganz vielen Auszubildendennetzen aktiv. Auch erhalten unsere Mitarbeiter bei erfolgreicher Empfehlung eine Prämie. Früher kamen die Leute, jetzt muss man sie suchen. Das ist manchmal schon schwierig.

Gibt es weitere Spezifika als mittelständisches Unternehmen?

Wir denken langfristiger. Konzerne haben die Gewinnmaximierung der nächsten zwei bis drei Jahre im Fokus. Danach kommt ein neuer Geschäftsführer und stellt alles infrage. Unsere Mitarbeiter können meiner Meinung nach viel perspektivischer und eigenverantwortlicher arbeiten. Natürlich haben wir Rahmenbedingungen für sie geschaffen, aber aufgrund ihrer Nähe zu uns können sie uns sagen, wenn ihnen etwas nicht gefällt. Was uns ein wenig fehlt, ist die Struktur, etwas zu bestimmten Terminen fertig zu haben. Gerade im finanzwirtschaftlichen Bereich zeigt sich das aktuell. In einem Konzern muss jedes noch so kleine Segment immer exakt zu einem bestimmten Termin seine Zahlen abliefern. Bei uns war es eher so: Zu dem oder dem Termin hätten wir das gerne, aber wir haben das dann nicht immer eingefordert. Wir sind da anders unterwegs. Ich verlasse mich stark auf mein Bauchgefühl und weiß immer genau, wo wir stehen, und die Zahlen entsprechen dann meistens meinen Erwartungen. Überraschungen erlebe ich dabei nur sehr selten. Gerade in der aktuellen Zeit sind die Zahlen jedoch extrem wichtig.

Die Frage nach Besonderheiten im Mittelstand richtete sich primär auf die Größe des Unternehmens, beim Thema Familienunternehmen geht es mehr um die Frage, wem das Unternehmen gehört. Macht das in Ihren Augen noch einmal einen deutlichen Unterschied?

Ja und nein. Das Thema des langfristigen Denkens hat eine noch größere Bedeutung. Es geht in einem Familienunternehmen immer besonders um langfristige Stabilität, auch, weil wir ein ausgeprägtes Traditionsbewusstsein haben. Ganz wichtig ist es aber daher auch, nicht nur im eigenen Saft zu schmoren. Deshalb haben wir einen Beirat, der uns eine andere Sicht auf die Dinge bietet. Wir sind verpflichtet, bestimmte Regularien zu erfüllen und Berichte zu erstellen, ähnlich wie es in einer Konzernstruktur üblich ist. In einem Familienunternehmen muss man sich selbst hinterfragen oder reflektieren. Durch unser System des Beirats erreichen wir, dass nachgehakt wird, ob man bestimmte Vorhaben wirklich umgesetzt hat und ob die Erwartungen erfüllt wurden. Mein Handlungsspielraum wird dadurch grundsätzlich nicht eingeschränkt, aber ich muss zumindest erklären können, warum ich eine andere Entscheidung getroffen habe – und das ist gut so. Dieses Zusammenspiel von Geschäftsführung und Beirat möchte ich nicht missen. Ursprünglich wurde der Beirat eingeführt, um Einfluss auf uns als damals neue

Geschäftsführung zu nehmen. Er bestand aus meinen Eltern, Herrn Appenzeller und zwei externen Mitgliedern mit unterschiedlichen fachlichen Schwerpunkten. Heute setzen wir ausschließlich auf externe Beiräte.

Beiräte können gut funktionieren, müssen es aber nicht.

Man muss sich eben auf einen Beirat einlassen und dort müssen Leute sitzen, die eine andere Perspektive besitzen und auch willens und in der Lage sind, diese zu äußern. Wenn der alte Unternehmer den Beirat dominiert, wird er die Kultur in diesem Organ so beeinflussen, dass eine kontroverse, offene Diskussion gar nicht möglich ist. Wenn man einen Beirat einrichtet, sollte der aufsichtsratsähnlich sein, mit einer starken externen Perspektive. Er sollte Know-how, das man selbst nicht hat, einbringen, und eine kritische Reflexion gewährleisten. Bei uns hat jedes Beiratsmitglied seinen eigenen inhaltlichen Schwerpunkt, und das halte ich für sehr positiv.

In Familienunternehmen sind Enkelfähigkeit und Staffelstab bekannte Begriffe. Wie wichtig sind sie für Sie?

Aktuell leider sehr. Wir haben gerade unseren Finanzgeschäftsführer durch einen frühen Tod verloren und können seinen Arbeitsbereich in der Geschäftsführung nicht vollumfänglich übernehmen. Es wäre jetzt also der beste Zeitpunkt, jemanden aus der Familie mit in die Leitung zu nehmen. Aber dafür muss sich noch einiges ändern, was nicht ganz so einfach ist.

Welche wichtigsten Erkenntnisse können Sie an die nächste Unternehmergeneration weitergeben?

Da fallen mir mehrere Punkte ein. Ganz grundsätzlich die Bereitschaft, mit Mut Veränderungen anzugehen. Oder auch, den Fokus auf Innovationen und neue Technologien zu legen und sich intensiv mit dem Thema Nachhaltigkeit, insbesondere auch robusten Lieferketten, zu beschäftigen. Besonders wichtig erscheint es mir, Verantwortung so zu übergeben, dass sie wirklich übernommen werden kann und niemanden vor große Probleme stellt. Das hängt sicherlich auch von den Nachfolgern ab – die einen können das, die anderen nicht. Eine Konzernstruktur können wir nicht bieten. Wir sind eher mittelständisch und europäisch unterwegs und streben nicht danach, Wachstum durch den Zukauf anderer Unternehmen zu erzielen. Unser Ziel ist ein langsames Wachstum, unter unseren Bedingungen. Dennoch sind wir kein kleines Unternehmen mehr, und insofern sollte man schon langsam an eine solche Verantwortung herangeführt werden.

Kommen wir zur letzten Frage: Wo sehen Sie die Zukunftschancen Ihres Unternehmens? Wo liegen die größten Herausforderungen?

Wir orientieren uns an den Anforderungen des Marktes und haben in unseren Geschäftsfeldern den Anspruch, zu den Besten zu gehören. Und den werden wir auch in der Zukunft einlösen. Herausforderungen gibt es genug, z. B. Inflation, demografischer Wandel und die Notwendigkeit der Digitalisierung. Unsere starke Softwareorientierung zeigt sich in der Vielzahl der Softwareprogramme, die im Einsatz und alle eng miteinander vernetzt sind.

Und müssen damit vermutlich auch sehr aufpassen, nicht gehackt werden.

Wir handhaben den IT-Bereich sehr restriktiv. Was erlaubt ist und was nicht, ist von großer Bedeutung. Unsere Verantwortlichen zeigen uns regelmäßig potenzielle Risiken auf, und wir unterziehen uns einmal im Jahr Tests, bei denen wir Fragen beantworten müssen. Die IT ist aber nur ein Teil des Themas Digitalisierung. Wir müssen auch mit den zahlreichen Neuerungen der modernen Industrie zurechtkommen. Dabei kommt es insbesondere darauf an, nicht den Faden zu verlieren.

Und eine Herausforderung macht uns besonders zu schaffen: der zunehmende Bürokratieaufwand. Wenn ich sehe, was wir z. B. im Lieferkettensorgfaltspflichtengesetz mittlerweile an zusätzlichen Leistungen erbringen müssen, werde ich schnell zornig. Diese Maßnahmen sind notwendig geworden, weil sich einige Unternehmen auf diesem Feld danebenbenommen haben.

Das hat etwas von Sippenhaftung.

Genau. Uns wird unterstellt, dass wir alle nur betrügen wollen, alle nur ausnutzen wollen. Ich habe ein Problem damit, wie der Unternehmer in der Öffentlichkeit präsentiert wird. Das ist manchmal unangenehm. Das sehe ich schon als Herausforderung.

Verändert sich das?

Ich finde, das ist schlimmer geworden.

Herzlichen Dank für das Gespräch.

Das Interview wurde am 7. Februar 2024 in Mehren geführt.

Dina Reit

Jahrgang 1992.
Seit vier Jahren im Unternehmen, Geschäftsführerin der SK Laser GmbH.
2. Unternehmergeneration.

Können Sie mir bitte einen kurzen, stichwortartigen Überblick über Ihr Unternehmen und seine Entwicklung geben?

Die SK Laser GmbH stellt Lasermaschinen für die Oberflächenbearbeitung her. Unsere Kunden stammen aus der Industrie und unsere Maschinen markieren Bauteile, z. B. mit einem QR-Code oder einer Seriennummer; sie schneiden Folien, sie tragen Lack oder Rost ab oder sie schweißen Kunststoff. Das Besondere bei uns ist, dass wir neben Standardmaschinen auch kundenspezifische Maschinen aufbauen. Die gesamte Prozesskette, von der Konstruktion über die Produktion bis hin zum Service, findet hier in Wiesbaden statt.

Mein Vater hat das Unternehmen im Jahr 2005 mit 48 Jahren gegründet und ist immer noch bei uns an Bord. Die ersten zwei Jahre der SK Laser habe ich mit damals 13 Jahren als sehr entbehrungsreich für uns als Familie in Erinnerung. Es war eine harte Zeit.

Weil Ihr Vater nie da war?

Nicht nur das. Es ist für uns als Familie eine starke Umstellung gewesen, weil plötzlich Geld eine ganz andere Rolle gespielt hat. Wir sind komplett eigenkapitalfinanziert, komplett organisch gewachsen. Es ist wirklich eine enorme Leistung meines Vaters, das Unternehmen so weit gebracht zu haben. Er hat nach der Gründung zunächst als Distributor für andere Laserfirmen gearbeitet, bevor die SK Laser die ersten Laser gebaut hat. In der Zeit wurden auch die ersten Standards festgelegt, wie eine Maschine aussehen soll und welche Features sie haben soll. Daraufhin wurde das Portfolio immer mehr erweitert. Wir bieten heute Faser-Laser, CO_2-Laser, UV-Laser und Grünlicht-Laser an und können damit fast alle Materialien bearbeiten.

Wie hat denn Ihr Vater als Betriebswirt die technische Komponente abgedeckt?

Er gründete SK Laser damals mit einem Bekannten aus Aachen, der dort Physik studiert hatte und Laser-Spezialist war. Es stellte sich aber ziemlich schnell heraus, dass ihm Unternehmertum nicht so viel bedeutete. Mein Vater stand daher schon früh alleine da und arbeitete deswegen am Anfang auch als Distributor, da seine Stärken im wirtschaftlichen Bereich lagen. Er musste schließlich Mitarbeiter hinzuziehen, die den technischen Teil beherrschten. Dies gelang ihm auch, sodass das Unternehmen 2007 die ersten Maschinen bauen konnte. Sein technisches Wissen ist jedoch unglaublich und man sieht, dass jahrelange Praxis einen weit bringen kann. Ich selbst habe mich im Jahr 2016 entschieden, ins Unternehmen zu kommen.

Wie stark war der Einfluss Ihres Vaters auf diese Entscheidung?

Während der Schulzeit wollte ich nicht ins Unternehmen gehen, weil ich erlebt habe, wie hart mein Vater gearbeitet hat, um das Unternehmen voranzubringen, und wie viele Stolpersteine es im Unternehmertum gibt. Die Themen Laser und Technik waren damals auch nicht gerade meine Herzblut-Themen, und ich hatte noch die Vorstellung, ich müsste für ein Thema komplett brennen, um darin zu arbeiten.

Nach dem Abitur begann ich – eigentlich ziemlich ziellos – mit einem Wirtschaftsstudium an der Goethe-Universität in Frankfurt. Da ich schon immer eine gewisse Leidenschaft für Kunst hegte und meinte, noch über unendliche freie Kapazität zu verfügen, schrieb ich mich nach dem zweiten Semester zusätzlich für ein Studium in Kunstgeschichte mit Nebenfach Philosophie ein. Ich habe also zwei Bachelor-Abschlüsse. Damals wollte ich Kuratorin werden, ins Museum gehen. Bei einem längeren Praktikum beim Kurator für zeitgenössische Kunst in einem großen Museum in Frankfurt stellte ich jedoch fest, dass dieser Weg nicht der richtige für mich war. Die Entscheidungen wurden – so habe ich das auf jeden Fall in Frankfurt erlebt – stärker von den Mäzenen mit dem Geld als von den Kuratoren mit dem Wissen getroffen, was mir gar nicht gefiel. Zudem merkte ich im Museum, dass meine romantische Vorstellung, dass man in einem Museum unendlich viel mit Kunst zu tun hat, nicht stimmt. Man hat mindestens genauso viel mit Bürokratie zu tun.

Daher habe ich mich hingesetzt und überlegt, was mir wirklich Spaß macht. Für mich ist das Wichtigste in einem Job, mit welchen Leuten ich zusammenarbeite und unter welchen Rahmenbedingungen ich tätig bin. So habe ich mich dazu entschieden, Unternehmerin zu werden – auch, weil ich es schon kannte. Mein Vater, mein Opa und ein Onkel sind Unternehmer, und auch eine Tante ist selbstständig. Dieses Konzept kannte ich am besten, und dort sah ich die Freiheit, die ich suchte. Ich erkannte, dass das Unternehmen meines Vaters doch eine Riesenchance für mich ist, auch wenn SK Laser jetzt noch nicht unendlich groß ist. SK Laser existierte damals bereits elf Jahre und hatte Kunden, ein Produkt, eine Organisation. Nach dieser Entscheidung absolvierte ich noch einen Master in Management und stieg 2019 ins Unternehmen ein.

Die Initiative ging also nicht von Ihrem Vater aus, sondern von Ihnen.

Mein Vater hat sich das zwar gewünscht, aber war so klug, mir keinen Druck zu machen. Als ich ihm meine Entscheidung mitteilte, war er überrascht und konnte es erst richtig glauben, als ich am Ende des Masters hier in der Tür stand. Für ihn war das richtig cool und ich selber glaube, es war richtig, weil die Entscheidung von mir kam.

Wie ist der Generationenwechsel dann im Detail erfolgt?

Derzeitiger Stand ist, dass mein Vater weiterhin zwanzig Stunden pro Woche im Unternehmen tätig ist. Ich bin Geschäftsführerin, genauso wie er Geschäftsführer, aber ich trage die Gesamtverantwortung. Bei meinem Einstieg hatte ich von nichts eine Ahnung und es gab zu Beginn auch keinen richtigen Plan für den Wechsel. Am Anfang saß ich mit in seinem Büro. Aber ihm nur zuzuhören, funktionierte nicht, weil ich dabei einfach nicht genug lernen konnte. Das setzte mich sehr unter Druck, weil ich unglaublich große Erwartungen an mich selbst hatte, alles genauso können zu müssen wie er. Auch heute kann ich das noch nicht, denn mein Vater hat jahrzehntelange Erfahrung, auch in der Führung. Ich musste erst lernen, dass es in Ordnung ist, meinen eigenen Weg zu finden, meine eigenen Sachen zu machen, und dass die Erfahrung mit der Zeit bei mir kommt.

Ein Manko war natürlich, dass ich den technischen Teil des Unternehmens gar nicht beherrschte. Daher habe ich eine Art Internship bei uns in der Firma gemacht und jede Position durchlaufen, d. h., ich habe wirklich unsere Platten gesägt, unsere Maschinen zusammengebaut und in der Buchhaltung gearbeitet. Das ist richtig hilfreich gewesen, hat mir ein gutes Verhältnis zu den Mitarbeitenden verschafft und viel Selbstbewusstsein gegeben.

Danach hatte mein Vater die Idee, dass ich in der Konstruktion arbeiten könnte, wo wir ohnehin eine Lücke füllen mussten. In der Konstruktion entstehen unsere Maschinen auf dem PC und liegen dann digital vor, sodass die technischen Pläne erstellt und die Maschinen anschließend gebaut werden können. Bei dieser Aufgabe lernt man sehr viel über die Technik. Ich habe elf Monate in der Konstruktion gearbeitet, externe und interne Schulungen gemacht, und kenne mich nun wirklich gut mit den Maschinen aus und kann auch die Kunden richtig beraten. Das hat mir viel gebracht und mir viel Sicherheit gegeben, besonders im Hinblick auf die Frage: »Kann man auch als Frau ein technisches Unternehmen geschäftsführend leiten?« Mein Vater hat das von Anfang an immer geglaubt, aber ich hatte unglaubliche Mauern im Kopf und musste zuerst das Vertrauen in mich selbst gewinnen. Dann bin ich 2020 Prokuristin geworden und schließlich 2022 Geschäftsführerin.

Stammte dieser Plan allein von Ihnen und Ihrem Vater?

Nein, wir haben uns beraten lassen. Die Beraterin begleitet uns nach wie vor. Alle sechs bis acht Wochen führt sie einen halbtägigen Workshop mit meinem Vater und mir durch. Anfangs haben wir Meilensteine aufgestellt, die den Zeitraum für den Nachfolgeprozess definieren. Anschließend haben wir besprochen, wie die Verantwortungsübergabe genau ablaufen soll und welche

Aufgabe ich dabei übernehme und so weiter und so fort. Das hat sehr geholfen und ich kann das anderen in vergleichbarer Situation nur empfehlen. Es hat den Druck für uns beide erheblich verringert.

Mein Vater soll 2025 komplett aus dem Unternehmen ausscheiden. Ich bin zuversichtlich, dass wir das schaffen werden, weil mein Vater und ich uns ziemlich ähnlich sind. Wir kommen sehr gut miteinander klar, und wir sprechen ziemlich viel über die Nachfolgethemen.

Wollen Sie etwas bewusst anders machen als Ihr Vater? Sind Sie frei das zu tun, was Sie wollen?

Als ich hier einstieg, dachte ich, vieles grundlegend anders machen zu müssen. Eines meiner großen Anliegen waren zum Beispiel die Messen. Ein Laser hat eine sehr lange Lebenszeit, zwanzig Jahre sind nicht untypisch, was bedeutet, dass wir immer auf der Suche nach Neukunden sind. Mein Vater hat das immer über Messen geschafft und auch immer meine Mutter mitgenommen; mein Mann ist aber nicht in unserem Unternehmen beschäftigt, das heißt, ich hätte die Messen immer nur ohne ihn besuchen können, und das wollte ich nicht. Während der Corona-Pandemie sind alle Messen ausgefallen, und ich habe peu à peu immer mehr auf den Onlinebereich gesetzt. Mittlerweile habe ich z. B. sehr viele Follower auf LinkedIn und gewinne darüber neue Kunden. Dadurch konnten wir die Zahl der Messen in diesem Jahr auf vier reduzieren und damit viele Kosten einsparen.

Es gibt schon einige Dinge, die ich ändern möchte. In der Gründergeneration ist es typisch, dass der Gründer alle Fäden in der Hand hält, also alle Prozesse überblickt, in alles involviert ist. Die zweite Generation bringt das Unternehmen dann häufig zum Wachsen. Deshalb versuche ich derzeit, bestimmte Positionen zu schaffen, die es vorher bei uns nicht gab, z. B. einen Vertrieb, einen Einkauf, eine Produktionsleitung. Eine so vergrößerte Organisation ist vor allem im Personalmanagement mit Risiken verbunden. Zurzeit gehen wir die ersten Schritte und mein Vater unterstützt diese Entwicklung, was manchmal einen Drahtseilakt für ihn bedeutet. Wir treffen Entscheidungen, die er allein so nicht treffen würde, aber ich fühle mich schon frei, die Dinge zu entscheiden.

Das ist ja ein bekanntes Klischee: Eine Generation gründet, die zweite macht das Unternehmen groß und die dritte fährt es gegen die Wand.

Ich hoffe, dass das mit der dritten Generation bei uns nicht so sein wird, aber ich will das Unternehmen jetzt erst einmal zum Wachsen bringen. Ein Zehntausend-Leute-Unternehmen ist aber nicht mein Ziel. Mir ist es vielmehr extrem wichtig, dass das Unternehmen weiter existiert, dass es rentabel bleibt, dass wir unsere Leute langfristig binden können.

Wo sehen Sie die größten Herausforderungen, das Unternehmen erfolgreich fortzuführen?

Einige der Herausforderungen sind dem Markt und der derzeitigen geopolitischen Lage geschuldet. Unser Business wird dadurch bestimmt, dass die Leute regional kaufen wollen, aber auch dadurch, dass wir technologisch immer führend sind. Wenn SK Laser nicht exzellente Technologie liefert, dann wird ein chinesischer Laser als Standard preislich einfach attraktiver sein und dadurch den Kunden überzeugen. Und natürlich beschäftigt uns auch der Fachkräftemangel.

In unserer Branche erleben wir zudem starke zyklische Schwankungen. Investitionsgüter werden eher bestellt, wenn es wirtschaftlich gut läuft. Wir erleben Phänomene wie Sommerlöcher oder den großen Run, wenn am Ende des Jahres noch Budgetmittel vorhanden sind und ausgeschöpft werden sollen. Daher gibt es Phasen, in denen es sehr stressig ist, und solche, in denen man etwas Ruhe hat. Das sind Dinge, mit denen man arbeiten können muss.

Speziell für mich liegt natürlich eine grundsätzliche Herausforderung in der Nachfolge und der Frage, ob ich es schaffe, alles weiterzuführen, was mein

Vater auf die Straße gebracht hat. Mein Vater verfügt über eine unglaubliche Erfahrung. Er ist jetzt 66 Jahre alt und ich merke, dass er manche Entscheidung trifft, bei der ich erst später merke, dass sie richtig war. Ich habe solche Situationen einfach noch nicht so oft erlebt wie er. Mein Wunsch war es, direkt nach dem Studium hier einzusteigen, weil ich die Zeit haben wollte, von meinem Vater zu lernen. Dennoch habe ich heute immer noch viel weniger Erfahrung und muss trotzdem wichtige Entscheidungen treffen. Ich versuche, das auszugleichen, indem ich ein Team um mich schare, das entscheidungsfähig ist; aber im Endeffekt liegt die endgültige Entscheidung trotzdem immer bei mir. Das ist einfach eine große Verantwortung.

Außerdem habe ich festgestellt, dass Geld verdienen gar nicht so einfach ist. Manchmal habe ich das Gefühl, dass gerade Menschen, die in Konzernen arbeiten, glauben, dass Geld einfach immer so da ist. Bei uns ist das anders. Ich erlebe Unternehmertum als »himmelhoch jauchzend, zu Tode betrübt« – und das an einem Tag. Mir sagt ein großer Kunde ab und ich denke, wir stehen vor dem Ruin; am nächsten Tag bekommen wir einen großen Auftrag und denken, uns gehört die Welt. Wir müssen immer dafür kämpfen, um am Markt zu bleiben und neue Kunden zu gewinnen, damit alles hier gut läuft.

Gibt es etwas, das Ihr unternehmerisches Handeln charakterisiert, es deutlich macht?

Ich glaube, wir entscheiden hier – relativ typisch für ein kleines Unternehmen – immer noch viel aus dem Bauch heraus, schlafen eine Nacht darüber und machen dann Nägel mit Köpfen. Das schafft viel Flexibilität, ist aber nicht ohne Risiko. Und was meinen Vater und mich verbindet: Wir sind Frontleute. Wir gehen nach vorne, sprechen den Kunden an und repräsentieren das Gesicht des Unternehmens nach außen. Den Weg gehen wir beide, und das funktioniert gut.

Besitzen Sie wirtschaftliche Grundüberzeugungen, die Ihr Wirken bestimmen?

Für mich ist das Team total wichtig, aber trotzdem muss ich manchmal Entscheidungen treffen, die das Team so nicht treffen würde. Manchmal sieht man selbst bestimmte Aspekte ein bisschen besser, weil man den vollen Überblick hat. Dennoch glaube ich, dass wir mit relativ wenig Hierarchie führen, wie mein Vater bereits zuvor auch schon.

Welche Fähigkeiten werden für Ihren unternehmerischen Erfolg vermutlich ausschlaggebend sein?

Meiner Ansicht nach liegen diese Eigenschaften in meinem Charakter begründet. Zunächst meine extrovertierte Art, durch die ich ganz schnell mit Menschen auf eine respektvolle, verbindliche Ebene kommen kann. Ich bin jemand, der Menschen begeistern kann, was sowohl extern als auch im Unternehmen sehr wichtig ist. Ich glaube, dass ich ziemlich gut zwischen Menschen

moderieren kann, und betrachte mich als Generalist. Das wird mir helfen, weil ich mich nicht in Kleinigkeiten verliere, wenn ich sehe, dass sich darum jemand anderes kümmert. Als Generalist werde ich immer das Gesamtkonstrukt zusammenhalten.

**Welche Erfahrungen konnten Sie schon sammeln und welche dabei
von Ihrem Vater übernehmen?**

Unendlich viele! Meine Lernkurve in den letzten Jahren war steil und ich habe
auch über mich selbst etwas gelernt und bin persönlich gewachsen. Unternehmertum ist schon heftig. Man ist manchmal auf sich selbst zurückgeworfen,
man muss mitunter viel Willensstärke aufbringen, um gewisse Dinge zu tun,
auf die man eigentlich keine Lust hat. Dann gibt es wieder Momente, in denen
alles super zu laufen scheint. Ein Bereich, in dem ich besonders viel gelernt
habe, ist die Personalführung. Eine wichtige Erkenntnis für mich war, dass es
nicht ausreicht, jemanden nur aufgrund seiner fachlichen Kompetenz einzustellen. Die zwischenmenschliche Passung im Team ist genauso entscheidend.
Wenn jemand nicht gut mit den anderen zusammenarbeitet, dann kann man
diese Person nicht dauerhaft im Unternehmen halten – das funktioniert einfach nicht.

Hat Sie das überrascht?

Man hat mir das schon einmal bei einem Praktikum bei einer Redaktion
gesagt, aber das wirklich zu erfahren, ist etwas anderes. Top-Personen einzustellen, die nicht ins Team passen, geht nicht. Auch die Werte spielen dabei
eine große Rolle. Für einige Mitarbeiter ist SK Laser das beste Unternehmen,
während andere hier überhaupt nicht hineinpassen, die Werte stimmen überhaupt nicht überein und die sträuben sich nur gegen alles. Dass daraus nichts
werden kann, ist schon eine ganz wichtige Erkenntnis.

Und ich habe viel über die Mauern gelernt, die ich vorhin schon angesprochen
habe. Die größten Mauern sind die im eigenen Kopf. Bei mir war das: Kann
ich überhaupt als Frau ein technisches Unternehmen führen? Ich habe aber
die Erfahrung gemacht, dass man die Mauern selbst einreißen kann. Letztes
Jahr habe ich am Maschinenbaugipfel des VDMA teilgenommen, besucht
von ca. 700 Leuten, und habe dort einen Vortrag gehalten. Auch der Bundes-
kanzler und der Vizekanzler haben dort geredet, und ich bin am selben Tag
auf derselben Bühne gestanden. Ich habe mich dazu entschieden, mir einen
knatsch-pinken Anzug anzuziehen, um besonders auffällig zu sein. Als ich
morgens dort angekommen bin, habe ich mich zunächst vollkommen verloren geführt. Glücklicherweise hat mich jemand angesprochen, den ich bereits
kannte, und das hat einen Schalter in mir umgelegt. Ich habe meine anfänglichen sozialen Ängste abgelegt. Wenn man diese Ängste und Hemmungen
nicht mehr hat, kann man spannende Leute kennenlernen, kann man sich mit
Menschen auf Augenhöhe unterhalten, und das kann einem nur nutzen.

Das ist ein schönes Beispiel für das Thema »Mauern«. Manchmal sind sie wirklich da, wurden sozial erlernt, aber häufig sind sie auch nur gedacht.

Die Mauer, als junge Frau in einem Maschinenbauunternehmen die Führung übernehmen zu können, ist in gewisser Weise auch eine gesellschaftliche Mauer. Im VDMA bin ich in der AG Laser die einzige Frau und im Industriebeirat in Wiesbaden ebenfalls die einzige, und das unter 16 Männern. Aber ich habe gemerkt, dass ich jeweils komplett akzeptiert bin. Die Mauer ist zwar gesellschaftlich gelernt, aber wenn die Leute direkt mit der Realität konfrontiert werden, erlebe ich das gar nicht mehr als ein Hindernis. Wenn man eine gewisse Hemmschwelle überschritten hat, dann läuft es. Das braucht jedoch Zeit.

Was macht für Sie das Spezifische im Mittelstand aus? Welche zentralen Unterschiede bestehen zu Großunternehmen? Besitzen Sie mehr Freiheitsgrade für Ihr Handeln?

Auf jeden Fall! Die Freiheitsgrade sind ganz andere. Ich kann nur über den Mittelstand erzählen, den ich erlebe, das heißt den Bereich der KMU, und da gibt es definitiv viel mehr Freiheitsgrade auf unterschiedlichen Ebenen. Zum einen gibt es die Freiheit des Unternehmens, sich zu entwickeln. Das geht viel schneller, wenn man so klein ist. Man hat auch viel leichter die Möglichkeit, sich anders auszurichten. Als Entscheider habe ich natürlich auch ganz andere Freiheiten, aber Ähnliches gilt für unsere Mitarbeiter. Wenn ich bedenke, was mein Mann in einem Konzern machen durfte, ist das hier eine ganz andere Nummer. Man kann selbst Entscheidungen treffen, weil man für seine Aufgaben selbst verantwortlich ist. Hier gibt es keinen Chef, der sich jeden Tag hinter einen setzt und sagt, was man zu machen hat. Das ist schon ein großer Freiheitsgrad.

Die Politik ist auch eine ganz andere als in einem großen Konzern, wo Bündnisse gebaut werden nach dem Motto: »Wenn du auf dessen Seite bist, dann kann ich nicht mit dir befreundet sein, und wenn du mir jetzt hilfst, dann helfe ich dir später auf deiner Karriereleiter auch.« So etwas gibt es hier natürlich nicht. In einem Konzern sind manchmal zehn Teams-Calls nötig, um ein Projekt zu einem bestimmten Punkt zu bringen, bevor es überhaupt vorankommt, weil es hauptsächlich darum geht, alle kommunikativ an Bord zu holen. Hier setzen wir uns kurz zusammen, ich rede mit meinen Mitarbeitern und schon ist die Entscheidung getroffen. Das ist nicht miteinander zu vergleichen.

Ich glaube auch, dass Werte in kleinen mittelständischen Unternehmen viel stärker und viel wichtiger sind als in einem Konzern. Auch besitzen die Menschen, die hier arbeiten, einen sehr ähnlichen Wertekanon. Je länger ich im Unternehmen bin, desto mehr erkenne ich die Bedeutung der Werte. Früher waren Werte für mich ein Begriff, mit dem ich gar nichts anfangen konnte. Heute erlebe ich täglich, wie wichtig und präsent Werte sind. In dieser Woche hatten wir eine Situation, in der eine bestimmte Maschine fertiggestellt werden musste. Ich habe mit den Leuten geredet und behauptet: »Wir schaffen das.« Die Antwort meiner Mitarbeiter war dann aber: »Nein Dina, wir schaffen es einfach nicht. Sorry, das klappt nicht.« In diesem Moment wurde mir klar, dass es nicht darum ging: »Die Chefin kommt, um zu kontrollieren, und jetzt haben wir es nicht geschafft.« Die Aussage war vielmehr: »Mist, wir wollten es wirklich schaffen, aber es ging einfach nicht.« Und das finde ich richtig gut.

Welche Besonderheiten resultieren daraus, ein Familienunternehmen zu sein?

Familienunternehmen bedeutet bei uns z. B., dass ich meinen Vater dreimal in der Woche im Unternehmen sehe, meine Mutter zweimal. Besonders genossen habe ich es, mit meinem Vater fünf Tage die Woche zusammenzuarbeiten, und bin ein wenig traurig darüber, dass wir jetzt weniger Zeit miteinander verbringen. Ich habe ihn sehr gerne hier; das schweißt uns auf einer anderen Ebene zusammen. Wir haben uns immer schon gut verstanden, aber die Nähe, die uns die Zusammenarbeit gebracht hat, mit diesen Tälern und absoluten Höhen, will ich nicht missen. Es ist toll, dass ich so etwas mit meinem Vater erleben kann.

Schränkt es Sie ein, dass er noch da ist und auch noch etwas zu sagen hat?

Nein, ich schätze seine Anwesenheit hier sehr. Ich kann mich total auf ihn verlassen. Für mich bedeutet ein Familienunternehmen auch, dass es einen kleinen Kreis von Leuten gibt, die abends noch zusammensitzen und über das Unternehmen reden können.

Letzte Frage: Wo sehen Sie die Zukunftschancen Ihres Unternehmens, wo die größten Herausforderungen?

Unsere größten Herausforderungen sind das Projektgeschäft, der Fachkräftemangel, die technische Exzellenz und leider auch der Wirtschaftsstandort Deutschland. Obwohl ich den Wirtschaftsstandort Deutschland schätze und unendlich glücklich bin, hier zu leben – was viele Vorteile hat –, mache ich mir Sorgen darüber, wo es hingeht, ob wir uns in Zukunft gute Leute noch leisten können und ob wir überhaupt noch gute Leute finden. Das sind Gedanken, die mich umtreiben.

Die größten Zukunftschancen des Unternehmens resultieren daraus, dass der Lasermarkt ungebrochen weiterwächst. Die Laser haben ein großes Potenzial, da sie herkömmliche Werkzeuge wie Messer zunehmend ersetzen können, z. B. für das Schneiden von Folien. Messer sind ein sich abnutzendes Werkzeug, deshalb wird zunehmend der Laser eingesetzt. Die Technologie bietet immer noch ganz große Wachstumsmöglichkeiten.

Wir haben kürzlich einen Workshop zu den Stärken und Schwächen von SK Laser und unserer zukünftigen Ausrichtung durchgeführt. Als wesentliche Stärke des Unternehmens wurde der Teamgeist hervorgehoben. Ich glaube, sich als Team zu sehen, ist ganz wichtig. Wenn die Zusammenarbeit im Team und die Arbeitszufriedenheit hoch sind, bringt das viele PS auf die Straße. Dies wird in Zukunft einen großen Beitrag zum Erfolg unseres Unternehmens leisten.

Vielen Dank für das Gespräch!
Das Interview wurde am 21. Juli 2023 in Wiesbaden geführt.

Dr. Mascha Sorg

Jahrgang 1976.
Seit 2008 in der Geschäftsleitung der Sorg Gruppe.
3. Unternehmergeneration.

Können Sie mir bitte einen kurzen, stichwortartigen Überblick über Ihr Unternehmen und seine Entwicklung geben?

Das Unternehmen wurde 1928 durch meinen Großvater gegründet, der – damals noch an einem anderen Standort – anfing, Motorräder zu verkaufen. Später hat er Hanomag dazugenommen. Seit den 1950er-Jahren sind wir Ford-Händler. Das Unternehmen hat sich im Laufe der Zeit örtlich verändert und ist gewachsen. Seit den 1970er-Jahren sind mein Vater und mein Onkel im Unternehmen tätig. In den 1990er-Jahren sind die Marken Jaguar und Land Rover dazugekommen. Im Jahr 2021 haben wir die Entscheidung getroffen, mit MG Motor eine weitere, chinesische Marke an Bord zu nehmen. Neben unserem Hauptsitz hier in Fulda betreiben wir vier weitere Filialen im Umkreis von 75 km und zählen zu den führenden Ford-Händlern Deutschlands. Insgesamt beschäftigt unsere Gruppe rund 180 Mitarbeiter an allen Standorten. Mein Vater und mein Onkel haben übrigens – wie auch ich – in Nürnberg studiert. Beide sind bis heute in der Firma involviert.

Und noch aktiv?

Ja, beide sind weiterhin in aktiven Funktionen tätig. Traditionell war die Aufgabenverteilung im Unternehmen so, dass mein Vater den Verkauf verantwortete und mein Onkel den Bereich Lager und Werkstatt führte. Zudem hatte mein Vater die komplette Verantwortung für die Marken Jaguar und Land Rover. Schrittweise haben wir in den letzten Jahren die Führungsbereiche meines Vaters an mich übertragen. Er ist aber weiterhin täglich an seinem Schreibtisch im Haus anzutreffen. Seine großen Stärken sind Marketing und Vertrieb – er ist auch ein grandioser Netzwerker. Unter anderem hat er in seiner Funktion als ehemaliger IHK-Präsident in Fulda über 14 Jahre hinweg viele Kontakte aufgebaut, von denen wir auch heute noch profitieren. Er bleibt eine zentrale Figur im Unternehmen, auch wenn viele Themen, die er vormals gemanaged hat, mittlerweile über meinen Tisch laufen.

Die Verantwortung für unsere vier Filialen liegt zum Teil bei meinem Onkel, zum Teil bei meinem Vater und mir. Früher hatten wir sogar noch mehr Filialen, mussten aber einige aus betriebswirtschaftlichen Gründen schließen.

Ist das eine Folge der generellen Konzentration im Fahrzeughandel?

Das würde ich so nicht sagen. Gerade in kleinen Unternehmen hängt der Erfolg immer auch von der Person ab, die das Geschäft führt. Finden Sie jemanden, der einen kleinen Laden so führt, als wäre es seiner? Das ist der eigentliche Schlüssel zum Erfolg. Wenn Sie jemanden haben, der sagt: »Das ist mein Laden!«, dann funktioniert es. Wenn diese Einstellung fehlt, klappt es nicht. Wir können das aus der Ferne nicht leisten und können den eigenständig geführten Betrieben nichts überstülpen, was vor Ort nicht gewollt wird. Meine Erfahrung zeigt, dass dies nicht funktioniert. Das ist übrigens etwas, was mein Vater anders sieht – er ist da eher autoritär unterwegs.

Hat er denn die Erfahrung, dass das immer so funktioniert?

Ich glaube schon. Aber die Zeiten sind natürlich anders – sowohl in Bezug auf Führung als auch auf die Mitarbeiter. Ich bin viel harmoniebedürftiger, aber auch oft konsequenter, wenn es mit einem Mitarbeiter nicht funktioniert. Es gefällt mir, die Leute eng um mich herum zu haben. Die Präsenz im Unternehmen halte ich für essenziell. Natürlich gibt es Tage, an denen ich nicht da bin oder früher gehe, aber die tägliche Präsenz ist mir sehr wichtig. Man spürt einfach, wenn etwas nicht stimmt, fast wie ein körperliches Gefühl, das schon beim Betreten des Gebäudes einsetzt. Das ist eine ganz andere Art damit umzugehen. Gerade im Thema Führung haben wir doch deutliche Unterschiede.

Das scheint der Standard zu sein. Das habe ich jetzt schon häufig gehört.

Die Zeiten haben sich geändert. Es ist nicht mehr so, dass Sie einen Job haben, dafür jemanden suchen und den besten von denen aussuchen, die dafür Schlange stehen. Heute geht es darum, talentierte Menschen zu finden, mit denen Sie etwas anfangen können, und dann passende Positionen für sie zu schaffen. Das ist etwas, was auch mein Vater verstanden hat. Dass wir immer wieder Hilfestellung im privaten Umfeld leisten, war auch für ihn schon selbstverständlich. Unser hervorragendes Netzwerk in Fulda ist dabei natürlich sehr hilfreich, sei es bei Arztterminen, Kontakten zu anderen Unternehmen etc.

Warum haben Sie sich entschieden, Ihr Familienunternehmen fortzuführen? Wie stark war der Einfluss Ihres Vaters auf diese Entscheidung?

Interessanterweise war der Einfluss meines Vaters auf diese Entscheidung nicht direkt, sondern eher indirekt. Schon immer fühlte ich mich verantwortlich für das Unternehmen und machte mir Gedanken über dessen Zukunft. Das Unternehmen war stets sehr präsent und die ganze Familie war darin einbezogen. Auch gab es hohe Schnittmengen zwischen Freundschaften, Kunden und Kontakten – in einer Stadt wie Fulda vermischt sich das alles. Insofern war ich schon mein ganzes Leben in unserem Unternehmen involviert – mal mehr, mal weniger. Als ich meine Promotion abschloss, war mein Vater 65, und die Nachfolgefrage stellte sich natürlich. Für mich war klar, dass ich in diese Entscheidungen in irgendeiner Weise einbezogen werden würde, unabhängig davon, wie sie ausfielen. Daher hielt ich es für sinnvoll, das Unternehmen wirklich gut zu kennen.

Der Einfluss meines Vaters war also durchaus vorhanden, weil wir immer ein sehr enges Band hatten. Aber er hat nie gesagt, dass ich kommen sollte, weil er mich brauchte. Vielmehr spürte ich, dass ich da gebraucht werde. Umgekehrt hatte mein Vater wohl ebenfalls das Gefühl, dass ich ihn brauchte. Eine solche Konstellation kann natürlich auch kontraproduktiv sein, nämlich in dem Fall, wenn alle Dinge vermeintlich füreinander tun, die vielleicht gar nicht notwendig gewesen wären.

Und er ist heute froh, dass Sie hier sind?
Auf jeden Fall. Und das Wichtigste: Ich bin froh, dass ich hier bin. Das Unternehmen, die Stadt und meine Familie sind ein großer Teil meiner Identität.

Wie haben Sie sich auf die Übernahme der Verantwortung vorbereitet? Die Industrie- und Handelskammern haben lange Listen, in denen steht, was man so alles machen soll.
Wie ich mich darauf vorbereitet habe? Gar nicht! Ich bezog einfach das Büro. Mir wurde relativ früh Verantwortung übertragen, und ich kam schnell in die Geschäftsführung. Interessanterweise führte die Übernahme des eigentlichen Geschäftsführerpostens dazu, dass ich noch mehr Aufgaben übernahm und mich viel stärker verantwortlich fühlte. Mein Start in der Firma war also eigentlich reines Learning by Doing. Ich bin rein und los. Parallel habe ich eine geraume Zeit Lehrveranstaltungen an der hiesigen Fachhochschule abgehalten, was mir großen Spaß bereitet hat. Ich glaube, die Lehre wäre auch etwas für mich gewesen.

Wie viele Jahre haben Sie das gemacht?
Drei bis vier Jahre lang lief beides parallel. Diese Abwechslung war sehr bereichernd für mich. Immer dann, wenn es mir im Unternehmen nicht gefiel, hatte ich an der Fachhochschule eine gute Zeit, und wenn es dort nicht so gut war, bin ich gerne ins Unternehmen gegangen. Aber spätestens, als das Thema Kinder dazu kam, wurde es unmöglich, beides weiterzuführen. Im Grunde ist meine Überzeugung: Alles kommt, wie es kommen soll. Wege öffnen sich, andere verschließen sich. Darüber muss man auch nicht gram sein. Das ist einfach so.

Haben Sie Fähigkeiten vermisst, die Sie sich besser vorher hätten erarbeiten sollen?

Ich glaube, viele Themen kann man sich gar nicht vorher erarbeiten. Mein Job besteht überwiegend aus Führung, und Führung können Sie nur durch praktisches Tun lernen. Das Führen und das Gespür für die Menschen, all das, was ich vom ersten Tag an gebraucht hätte, ist Erfahrungswissen, menschen-

bezogen und weich. Wenn Sie mich jetzt fragten, was ich wirklich kann und auch hier einsetze, ist es genau das. Dafür hätte ich wahrscheinlich nicht studieren müssen.

Dass es für Sie nur das Weiche ist, liegt vielleicht auch daran, dass Sie das Harte beherrschen und es für Sie keinen Engpass bedeutet.

Man muss sich stets selbst beweisen und wird ständig auf die Probe gestellt. Es wird geschaut: »Hat die es eigentlich drauf?« Natürlich müssen Sie da auch etwas vorweisen können, ganz klar. Die Anerkennung der Mitarbeiter muss man sich durch Leistung und Wissen erarbeiten.

Wahrscheinlich hätte das mit 18 oder 20 gar nicht funktioniert, weil Sie damals noch nicht über das nötige Selbstbewusstsein und die Breite an Erfahrungen verfügt hätten und von Ihrem Vater nicht im selben Maße akzeptiert worden wären. Analytisch kann man das nicht beantworten. Nächste Frage: Wie ist der Generationswechsel genau verlaufen?
Aus den Verantwortungsbereichen meines Onkels halte ich mich heraus; das ist die traditionelle Aufgabenteilung, die bisher so beibehalten wird. Bei meinem Vater habe ich immer mehr Bereiche komplett übernommen.

Hat sich das im Prozess so ergeben?
Allein durch die Übergabe der Verantwortung für bestimmte Bereiche. Mein Vater ist noch im Bereich Ford-Verkauf tätig. Die anderen Marken sowie unsere Filialen liegen schon seit Jahren auf meinem Tisch. Außerdem kümmere ich mich um Themen wie Struktur, Personal, EDV – also alles, was ein bisschen breiter aufgestellt ist. Sukzessive gehen weitere Themen auf meinen Tisch über.

Gibt es einen Plan dafür, wie lange er noch in der Firma bleiben will?
Nein. Das hängt auch davon ab, wie lange er das noch möchte. Das Loslassen fällt ihm sicherlich nicht leicht, und das verstehe ich nach so langer Zeit. Auf der anderen Seite bin ich sehr froh und sehr dankbar, dass er so lange so gut seine Bereiche geführt hat und weiterhin führt. Das hat mich sehr entlastet.

Ein Beispiel dafür ist, dass mein Vater mich sehr unterstützt hat, als meine Tochter schwer krank war und ich deswegen häufig nicht im Unternehmen sein konnte. Es war für mich entscheidend, zu wissen, dass immer jemand da war, der meine Aufgaben in meinem Sinne wahrnahm und auf den sich unsere Mitarbeiter verlassen konnten. Das verschafft enorme Freiheitsgrade. In nächster Zeit werden wir aber sicherlich das Gespräch führen, welche weiteren Bereiche übergeben werden sollen.

Spannend. Wie lange muss man warten, bis so etwas passiert?
Meine nächste Frage hängt thematisch damit zusammen: Wie frei fühlen Sie sich, den weiteren Weg des Unternehmens zu bestimmen?
Ich fühle mich nicht frei, aber das liegt weniger am Verhältnis zu meinem Vater, da wir beide eigentlich sehr ähnlich ticken. In einem Familienunter-

nehmen, in dem die dritte Generation nun in die Entscheidungen involviert ist, wird die Gesellschafterstruktur natürlich ebenfalls immer breiter und es gibt natürlich immer mehr Stimmen, die bei Entscheidungen berücksichtigt werden müssen. Idealerweise muss man einen Konsens finden, um die wichtigen Entscheidungen gemeinsam zu treffen. Das ist nicht immer einfach.

Wo sehen Sie die größten Herausforderungen, das Unternehmen erfolgreich fortzuführen?

Die größten Herausforderungen liegen meiner Meinung nach im Moment auf der Seite der Branche. Es herrscht erhebliche Unsicherheit darüber, wie sich die Branche weiterentwickeln wird. Ein ähnlicher Block an Herausforderungen resultiert aus dem Thema Mitarbeiter. Wie kann ich die Leute an das Unternehmen binden? Wie finde ich Mitarbeiter, die mit mir gemeinsam voranschreiten möchten und bereit sind, viel Zeit und Engagement in unsere gemeinsame Arbeit zu investieren?

Haben Sie derzeit stark mit Rekrutierungsthemen zu tun? Wie sind Sie vom Fachkräftemangel betroffen?

Aktuell zum Glück nicht. Allerdings gibt es zwei Bereiche, in denen es besonders schwierig ist, geeignete Mitarbeiter zu rekrutieren. Das betrifft zum einen den Verkauf und zum anderen die Mechaniker. Im kaufmännischen Bereich ist es weniger problematisch. Deshalb überlege ich im Moment, wie wir mehr Leute aus dem kaufmännischen Bereich für den Verkauf begeistern können. Bei den Mechatronikern ist das natürlich deutlich schwieriger, da sie sehr speziell ausgebildet sind. Wir haben zwar einige gute externe Fachkräfte gewinnen können, aber dieses Thema bleibt eine konstante Herausforderung.

Gibt es etwas, was Ihr unternehmerisches Handeln charakterisiert bzw. dieses deutlich macht?

Ich habe vorhin schon einmal angesprochen, dass ich ein feines Gespür für Stimmungen und Schwingungen habe. Das ist meiner Meinung nach eine meiner Stärken, mit der ich gut umgehen kann. Ansonsten versuche ich, Leute an Bord zu holen, mit denen ich vorwärtsgehen kann, und denen ich auch Verantwortung übertragen kann. Ich glaube, auch das gelingt mir ganz gut.

Haben Sie bestimmte Grundüberzeugungen, die Ihr Wirken bestimmen?

Das könnte ich jetzt so nicht sagen. Ich bin ein eher vorsichtiger Mensch. Gelegentlich probiere ich zwar neue Dinge aus, aber dann muss ich das Risiko überschauen können. Generell würde ich mich eher als risikoavers bezeichnen.

Welche Fähigkeiten werden für Ihren weiteren unternehmerischen Erfolg vermutlich ausschlaggebend sein?

Wie schon erwähnt: Die richtigen Menschen zu finden, zu halten und an den richtigen Stellen einzusetzen.

Auch angesichts der Veränderungen, dem Übergang zu Agenturmodellen? Der Handelsaspekt wird dann ja eher wichtiger.

Ja, das könnte so sein. Auf der anderen Seite wird dem Handel aber auch viel Spielraum genommen. In einem Agenturmodell können wir für den Kunden nicht mehr so viel regeln und haben ihm gegenüber keinen Preisspielraum mehr. Deshalb wird es wichtiger, wie wir den Kunden bedienen. Mit den richtigen Mitarbeitern sind wir jedoch sehr gut darin, dies auf eine persönliche und effektive Weise zu tun.

Sie sind nun schon viele Jahre in Ihrer Funktion. Welche Erfahrungen konnten Sie sammeln, was hat Sie am meisten überrascht, welche wichtigsten Erkenntnisse können Sie von Ihrem Vater übernehmen?

Erfahrungen konnte ich mannigfaltig sammeln. Mein Vater ist jemand, der sehr verbindend und verbindlich zugleich ist. Er bedenkt immer, welche Auswirkungen sein Handeln auf andere hat und schaut über den Tellerrand hin-

Mascha Sorg zusammen mit ihrem Vater Helmut Sorg

aus. Das ist sicherlich auch etwas, was ich von ihm gelernt habe. Zudem nimmt er sich persönlich Zeit für viele, hört zu, versucht, Probleme zu lösen – darin ist er sehr gut. Für jedes Problem gibt es eine Lösung – das ist seine Maxime.

Kann man das lernen?

Problemlösen im Unternehmen vielleicht weniger, aber Problemlösen für den Kunden ist erlernbar. Man kann lernen, wie man jemanden abholt, wie man Argumente vielleicht ein bisschen entkräftet, andere Argumente darlegt. Das sind meines Erachtens Dinge, die man lernen und bei denen man viel Erfahrung aufbauen kann und die alle menschengetrieben sind.

Was macht für Sie das Spezifische im Mittelstand aus? Welche zentralen Unterschiede bestehen zu Großunternehmen? Besitzen Sie mehr Freiheitsgrade für Ihr Handeln?

Sicherlich das Persönliche, das Unmittelbare, die Direktheit in der Umsetzung, die Schnelligkeit der Entscheidungen. Ebenso aber auch die Langfristigkeit unserer Entscheidungen: Wir können auch ein paar schlechte Jahre gut überstehen, wenn wir davon überzeugt sind, dass die strategischen Entscheidungen die richtigen sind. Gerade die Langfristigkeit des Handelns und der Prozess der Entscheidungsfindung unterscheiden uns von Großunternehmen. Und nicht zuletzt unsere Nähe zu den Mitarbeitern.

Gibt es Besonderheiten daraus, dass Sie ein Familienunternehmen sind? Schafft das mehr Freiheitsgrade oder werden Sie eher eingeschränkt?

Familienunternehmen geben auf der einen Seite einen Rahmen, das Wertegerüst und die Stabilität, wenn die Nachfolge klar ist. Aber ein Familienunternehmen kann auf der anderen Seite auch behindernd sein.

Warum?

Konflikte sind in Unternehmen generell schwierig, speziell auf der Führungsebene. Wenn sowohl familiäre als auch emotionale Themen hinzukommen, macht das die Situation nicht unbedingt einfacher, insbesondere wenn viele Gesellschafter an einem Tisch sitzen. Das sieht und liest man ja auch allenthalben in der Presse. Die Beziehung zu meinem Vater war aber trotzdem immer sehr gut und wir hatten wirklich kaum Konflikte miteinander. Wir ticken sehr ähnlich und verstehen uns sehr gut, vielleicht auch aufgrund der Vater-Tochter-Konstellation. Ich weiß nicht, wie das mit einem Sohn gewesen wäre – ich bin auf jeden Fall in der Lage, ihm den Raum zu geben, den er braucht. Und umgekehrt genauso.

Zusammengefasst lässt sich sagen: Ein Familienunternehmen kann auf der einen Seite Freiheitsgrade schaffen, aber auf der anderen Seite kann es echt anstrengend sein. Das ist einfach so.

Und noch eine Frage zum Schluss: Wo sehen Sie die Zukunftschancen Ihres Unternehmens?

Eine Chance liegt in Nischen: Wir brauchen Leute, die sich für die speziellen Themen begeistern. Ein Beispiel ist unser Mitarbeiter, der sich tief in das Camping-Thema hineingedacht hat. Camping kann man nicht nebenbei machen. Ohne ihn wäre ein Agieren in diesem Bereich kaum denkbar. Mit ihm zusammen etwas darum herum aufzubauen, ist aber eine große Chance. Man muss die Augen offenhalten, um interessante Marktchancen zu identifizieren, und versuchen, die Leute zu begeistern.

Und wir haben noch eine weitere große Chance: Individuelle Mobilität ist für die Leute in unserem Umfeld überaus wichtig. Die Ansprüche, die an die Mobilität gestellt werden, sind sehr hoch und steigen weiter. Als ich in Frankfurt gewohnt habe, habe ich mein Auto wochenlang nicht bewegt, weil der Anschluss an den ÖPNV so gut war, dass ich fast alle Wege sehr schnell und einfach erledigen konnte. Im ländlichen Umfeld wird die individuelle Mobilität meines Erachtens weiterhin sehr wichtig bleiben – solange sie nicht durch Regulierungen eingeschränkt wird, was auch passieren kann. Insofern glaube ich, dass wir in Fulda, im eher ländlichen Bereich, in jedem Fall weiterhin Chancen haben, in dem Segment Autohandel zu bestehen, weil die Menschen nach wie vor Autos brauchen werden. Kürzlich hatten wir eine Diskussion über autonomes Fahren. Bis wir jedoch dahin kommen, dass wirklich innerhalb von fünf Minuten ein Auto vor der Tür steht, das mich abholt, und das bezahlbar ist, wird es noch sehr lange dauern.

Herzlichen Dank für das Gespräch!

Das Interview wurde am 7. Oktober 2023 in Fulda geführt.

Susanne Szczesny-Oßing

Jahrgang 1964.
Seit 2005 in der Geschäftsleitung der EWM-Gruppe.
3. Unternehmergeneration.

Können Sie mir bitte einen kurzen, stichwortartigen Überblick über Ihr Unternehmen und seine Entwicklung geben?

Unser Unternehmen wurde 1957 von meinem Großvater Edmund Szczesny als EWM gegründet – Elektrowerk Mündersbach. Diese Namenswahl war eine Hommage an den Kurort Mündersbach und an den Gemeinderat, der die Gründung aktiv unterstützte. Anfangs spezialisierte sich mein Großvater auf den Bau von Selen-Gleichrichtern, technischen Komponenten für den deutschen Maschinenbau, woraus sich alles entwickelte. Im Jahr 1984 startete ich meine eigene berufliche Laufbahn im Unternehmen. Zu diesem Zeitpunkt wurde EWM von den beiden Söhnen meines Großvaters geleitet, von meinem Vater Bernd Szczesny und seinem jüngeren Bruder, meinem Onkel Michael Szczesny. Meine Mutter Angelika Szczesny-Kluge trat 1965 der Elektrowerk Mündersbach GmbH bei; sie verantwortete Personal und Finanzen. Mein Vater übernahm 1971, vierzehn Jahre nach der Gründung, die Geschäftsleitung und erhielt 1980 zusätzliche familiäre Unterstützung von seinem Bruder Michael, was die Entwicklung des Unternehmens weiter vorantrieb. Da mein Großvater seine Wurzeln in der Schweißtechnik hatte, kamen die meisten unserer Kunden ebenfalls aus diesem Bereich. Auch der Schwerpunkt unserer Produktentwicklungen lag dort.

Einen wesentlichen Einfluss auf das Wachstum des Unternehmens hatte der Entschluss, selbst Schweißmaschinen zu bauen, also als Hersteller aufzutreten. Bis dahin hatten wir etwa achtzig bis neunzig Prozent des Innenlebens eines Schweißgerätes als Zulieferer gefertigt. Diese klassische Zuliefersituation erwies sich aber für die weitere Entwicklung unseres Unternehmens als hinderlich. Im Jahr 1993 trafen wir quasi über Nacht, auf der weltgrößten Leitmesse unserer Branche, der »SCHWEISSEN & SCHNEIDEN« in Essen, die Entscheidung, unser erstes eigenes EWM-Schweißgeräteprogramm zu präsentieren. Damit wurden wir zum Wettbewerber unserer damaligen Kunden.

Heute sind wir der größte deutsche Hersteller in unserem Segment und weltweit einer der wichtigsten Anbieter und haben uns zu einem globalen Technologieführer entwickelt, weg vom Image des reinen Hidden Champions aus dem beschaulichen Westerwald – auch wenn wir das im Herzen immer bleiben werden. EWM ist ein lösungsorientiertes Unternehmen und als Komplettanbieter nehmen wir unseren Kunden alles rund um die Fügetechnologie ab, sodass wir sagen: »Einfach Schweißen. Den Rest übernehmen wir.« Der Kunde bekommt ein Rundum-Wohlfühlpaket von uns.

Wie sind Sie in das Unternehmen eingetreten?

Als ich 1984 in das Unternehmen gekommen bin, absolvierte ich berufsbegleitend zwei betriebswirtschaftliche Studiengänge, einen zur Diplom-Betriebswirtin VWA und einen zur Marketing- und Kommunikationswirtin. Bis heute habe ich meine gesamte berufliche Laufbahn im Unternehmen gearbeitet. EWM ist ein großer Teil meines Lebens.

Wie stark war der Einfluss Ihres Vaters auf diese Entscheidung?

Die Berufswahl war mir freigestellt. Natürlich waren EWM und die Arbeit dort auch im privaten Bereich immer ein Thema, aber ich hatte das große Glück, dass mein familiäres Umfeld mir immer den Rücken stärkte. Deshalb war für mich relativ schnell klar: Warum eigentlich nicht? Ich kann mich ausprobieren. Wo habe ich sonst eine solche Chance, im eigenen Familienbetrieb einen unternehmerischen Gestaltungsspielraum zu nutzen?

Welche Arbeitsschwerpunkte hatten Sie dann in der Firma?

Was macht man als Tochter eines gelernten Ingenieurs für Elektrotechnik, der seinen Beruf zur Berufung machte, wenn man aber selbst nicht in der Entwicklung tätig ist? Für mich lag es auf der Hand: Ich konzentrierte mich auf den kaufmännischen Bereich, wurde die erste Kauffrau in der Geschäftsleitung und konnte mich intensiv mit den Themen Vertrieb und Marketing auseinandersetzen. Zum Beispiel betraten wir beim Einstieg in das Schweißmaschinengeschäft eine Welt, in der die Hersteller ihre Maschinen etwa wie folgt benannten: 400 AC/DC oder 400 Ampere Wechselstrom/Gleichstrom. Damals hatten die Schweißgeräte einfach Namen, die beschrieben, was die Maschine konnte. Es gab keine einzige Maschine mit einem richtigen Namen. Das haben wir bei unseren Maschinen geändert und heute ist das im Markt üblich.

Im Jahr 1995 bot sich mir die Gelegenheit, neben dem zweistufigen Vertrieb über Fachhändler auch den einstufigen Direktvertrieb auszubauen. Neben der Firma EWM gründete ich mein eigenes Schweißfachhandel Start-up, was für mich einen persönlichen Meilenstein darstellte und eine einzigartige Chance bot, mich im unternehmerischen Umfeld selbst auszuprobieren. Der Direktvertrieb war besonders sinnvoll, da unsere Produkte hoch erklärungsbedürftig sind. Heute können wir mit unseren Händlern und Integratoren auf Augenhöhe sprechen. Als einer der Technologie- und Weltmarktführer wissen wir genau, wie sich der Markt entwickelt. So ist zum Handschweißen sehr viel automatisiertes Schweißen dazugekommen – ein Projektgeschäft, bei dem

EWM die Verantwortung von der Hinführung des Schweißmaterials über den Schweißprozess bis hin zum Wechsel des Materials vollständig übernimmt.

Wie hat sich die Zusammenarbeit mit Ihrem Vater gestaltet?

Ich sage immer scherzhaft, dass mein Vater und ich uns in der gegenseitigen Erziehung nichts geschenkt haben. Er war schon immer der Dynamiker und wir waren dafür bekannt, dass wir uns deutlich die Meinung sagen konnten. Wir pflegten also immer einen ehrlichen und aufrichtigen Umgang miteinander. Dabei hatten wir beide immer das große Ganze im Blick: die werteorientierte, zukunftsfähige und sichere Entwicklung von EWM. Trotz unserer Unterschiedlichkeit hatten der langfristige Erfolg und die Sicherheit unseres Familienunternehmens immer oberste Priorität.

Hätten Sie einen leichteren Stand gehabt, wenn Sie Technikerin und nicht Kauffrau gewesen wären?

Ich durfte beweisen, was ich kann, und konnte dadurch auch zeigen, was mir wichtig ist. Vielleicht würde ich im nächsten Leben Elektrotechnik studieren, aber in diesem nicht mehr. Mein Vater und ich haben einen unterschiedlichen beruflichen Werdegang und unterschiedliche Schwerpunkte verfolgt, was jedoch nicht verhindert hat, mir seines Rückhalts sicher zu sein. Er und meine Mutter haben mir immer beigebracht, die Chancen zu ergreifen, die sich mir bieten. Vor allem deshalb konnte ich meinen eigenen Weg gehen. Heute habe ich in der Branche Schweißtechnologie einen sehr hohen Wiedererkennungswert, meinen eigenen Unique Selling Point. Es gibt dort nicht viele Frauen, in Führungspositionen erst recht nicht. Gleichwohl ist es bei Familiengesellschaften so, dass man nie ganz aus den familiären Strukturen ausbrechen kann. Ich für meinen Teil wollte das auch gar nicht. Was allen Szczesnys wichtig war, haben wir auch in unseren Arbeitsalltag bei EWM integriert. Vielleicht gibt die folgende Aussage meines Vaters die beste Antwort auf Ihre Frage: »Susanne, es kommt überhaupt nicht darauf an, was ich dir zutraue, es kommt nur darauf an, was du dir selbst zutraust.« Und damit hatte er recht. Diese Erkenntnis möchte ich übrigens allen Frauen in der Wirtschaft ans Herz legen: Die Verantwortung für unseren eigenen Erfolg liegt nur bei uns selbst.

Wie ist Ihre aktuelle Position in der Führung Ihres Unternehmens?

Bis letztes Jahr waren wir als AG organisiert, mit mir als Vorstandvorsitzende, fünf Familienangehörigen als Vorstandsmitgliedern und einem familienfremden Vorstand. Meine Mutter war die Vorsitzende des Aufsichtsrats. Dann entschlossen wir uns dazu, das nächste Kapitel in der Erfolgsgeschichte unseres

Unternehmens aufzuschlagen. EWM durchläuft aktuell einen umfassenden Transformationsprozess, während dem das Unternehmen vor einem Jahr von einer AG identitätswahrend in eine GmbH umgewandelt wurde. In dieser Etappe arbeiten wir mit einem dazugewonnenen, fünften Gesellschafter zusammen und auch mit neuen, zusätzlichen Geschäftsführern. Von Anfang an war es unserer Familie wichtig, dass neue Mitglieder der Geschäftsleitung unseren Wertekanon teilen, um eine erfolgreiche Zusammenarbeit sicherzu-

stellen. Auf diesem Weg konnten wir neue Talente hinzugewinnen, sodass EWM aktuell von drei neuen Kollegen, einem langjährigen Mitglied der Geschäftsleitung und mir als einzigem verbliebenen operativen Familienmitglied geführt wird. Für die Zukunft sind wir somit bestens aufgestellt.

Das ist wahrlich eine grundlegende Veränderung! Wie haben Ihre Mitarbeiter das aufgenommen?

An die neuen Gesichter musste man sich natürlich erst einmal gewöhnen – und das galt sowohl für die neue Geschäftsleitung als auch für die Belegschaft. Doch das gemeinsame Werteverständnis hat ungemein dabei geholfen, im Arbeitsalltag schnell auf einen Nenner zu kommen. Trotz aller Veränderungen war uns im gesamten Strategieprozess der Faktor Mensch immer am wichtigsten. Das kommunizieren wir bei EWM seit jeher auf authentische, ehrliche sowie vertrauensvolle Art und Weise. Natürlich machen sich im Arbeitsalltag jedes einzelnen Mitarbeitenden kleine und teilweise große Veränderungen bemerkbar, aber letztlich ist entscheidend, dass sich die grundlegenden Werte von EWM nie verändert haben.

Gibt es im Unternehmen vielleicht ein Leitmotto, was das unternehmerische Handeln charakterisiert bzw. dieses deutlich macht?

Neben unserem Claim »We are welding« gelten bei uns vor allem zwei Mottos: »Geht nicht, gibt's nicht« und »Einfach mehr in jeder Hinsicht«. Kurz und knapp auf den Punkt gebracht, bedeutet das, dass wir in jeder Situation nach der passenden Lösung suchen – und sie meistens auch finden. Wir tun mehr für unsere Mitarbeitenden, für unsere Partner und für unsere Kunden. Wir gehen immer die extra Meile, die der andere vielleicht nicht geht. Das erfordert ein hohes Maß an Flexibilität und kostet natürlich auch Geld, das aber immer gut angelegt ist.

Welche Fähigkeiten waren für Ihren Erfolg ausschlaggebend?

Während meiner Schulzeit fehlte mir natürlich noch das Selbstbewusstsein, das ich heute habe. Ich war weitaus schüchterner, bemühte mich aber immer wieder, über die Grenzen meiner eigenen Komfortzone hinauszugehen. Das lag unter anderem daran, dass ich von meinen Eltern immer großen Zuspruch bekam. Sie brachten mir schon früh bei, immer die Chancen zu ergreifen, die sich mir bieten. Selbst heute fällt es mir nicht leicht, in der Rhein-Mosel-Halle vor 2000 Leuten auf die Bühne zu treten. Doch Angst bzw. Zurückhaltung waren noch nie gute Ratgeber und letzten Endes wächst man an seinen Aufgaben.

Authentizität war dabei entscheidend für mich. Ich habe mich nie verstellt, habe meine eigene Unsicherheit überwunden und mein Selbstbewusstsein gefunden. In jedem Amt, das ich ausübe, bin ich immer dieselbe geblieben – ob als Präsidentin der IHK-Koblenz oder des DVS Deutscher Verband für

Schweißen und verwandte Verfahren e. V. Ich bin immer Susanne. Das bedeutet für die meisten Menschen Verlässlichkeit, Zuverlässigkeit und Vertrauen. Meine inzwischen ausgeprägte Schlagfertigkeit hilft mir ebenfalls sehr häufig. Bei lockeren oder etwas zu lockeren Sprüchen kann ich meistens einen Deckel obendrauf legen. Dabei gebe ich meinem Gegenüber aber auch immer zu verstehen, dass ich nicht verbissen bin, sondern dass es mir um die

Susanne Szczesny-Oßing und Dirk Löchner, Mitarbeiter aus der Produktion

Sache geht. Schlagfertigkeit, Selbstbewusstsein, Authentizität, Aufrichtigkeit und Bodenständigkeit sind die wesentlichen Werte, die mich heute durchs Leben begleiten.

Können Sie die wichtigste geschäftliche Entscheidung benennen, die Sie in Ihrer Karriere bisher getroffen haben?
Die habe ich anfangs schon angesprochen: Es war für EWM die Entscheidung, sich vom Komponenten- zum Maschinenhersteller zu entwickeln. Sie

hat die ganze Entwicklung des Unternehmens geprägt und wir haben sie natürlich einvernehmlich mit der ganzen Familie getroffen. Gleiches gilt für die kürzliche Entscheidung, einen Fremdgesellschafter aufzunehmen, um das Unternehmen auf die nächste Wachstumsstufe zu überführen. Dadurch konnten wir Synergien erschließen und neue Talente von außen mit an Bord nehmen. Dieser Transformationsprozess von einer informell geprägten Familienstruktur hin zu einer deutlich stärker ablauforganisatorisch aufgestellten Struktur wird mich und uns in der nächsten Zeit noch sehr beschäftigen. Früher, als noch die ganze Gründerfamilie Szczesny im Unternehmen aktiv war, war immer klar, dass einer von uns die Entscheidungen trifft. Heute ist das nicht mehr so und muss neu kommuniziert und gelernt werden.

Gibt es eine signifikante Fehlentscheidung, an die Sie sich erinnern können?

Es gibt mehrere, aber die wichtigste davon haben wir wieder rückgängig gemacht. Vor einiger Zeit haben wir einen Teil des Unternehmens, eine große Minderheitsbeteiligung, veräußert. Die damals angedachte Partnerschaft hat leider aus verschiedenen Gründen nicht funktioniert. Schließlich haben wir uns wieder getrennt und an dieser Stelle fiel mir die Rolle des Mediators bzw. Moderators zu. Zu dieser Rolle gehört, auch die unpopulären Entscheidungen auf nachvollziehbare und verständliche Weise zu kommunizieren. Obwohl dies nicht immer einfach war, haben wir letztlich eine gute Lösung gefunden und die Anteile wieder zurückgekauft.

Was macht für Sie das Spezifische am Mittelstand aus?

Der Mittelstand entscheidet schneller, denkt langfristiger und hat deutlich weniger und flachere hierarchische Strukturen als Großunternehmen. Letzteres gilt trotz des Wachstums auch für uns. Wir pflegen einen sehr persönlichen Umgang mit unseren Mitarbeitenden. Bei EWM ist niemand nur eine Nummer, man wird an dem gemessen, was man leistet und wie man sich verhält. Wir versammeln unsere Mitarbeitenden hinter uns, beteiligen sie an Entscheidungen und kommunizieren alle Veränderungen im Unternehmen sehr offen. Dieser offene Umgang miteinander ist der Schlüssel zum Erfolg.

Welche Besonderheiten resultieren für Sie daraus, ein Familienunternehmen zu sein?

Ein Familienunternehmen ist für mich ein Vermächtnis, das man nicht »mal eben so« geschenkt bekommt. Es geht darum, das, was vorherige Generationen und Mitarbeitende erwirtschaftet haben, in gute Hände weiterzuführen. Langfristige Perspektiven haben bei uns oberste Priorität, da nur sie ein solides Fundament für die Zukunft und eine gute Basis für nachhaltigen Erfolg bilden. Wir haben nie etwas aus dieser Firma herausgenommen, immer alles thesauriert und damit dieses Geschäft aufgebaut. Unser Leben steckt in dieser Firma. Persönliche Haftung war für uns immer selbstverständlich, und das ist der Unterschied.

Susanne Szczesny-Oßing und Martin Weber, Mitarbeiter aus der Anwendungstechnik

Am Ende geht es um die Menschen – die EWM-Familie, die eigene Familie und die der Mitarbeitenden. Als Geschäftsleitung tragen wir Verantwortung für sie. Für sie sind wir da, wenn sie abends die Tagesschau sehen, aktuelle geopolitische und wirtschaftliche Ereignisse mitbekommen und am nächsten Tag ihre Ängste mit ins Büro nehmen. Das galt auch während der Corona-Krise. Wie haben wir durch Corona geführt? Das Unternehmen hat eine Corona-Hotline eingerichtet, die bei mir aufgelaufen ist. Schon ab fünf Uhr morgens kamen einzelne Gespräche auf meinem Handy durch. Warum haben wir das gemacht? Weil wir als Organisation funktionieren mussten und für unsere Belegschaft als Ansprechpartner da sein wollten. Unsere Mitarbeitenden wussten, dass sie mich anrufen konnten, wenn sie nicht mehr weiterwussten. Manchmal wusste ich selber auch keine Antwort, aber ich habe mich dann einfach schlaugemacht und die Verantwortung übernommen. Ich war mir jederzeit sicher, dass wir eine Lösung finden würden. Jeden Morgen waren wir vor Ort und setzten so ein Zeichen: »Leute, kommt arbeiten, hier ist es sicherer als zu Hause.« Es war wichtig für uns, jeden Tag da zu sein, denn unsere Produktionsmitarbeiter hätten sich allein gelassen gefühlt, wenn die ganze Führungsmannschaft im Homeoffice gesessen hätte. Schließlich wird ein Schweißgerät auch nicht in den eigenen vier Wänden gebaut. Bilder sprechen mehr als tausend Worte.

Eröffnet Ihnen ein Familienunternehmen zusätzliche Freiheitsgrade oder werden Sie in Ihrem Handlungsspielraum eher behindert?

Die Freiheitsgrade überwiegen. Als überschaubar großes Familienunternehmen haben wir natürlich nicht dieselben Vorteile wie andere Unternehmen in Hinblick auf Synergien und Skaleneffekte. Man muss sich unter Umständen mit einem Wettbewerber an einen Tisch setzen, weil nicht jeder einen eigenen Software-Bus oder eine eigene Plattform entwickeln kann; man muss sich also arrangieren. Ich selbst bin aber durch und durch Familienunternehmerin. Die Werte, die ich zuvor bereits angesprochen habe, dienen mir als roter Faden in meinem unternehmerischen und persönlichen Handeln: Bescheidenheit, Aufrichtigkeit, Bodenständigkeit und Fleiß. Bei EWM fokussieren wir uns immer auf die langfristigen Perspektiven des Unternehmens. Ein sicherer Arbeitsplatz für all unsere Mitarbeitenden und die Sicherung unseres nachhaltigen Erfolgs stehen stets an erster Stelle. Meine Eltern haben immer gesagt: »Zeiten ändern sich, aber manche Werte ändern sich nie.« Damit hatten sie recht.

Welche wichtigste Erkenntnis könnten Sie aus heutiger Sicht an die nächste Unternehmergeneration weitergeben?

Unabhängig davon, ob ich bei der nächsten Generation an meine Kinder oder an die Fremdgeschäftsführer denke, möchte ich genau das vermitteln, was ich gerade betont habe. Grundlegende Werte sollten immer bewahrt werden, doch es ist auch entscheidend, ein gesundes Maß an Flexibilität zu wahren, um stets neue Wege gehen zu können und fit für übermorgen zu sein. Mit diesen Werten – im Idealfall sind sie in allen Lebensbereichen deckungsgleich – ist man immer in der Lage, Unternehmen durch Transformationsprozesse und Zeiten großer Volatilitäten hindurchzuführen. Außerdem würde ich den Unternehmern der nächsten Generation noch das Folgende mitgeben wollen: »Macht das, was ihr tun wollt, immer mit Herzblut. Trotz aller Zahlen, Daten und Fakten dürft ihr nicht vergessen, auch auf euer Bauchgefühl zu hören.«

Kommen wir zum letzten Fragenkomplex: Wie sehen Sie die Zukunftschancen Ihres Unternehmens? Wo liegen die größten Herausforderungen?
Die Branche der Fügetechnologie bietet hervorragende Zukunftschancen. Wir schweißen den Energiewandel: Wir schweißen Wasserstoffleitungen, wir schweißen Windräder, wir schweißen aber auch Schiffe und Autos. Mit unserer Schweißtechnologie sind wir praktisch in jeder Branche zu Hause. Dabei geht es nicht nur um Lichtbogenschweißen; wir müssen uns auch mit Laserschweißen und hybriden Verfahren beschäftigen. Unser Denken darf nie eingeschränkt werden und genau deshalb arbeiten wir so eng mit Kunden und Partnern zusammen, um einen konstanten Wissensaustausch zu gewährleisten. Nur dadurch können wir die bestmögliche Schweißtechnik entwickeln.

Und wo liegen Ihre größten Herausforderungen?
Durch die Aufnahme eines neuen Gesellschafters haben wir einen bedeutenden Schritt unternommen, um zu wachsen und EWM zukunftsfähig zu machen. Um EWM auf die nächste Wachstumsstufe zu überführen und das Unternehmen weiterzuentwickeln, müssen wir unsere Strukturen verändern. So informell wie bei der Entscheidung, zum Gerätehersteller zu werden, können wir heute nicht mehr vorgehen. Der Transformationsprozess, den wir aktuell durchlaufen, wird uns intensiv und lange beschäftigen. Das hat auch deshalb eine hohe Priorität, weil aktuell starke Veränderungen im Weltgeschehen stattfinden. Doch so gravierend die wirtschaftlichen und geopolitischen Umschwünge auch sein mögen, einer sich rasend schnell verändernden Welt können wir uns am besten anpassen, indem wir uns unsere Werte bewahren. Sie sind der Schlüssel zum Erfolg und ermöglichen uns letztendlich kluge und flexible Anpassungen an gegenwärtige Gegebenheiten. EWM wächst immer noch gegen den Trend, aber die Prognosen für den deutschen Markt sind leider nicht rosig. Daher müssen wir neue Märkte erschließen, was tägliche Innovationsbereitschaft erfordert.

Seit dem Jahr 2000 engagieren wir uns stark in China und führen dort unsere Geschäfte genauso, wie überall sonst auf der Welt, und behandeln natürlich auch unsere Mitarbeitenden gleich. Basierend auf unseren mitgebrachten Werten können wir weltweit auf Augenhöhe mit den Menschen kommunizieren und kulturelle Differenzen überwinden. Es ist an der Zeit, eine Willkommenskultur für Unternehmen zu fördern.

Das ist ein schönes Schlusswort in einer unruhigen Zeit. Herzlichen Dank für das Gespräch.
Das Interview wurde am 3. April 2024 in Mündersbach geführt.

Vanessa Weber

Jahrgang 1980.
Seit 2000 geschäftsführende Gesellschafterin der Werkzeug Weber
GmbH & Co. KG.
4. Unternehmergeneration.

**Können Sie mir bitte einen kurzen, stichwortartigen Überblick
über Ihr Unternehmen und seine Entwicklung geben?**

Angefangen hat es mit fünf Familienmitgliedern und vier externen Mitarbeitern. Mittlerweile sind wir 22 Leute. Da wir früh im E-Commerce-Business dabei waren, kamen viele Leute zu uns.

Also etwa um die Jahrtausendwende?

Genau. Wir waren in den Anfängen dabei, auch bei Amazon. Zu dieser Zeit hatte Amazon noch keinen Heimwerkerbereich; wir haben diesen damals als Vendor mit aufgebaut. Zu der Zeit besaßen manche Händler noch gar keine Internetseite. Deshalb hatten wir auch immer einen guten Pro-Kopf-Umsatz. Als ich dann im Unternehmen war, hat sich der Umsatz von zwei Millionen auf zehn Millionen Euro verfünffacht, mit einem Team von zwanzig Leuten. In dieser Zeit haben wir uns auch inhaltlich weiterentwickelt. Anfangs war der Handel von Werkzeug und Betriebseinrichtungen mit Ausrichtung auf Privatkunden unser Fokus. Diese bedienen wir heute nicht mehr; heute sind unsere Kunden Unternehmen, Konzerne wie Linde, Rexroth oder Stihl, auch Rolls Royce, ebenso wie mittelständische Unternehmen. Darüber hinaus haben wir uns von einem reinen Warenhändler zu einem beratenden Dienstleister entwickelt, der sich in betriebliche Prozesse einbringt, betriebstechnisch das Wohlbefinden der Mitarbeiter im Blick hat und die Firmen zukunftsfähig macht. Wir bieten alles an, was der Betrieb darum herum braucht.

**Das ist – finde ich – eine eher ungewöhnliche Kombination: Auf der einen
Seite einen harten Handelskern anzubieten und darum herum eher
»weiche Themen« zu gruppieren, für die in den Unternehmen häufig
gar kein Budget da ist. Wie ist es dazu gekommen?**

Mein Vater hat sich schon immer auch um die Betriebseinrichtung gekümmert. Seitdem ich im Unternehmen bin, haben Fragen der Gestaltung noch mehr an Bedeutung gewonnen – vielleicht war das der Versuch, meine weibliche Ader einzubringen. Als ich noch im Tagesgeschäft tätig war, hat es mir unheimlich viel Spaß gemacht, Räume zu gestalten. Früher waren die Werkstätten entweder schrecklich resedagrün oder später vermehrt blaugrau. Damals habe ich angefangen, zu fragen: »Warum machen wir das nicht in Euren Firmenfarben?«, und Unternehmen dahin gehend zu beraten. Dabei ging es auch darum, die Prozesse ergonomischer zu gestalten und sie auf diesem Wege zu optimieren. Das liegt in meiner DNA. Auf diese Weise hat sich auch das Unternehmen weiterentwickelt.

Auch umsatzmäßig?

Ja, wir sind tatsächlich bei etwa bei einem Verhältnis von fünfzig zu fünfzig angelangt! Obwohl der Werkzeugbereich immer die Wurzel unseres Geschäfts bleiben wird, sind die Betriebseinrichtungen und andere Dienstleistungen mittlerweile genauso bedeutend. Neu zählt dazu die Weber-Akademie, mit der wir uns mit einem Profi auf dem Weiterbildungssegment bewegen, und noch neuer ist der Verkauf von Bäumen. Das, was ich mit meiner Stiftung ehrenamtlich schon lange mache, werden wir nun auch gewerblich anbieten. Die ersten 200.000 Bäume können wir schon auf Rügen pflanzen.

Das sind schon sehr diverse Felder, was es schwer macht abzuschätzen, wo das Unternehmen in zwanzig Jahren stehen wird.

Ja, aber wenn man in Unternehmen hineinblickt, die auf ihrem alten Weg, bei ihren alten Technologien und Strukturen geblieben sind, dann sieht man häufig, dass sie Gefahr laufen, unterzugehen. Auch angesichts des Risikos der Industrieabwanderung müssen wir verstärkt nach etwas Neuem Ausschau halten. Ich beschäftige mich schon seit über zehn Jahren – lange, bevor es Trend geworden ist – ehrenamtlich mit Nachhaltigkeit. In dieser Zeit haben wir Kompetenzen im Bereich Wiederaufforstung aufgebaut und uns gefragt: »Warum bieten wir das nicht auch Unternehmen an, die das kaufen wollen und nicht spenden?«

Eine naheliegende Idee.

Ja, und ein Teil der Ergebnisse fließt immer in die von mir gegründete Stiftung für Bildung und Nachhaltigkeit. Ich engagiere mich schon sehr lange gesellschaftlich – ein wichtiges Anliegen für mich.

Sie hatten einen frühen und abrupten Start in Ihre unternehmerische Karriere. Wie haben Sie die Probleme gemeistert? Was hat anfangs nicht geklappt?

Ich schaue selten nur auf die Probleme und versuche immer, auch Negatives positiv zu betrachten. Obwohl ich nicht studiert habe und lediglich eine Ausbildung zur Groß- und Außenhandelskauffrau absolviert habe, konnte ich mich durchsetzen. Als extrem junge Frau mit blonden Haaren und blauen Augen hatte ich in einer Männerdomäne mit allen Klischees und Vorurteilen zu kämpfen, die es überhaupt gibt, um zu begründen, warum man das Führen nicht wirklich gut hinbekommt. Sie waren mir sozusagen in die Wiege gelegt. Das brachte viele dazu, wenig von mir zu erwarten, besonders wenn ich in den Einkauf großer Firmen ging. Wäre ich ein Mann mit grauen Haaren und im Blaumann gewesen, hätten sie wahrscheinlich gedacht, dass ich das ganze Werkzeuglexikon auswendig kenne. Von mir hingegen erwarteten sie nichts. Ich sage immer: »Das ist doch super, wenn man unterschätzt wird. Dann ist die Hürde, die man überspringen muss, ja ganz niedrig.« Außerdem hat es einen »Bunte Hund«-Effekt. So blieb man den Leuten im Kopf, denn es gab zu der damaligen Zeit – vor etwa zwanzig Jahren – sonst keine Frau im Außendienst bei Werkzeughändlern, und da war ich natürlich auffällig.

Eine klassische Männerdomäne.

Und diesen Wiedererkennungswert habe ich für mich genutzt. Man hat sich immer sofort an mich erinnert. Natürlich gab es aber auch Männer, die gesagt haben: »Kann ich mal Ihren Chef sprechen?« oder »Ich möchte gerne von einem Mann bedient werden.«

Das hat sich mittlerweile geändert!?

Da hat sich ganz viel verändert! Diese Vorstellungen sterben langsam aus. Es gibt mittlerweile viele Frauen in Männerdomänen, was ich sehr begrüße. Es ist schön, eine Vorreiterrolle zu besitzen. Ich habe auch das Gefühl, dass mehr Frauen darauf Lust haben, in die Nachfolge zu treten – aber es könnten gerne schon ein paar mehr sein. Wir überlegen derzeit, wie man eine Kampagne aufbauen kann, um zu vermitteln: »Hey, der Mittelstand ist doch gar nicht so schlimm.« Oft besuche ich Schulen und erzähle den Kindern, wie es ist, Unternehmerin zu sein. Dabei frage ich sie immer: »Wie stellt ihr euch denn einen Unternehmer vor?« Die Antworten sind meist: »Das ist ein Zigarre rauchender dicker Mann im Nadelstreifenanzug.« Und ich antworte: »Nein, so ist es gerade nicht. Ich stehe hier in Sneakern und in normalen Klamotten vor euch und bin noch dazu eine Frau.« Es ist schade, dass in Krimis Unternehmer immer die Bösen sind, selbst in Disney-Filmen.

Berater übrigens auch. Es gibt keine positiv konnotierten Berater im Film.

Ja, und ich verstehe gar nicht, warum Unternehmer so negativ besetzt sind. Es wäre schön, wenn sich die Perspektive ändern würde. Ich kenne viele Unternehmer, die sehr ethisch handeln, die sehr werteorientiert sind und die viel für die Gesellschaft tun. Aber das wird gar nicht anerkannt, und das finde ich schade!

**Das ist sehr klischeebehaftet und offensichtlich auch sehr hartnäckig –
Hat etwas zu Beginn Ihrer Karriere als Frau an der Spitze nicht geklappt?
Und wenn ja, was war das?**

Der Sprung an die Spitze war schon sehr groß. Anfangs dachte ich, ich müsste
genauso sein wie mein Vater, da ich nichts anderes kannte. Meine Ausbildung
absolvierte ich zwar in einem anderen Betrieb, aber das war es dann auch
schon. Mein Führungsstil unterscheidet sich schon sehr von dem meines

Vaters. Zunächst einmal führt eine Frau anders, aber der patriarchalische
Führungsstil steht auch im Gegensatz zu meinem, der eher als Laissez faire
bezeichnet werden kann, sich also ganz am anderen Ende des Spektrums
befindet. Ich wollte am Anfang so sein wie mein Vater, da mein Vater eine
gute Führungskraft war und bei allen beliebt, trotz oder gerade wegen seines
strikten und konsequenten Stils, aber das hat mir nicht gutgetan. Es war
schon ein Lernprozess, zu fragen: »Wie bin ich eigentlich selbst in der Führung, und wie will ich sein?«

Was sind die wirtschaftlichen Grundüberzeugungen, die Ihr Handeln bestimmen? Haben Sie so etwas wie ein Leitmotto?

Für mich lautet das Leitmotiv: Ein gesundes Unternehmen kann auch gesellschaftlich etwas bewirken. Das spiegelt sich auch in unserer Personalauswahl wider. Wir beschäftigen beispielsweise fünf Mitarbeitende mit einer Schwerbehinderung, was etwas mit der Geschichte meines Vaters zu tun hat. Da bin ich ein bisschen vorgeprägt und das Thema Familienbetrieb ist mir sehr wichtig. Als wir im Unternehmen unsere Werte abgefragt haben, war der familiäre Kern das Wichtigste. Diesen familiären Geist möchten wir unbedingt bewahren.

Haben Sie operationalisiert, was familiär bedeutet?

Ich denke, dass man nicht nur eine Zahl ist, sondern eine Person, und dass das gemeinschaftliche Erreichen von Zielen einen großen Wert hat. Es bedeutet auch, dass wir alle im selben Boot sitzen, dass man sich gegenseitig kennt und weiß, wer der andere ist. Auch die Enkelfähigkeit ist für mich auf jeden Fall ein zentrales Thema: Wie kann man es schaffen, über zwei Generationen hinweg zu denken und dabei nicht nur ökonomische, sondern auch ökologische Aspekte – also das Ganze – zu berücksichtigen? Das ist für mich immer wichtig.

Gehört das auch zu »Wir sind eine Familie«?

Ja, auch. Ein weiteres wichtiges Thema gehört noch dazu: die Beschäftigung Älterer. Man kann das so sehen wie ein Mehrgenerationenhaus. Die ganz Jungen können von den Erfahrungen der Älteren profitieren, während die Älteren aber ebenfalls von den Jüngeren lernen können, besonders was das Thema Technik angeht. Das ist eine wertvolle Symbiose.

Gibt es etwas, was Ihr unternehmerisches Handeln charakterisiert bzw. deutlich macht?

Das wären für mich meine Stiftung und meine ehrenamtlichen Aktivitäten. Bei den Klimahelden – so heißt das ausführende Organ meiner Stiftung – wollen wir Kinder mit einer Superheldenfähigkeit ausstatten, das Klima zu retten, jeder auf seine Art. Bei dem Pflanzen von Bäumen betone ich: Wenn Unternehmen Geld spenden wollen, dann muss der CEO bei der Pflanzaktion seinen Baum persönlich in die Erde graben. Die Gesellschaft binden wir über die Kinder und die Schulen ein; wir arbeiten mit der Politik zusammen und involvieren Unternehmen. Dieser Dreiklang zeigt ganz deutlich den

Mehrwert, den ein solches Engagement bringt, und den muss man nach außen kehren und das Thema breit kommunizieren.

Bei uns stellt das Thema Fachkräftemangel kein Problem dar; bei uns bewerben sich immer Leute auch initiativ, weil sie z. B. sagen: »Ich habe von Ihnen in der Zeitung gelesen. Sie sind doch die, die Bäume pflanzen.« Die jungen Menschen spricht eine Sinnhaftigkeit einfach an, und ich bin der festen Über-

zeugung, dass jeder Unternehmer diesen Sinn hat. Jeder hat ein Anliegen, für das er sich gerne einsetzt, aber die Unternehmer kehren das zu wenig nach außen. Das habe ich von meinem Mentor, Andreas Christiani, gelernt, der lange in Amerika war. Diese deutsche Mentalität des »Passt schon, muss ich gar erzählen« stört da eher.

Welche Fähigkeiten waren für Ihren Erfolg ausschlaggebend?
Durchhaltevermögen, sich nicht gleich ins Bockshorn jagen zu lassen, wenn etwas nicht klappt. Auch hinfallen und wieder aufstehen zu können, ist sicherlich entscheidend. Ein anderer wichtiger Punkt ist das Netzwerken, die Kunst, Menschen für sich zu gewinnen, einfach zu wissen, wie man Freunde gewinnt. Mein Vater hat immer gesagt: »Du musst immer wissen, wen du fragen kannst, wenn du irgendwann einmal Hilfe brauchst.« Diesen Rat habe ich früh beherzigt und mein Netzwerk aufgebaut. Selbstbewusst aufzutreten und zu zeigen, was man kann, ist ebenfalls wichtig. Den Leuten auf Augenhöhe zu begegnen und nicht zu denken, sich nicht äußern zu dürfen, versuche ich immer, egal, ob es sich um einen Obdachlosen oder den Papst handelt. Ich behandle alle gleich und begegne jedem mit Respekt und Wertschätzung. Und das bringt ganz viel, finde ich.

Was ist denn die wichtigste unternehmerische Entscheidung, die Sie in Ihrer Karriere getroffen haben?
Früh Trends zu erkennen. Damals war es das E-Commerce-Business. Wir haben – wie gesagt – aus dem Stand sehr hohe Umsätze gemacht. Das war ein großer Erfolg.

Als die Wissenschaft das System noch gar nicht verstanden hatte. Da war etwas wirklich Neues. Wer am meisten Geld verbrennt, ist der Erfolgreichste. Das war völlig kontraintuitiv und ist in vielen Feldern auch nicht richtig, aber die Idee dahinter war neu – und wichtig.
Das zeigt auch den Unterschied zwischen Start-ups und Familienunternehmen, die innovativ sind: In der Start-up-Denke geht es oft hauptsächlich darum, schnell zu skalieren und eine große Zahl zu erreichen, um dann einen Exit anzustreben. Ein Familienunternehmer würde ein so großes Risiko niemals eingehen und immer auf dem Bestand arbeiten, mit dem bestehenden Kapital. Ich selbst bin weniger risikobereit, gerade weil es für mich nicht nur darum geht, eine Idee groß zu machen, sondern den Wert des Unternehmens zu erhalten. Das ist ein wichtiger Unterschied. Sobald es für uns nicht mehr lukrativ war, haben wir das Projekt eingestellt. Wir sind früh wieder aus diesem Feld ausgestiegen, weil ich gemerkt habe, dass die Margen viel zu niedrig sind, wenn wir so ein großes Rad drehen. Dadurch haben wir uns bewusst verkleinert.

Das ist mutig.
Aber wir haben das anderweitig aufgefangen. Andere haben sich da verrannt.

Gibt es eine signifikante Fehlentscheidung, an die Sie sich erinnern können?
Wir haben uns einmal für das falsche Warenwirtschaftssystem entschieden,
das nicht so gut funktioniert hat. Am Ende wurde es sehr kostspielig, da wir
uns für einen anderen Dienstleister hätten entscheiden müssen. Wir hatten
auf eine »One Man Show« gesetzt. Der Programmierer ist dann leider ver-

storben und dadurch konnte das System nicht weiterentwickeln werden. Das
würde ich als eine Fehlentscheidung bezeichnen. Und ein paar personelle Entscheidungen gehören immer dazu.

**Was macht für Sie denn das Spezifische am Mittelstand aus? Welche
zentralen Unterschiede bestehen zu Großunternehmen? Besitzen Sie mehr
Freiheitsgrade für Ihr Unternehmen als Großunternehmen?**
Für mich liegt der größte Unterschied in der Wertehaltigkeit des Handelns.
Uns treibt nicht die Frage nach der Gewinnmaximierung. Etwas holzschnitt-
artig formuliert: Wenn Manager eingestellt werden, schauen sie nach ihren

Boni am Ende des Jahres und sagen: »Nach mir die Sintflut. Es ist mir doch egal. Wenn wir Leute rausschmeißen müssen, damit unsere Zahlen besser aussehen, dann machen wir das.« So würde ein mittelständisches Unternehmen nie denken, obwohl es auch wirtschaftlichen Erfolg anstrebt. Aber selbst, wenn wir wirtschaftlichen Erfolg haben, besteht ein großer Unterschied darin, dass der Gewinn nicht ausgeschüttet, sondern im Unternehmen gehalten und bestandbewahrend verwendet wird. Viele würden auch sagen: »Traditionell und wertebehaftet ist auch ein bisschen mit Staub behaftet und konservativ.« Aber es gibt auch positive Aspekte daran, konservativ zu sein. Meiner Meinung nach kommt man ein ganzes Stück weiter, wenn man den Spagat zwischen Offenheit für Neues und dieser Grundhaltung schafft.

Ein anderer zentraler Unterschied sind die Freiheitsgrade. Für mich ist es schwierig, mir vorzustellen, jemals Angestellte zu sein, mich mit jemandem absprechen zu müssen. Ich bin es gewohnt, dass ich, wenn ich morgens früh aufwache und eine Idee im Kopf habe, ins Unternehmen gehen und diese umsetzen kann, und zwar direkt, ohne lange mit jemandem darüber zu debattieren. Es genügt, wenn ich sage: »Das machen wir bitte so.« Natürlich tausche ich mich mit meinen Mitarbeitern aus, aber letztendlich könnte ich Entscheidungen auch allein treffen. Auch könnte ich einfach, wenn ich morgen keine Lust mehr hätte, den Laden abschließen oder eine ganz neue Geschäftsidee verfolgen. Konzerngebunden hat man diese Freiheitsgrade nicht. Bei großen Familienunternehmen mit vielen Gesellschaftern dürfte es sicherlich ähnlich herausfordernd sein.

Ist das letztlich ein Größenphänomen oder ein Eigentumsphänomen?

Es ist sicherlich mehr ein Größenphänomen. In der Nachfolge geht es – so meine Erfahrung – immer oder sehr oft dann schief, wenn der Gründer immer noch aktiv ist und nicht loslassen kann, weil er noch zu sehr an seiner Idee hängt. Dies gestaltet sich in der nächsten Generation oft einfacher. Es kann aber auch große Probleme geben, wenn zu viele Personen mitreden und so etwas wie ein Cousin- und Cousinenverband vorliegt. Die Zusammenarbeit von Bruder und Schwester funktioniert eigentlich noch ganz gut, aber bei Cousins und Cousinen kenne ich kein Beispiel, wo es wirklich gut läuft. Dort fängt es häufig an, zu krachen, da auch die Ehepartner mitreden und es echt schwierig wird. In dem Spruch »Viele Köche verderben den Brei« liegt schon viel Wahrheit.

**Noch ein Spruch: Die erste Generation baut das Unternehmen auf,
die zweite macht es groß und die dritte fährt es vor die Wand.**

Wir sind jetzt in der vierten Generation und haben es offensichtlich geschafft, genauso wie einige andere. Die Unternehmerfamilie Mack, die den Europa-Park führt, ist mittlerweile in der 8. Generation. Ein Grund dafür mag darin liegen, dass es immer nur einen Bestimmenden gab. Das ist auch bei uns im Bezug auf die Nachfolge so. Mein Vater hatte den Hut auf und meine Tante und mein Onkel haben »nur« mitgearbeitet. Meine Tante wurde ausgezahlt, war aber dennoch aktiv engagiert. Sie erhob nie einen Anspruch auf den Chefsessel, war aber immer ein wichtiger Teil des Unternehmens. Mein Bruder und ich haben uns ebenfalls für dieses Modell entschieden. Er arbeitet auch sehr engagiert mit. Das ist meiner Meinung nach ein gutes Erfolgsrezept, weil es vieles deutlich einfacher macht. Und verkrachen muss man sich deswegen auch nicht.

War diese Entscheidung schwierig?

Nein, vor allem mit dem positiven Beispiel meiner Eltern vor Augen. Als die Entscheidung anstand, war ich 18 und mein Bruder erst 13, und deshalb war es ohnehin noch keine Option, mit meinem Bruder darüber zu sprechen. Außerdem ist er ein ganz anderer Typ als ich. Unsere Persönlichkeiten könnten nicht unterschiedlicher sein.

**Wenn die Unterschiede so klar sind, muss man keine kognitiven
Dissonanzen haben, wenn die Entscheidung getroffen ist.**

Mittlerweile spiele ich mit dem Gedanken, mich noch weiter aus dem laufenden Geschäft zurückzuziehen. Im Tagesgeschäft bin ich gar nicht mehr dabei, ich beschränke mich auf Personalführung. Innovation vorantreiben, Außenkommunikation, Marketing sind meine Schwerpunktthemen. Aber alles andere managen meine Leute, damit ich da eine weitgehende Unabhängigkeit habe, selbst wenn ich längere Zeit abwesend sein sollte. Diesen Freiheitsgrad habe ich mir im Laufe der Zeit erarbeitet. Es war ein langer Prozess, aber es war den Aufwand wert. Heute bin ich froh, dass ich diesen Weg eingeschlagen habe, zumal sich auch unsere Unternehmenszahlen verbessert haben.

**Der Mittelstand bietet mehr Freiheitsgrade als Konzerne. Wenn man
Familienunternehmen betrachtet: Schafft das noch mehr Freiheitsgrade
oder behindert das eher?**

Es ist die Frage, wie man Freiheitsgrade definiert und wie man sie schafft. Viele Familienunternehmer sind der Meinung, dass sie schon Probleme bekommen, wenn sie nur für fünf Minuten das Unternehmen verlassen. Ich kenne Leute, die schon drei Jahre oder noch länger nicht im Urlaub waren. Diesen Fehler habe ich zu Anfang auch gemacht. Wenn Freiheitsgrade bedeuten, dass ich jeden Tag neue Entscheidungen treffen und mich frei bewegen kann, niemanden fragen muss, dann ja. Aber ganz frei ist man – wenn man ehrlich ist – in Wirklichkeit nicht. Man ist vielmehr meistens an den Ort gebunden. Auch wenn man zwar hybrid und von überall auf der Welt arbeiten kann, sitzen die Menschen doch im Unternehmen und man muss ihnen von Zeit zu Zeit ins Gesicht schauen. Das halte ich persönlich für wichtig.

Es fehlen sonst wichtige Kommunikationskanäle.
Sonst bekommt man die Verbindung nicht hin. Deswegen kann man es schon als eine Art Fußfessel, betrachten. Viele geißeln sich und handeln vielleicht aus irgendeinem Zwang heraus. Meines Erachtens ist das also ambivalent zu sehen. Es hat Vor- und Nachteile. Solange man es nicht als Fußfessel empfindet, ist es in Ordnung. Natürlich müssen sich auch Partner und Familie anpassen.

Wird denn die Fußfessel enger, wenn Sie eine Staffelstabidee im Kopf haben?
Natürlich. Wenn man sieht, dass man das Unternehmen an die nächste Generation übergeben kann, dann wird die Fußfessel sicherlich weiter. Das kann ich mir schon vorstellen. Mein Vater hat oft gesagt: »Vanessa, wenn du es nicht machst, wenn du den Laden abschließen würdest, würde ich das absolut verstehen.« Manchmal sagt er auch: »Tut mir leid, was ich dir angetan habe.« Man kann seinen Gedankengang nachvollziehen. Aber eigentlich hat er mir nichts aufgebürdet, es war ja positiv. Es ist halt ambivalent. Während der Corona-Pandemie hat keiner ruhig geschlafen. Niemand wusste, was die Zukunft bringt. Dann kamen Lieferkettenprobleme hinzu und jetzt rückt Energie als nächstes Thema nach. Handel ist Wandel. Irgendeine Krise gibt es immer.

Es wird auch nicht weniger.
Gerade in dem Segment, in dem wir tätig sind. Großhandel ist ein deutsches Modell, das es in anderen Ländern gar nicht gibt. Das Geschäft ist meiner Meinung nach aber durchaus zukunftsfähig, wenn man es richtig angeht. Aber als Kleiner zu überleben ist eine Herausforderung – das sieht man deutlich an der Lebensmittelindustrie, da ist das Spiel gelaufen. Diese Dynamik setzt sich nun im Einzelhandel fort und wird sich weiter ausbreiten. Das ist

kein einfaches Umfeld, in dem wir uns bewegen, aber das ist normal. In keiner Epoche, in die man hineinschaut, gab es ein einfaches Umfeld.

Was würden Sie als wichtigste Erkenntnis an die nächste Unternehmergeneration weitergeben?

Es wird aktuell viel über Work-Life-Balance und die Vier-Tage-Woche diskutiert. Heutzutage erreichen wir unsere Ziele viel einfacher, weil wir ganz andere Möglichkeiten haben, sei es in der Wissensbeschaffung, beim Lernen oder von den organisatorischen Möglichkeiten her, z.B. bei der Wahl des Arbeitsorts. Da kann ich schon viel tun. Dennoch glaube ich, dass man darauf achten sollte, dass man jeden Tag aufstehen und sagen kann: »So, ich habe Spaß daran.« Für ein Handeln aus Zwang ist das Leben zu kurz – das zeigt unsere Familiengeschichte leider sehr deutlich. Wir sollten jeden Tag unsere Prioritäten neu ordnen. Ich würde auf jeden Fall betonen, dass es wichtig ist, die Waage zu halten und das Unternehmertum nicht als Bürde zu betrachten, sondern als großartigen Weg, den man fortsetzt. Ich sage immer: »Es ist schön, in die Fußstapfen der Vorgänger zu treten und dann nach einiger Zeit seine eigenen Spuren zu hinterlassen.«

Das ist ein schönes Schlusswort. Herzlichen Dank für das Gespräch.

Das Interview wurde am 12. Juli 2023 in Aschaffenburg geführt.

Moritz J. Weig

Jahrgang 1957.
Seit 1989 in der Geschäftsführung der WEIG Gruppe.
3. Unternehmergeneration.

Können Sie mir bitte einen kurzen, stichwortartigen Überblick über Ihr Unternehmen und seine Entwicklung geben?

Unser Unternehmen geht auf das Jahr 1931 zurück. Mein Großvater, der Gründer unserer Firmengruppe, kam aus der Automobilindustrie aus Stuttgart. Sein Schwiegervater, zu der Zeit technischer Direktor bei dem Papierhersteller Zanders in Bergisch-Gladbach, hatte gehört, dass es in der Nachbarschaft eine Pappenfabrik zu kaufen gab. Warum mein Großvater in der Zeit wirtschaftlicher Rezession daran interessiert war, weiß ich nicht genau.

Das hatte mit Automobilindustrie ja überhaupt nichts zu tun.

Vielleicht hat ihn gerade das gereizt – und die Selbstständigkeit als Fabrikant. Er fing mit 30 Mitarbeitenden und einer kleinen Papiermaschine an. Dann brachen die Kriegswirren aus. Der Betrieb wurde geschlossen, viele Mitarbeiter wurden eingezogen, so auch mein Großvater. Nach seiner Kriegsgefangenschaft baute er den Betrieb wieder auf. Die Fläche in Bergisch-Gladbach war jedoch bald ausgereizt. Ein neuer Standort musste gesucht werden. Der Stadtrat von Mayen reagierte Mitte der 1950er-Jahre sehr schnell und bot meinem Großvater interessante Industrieflächen an. So kam unser Unternehmen 1955 nach Mayen und baute hier einen zweiten Produktionsstandort auf. Die Märkte für Kartonprodukte waren in der Nachkriegszeit wegen des Nachholbedarfs sehr aufnahmefähig. Wir fertigten sogar Dachpappen-Papiere, damals eines der wichtigsten und gefragtesten Produkte. Danach haben wir unsere Entwicklung an dem größten Bedarf im Markt orientiert. Das war zunächst die Faltschachtel, also Karton für die Verpackungsindustrie. Anfang der 1960er-Jahre kam noch ein weiteres Kernprodukt hinzu – der sogenannte Gipskarton. Seinerzeit haben wir die Grundzüge unserer Zwei-Standbeine-Philosophie entwickelt, die darin besteht, auf der einen Seite den Verpackungsmarkt zu beliefern, auf der anderen Seite für den Baustoffbereich Gipsplattenpapiere zu produzieren. Diese Strategie hat sich bis heute nicht wesentlich geändert.

Nach dem Tod meines Großvaters 1968 oblag meinem Vater die alleinige Führung des expandierenden Unternehmens. Er baute in dieser Zeit unseren Altpapierbereich auf. Altpapier wird ja nicht produziert, sondern muss früh genug erfasst werden, weil es sonst auf Deponien verschwindet. Deshalb sind wir mit einigen Altpapierbetrieben in die Rückwärtsintegration gegangen.

Mein Vater setzte sich auch das Ziel, ein weiteres Standbein außerhalb Deutschlands aufzubauen. So kamen wir Ende der 1970er-Jahre nach Paraguay. Das war sehr früh, extrem mutig und ein steiniger Weg mit einigen Rückschlägen, die wir mit viel Lehrgeld bezahlt haben. Aus heutiger Sicht war es jedoch eine der besten und weitsichtigsten Entscheidungen, die wir je getroffen haben. Paraguay hat sich als ein starkes Standbein entpuppt und wir profitieren sehr von der unterschiedlichen Kultur. In der Vergangenheit war es so, dass die paraguayischen Mitarbeitenden immer gewartet haben, dass die Deutschen ihnen sagen, was zu tun ist. Damals wurde immer auf den großen Bruder geschielt. Heute hat unsere paraguayische Mannschaft ein ganz anderes Selbstbewusstsein und setzt auf einmal Standards, die sogar die Deutschen überraschen: »Was machen die denn da? Wie schnell laufen die denn jetzt?« Ihre Kultur ist deutlich agiler als der schwerfällige und komplizierte Zeitgeist in Deutschland. Über die vielen Jahre hinweg können wir beobachten, dass auch die Professionalität zunimmt. Sie haben ihre Leichtfüßigkeit mit einer guten Professionalität untermauert, was auch uns hier sehr zugutekommt.

Haben Sie selbst Erfahrungen in Paraguay sammeln können?

Ich habe in Innsbruck studiert, dort mein Vordiplom gemacht und bin dann für fast zwei Jahre nach Paraguay gegangen. Das war für mich eine wertvolle Schule fürs Leben. Es hat mir unheimlich viel Spaß gemacht, in diese Kultur einzutauchen. Meine Frau und meine Kinder sagen noch heute: »Wenn du aus Paraguay wiederkommst, bist du anders.«

Wie ist es mit der Entwicklung des Unternehmens weitergegangen?

Ein schwerer Brand an unserer Faltschachtelkarton-Maschine war wahrscheinlich die größte Krise in unserer ganzen Unternehmensgeschichte und stellte für meinen Vater sowie für die ganze Familie eine extrem schwierige Phase dar. Danach ging es aber wieder erfolgreich mit einem kontinuierlichen Aufbau unserer Produktionsanlagen und Altpapiererfassungsstrukturen weiter.

In den 2000er-Jahren haben wir uns im Faltschachtelkartonmarkt nach vorne integriert und mehrere Unternehmen zugekauft – ein Weg, der viele Jahre zuvor aufgrund der Reaktionen unserer Kunden gescheitert war. Heute funktioniert die integrierte Wertschöpfungskette gut. Obwohl der Bereich unserer Vorwärtsintegration klein ist, bildet er eine wichtige Basis für unsere strategische Weiterentwicklung.

Im letzten Jahr haben wir das Familienunternehmen Buchmann akquiriert, das nicht innerhalb der Familie fortgeführt werden konnte. Bereits unser Vater hatte Interesse an Buchmann gezeigt; das Unternehmen passt gut zu unserer Unternehmenskultur und genau zu unserer Maschinenphilosophie. Die Integration von Buchmann ist für uns und unsere Kunden ein wichtiger Entwicklungsschritt; er führt uns zum drittgrößten Faltschachtelkartonhersteller in Europa. Derzeit befinden wir uns mitten in der Integration beider Unternehmen.

Unser weiteres Kernprodukt ist Gipskarton, das wir seit Anfang der 1960er-Jahre produzieren, als dieser Markt in Deutschland noch in den Kinderschuhen steckte. Wegen der hohen Investitionen haben wir mit unseren großen Kunden von Beginn an zusammengearbeitet und uns aufgrund der Kooperation seitdem gut entwickelt. Damals hat unsere Maschine 70.000 t pro Jahr produziert, heute schafft sie mehr als 370.000 t. Gipskarton und Gipsplatten sind Nischenmärkte. Etwa 10% des Weltmarktbedarfs werden von unseren Maschinen abgedeckt, worauf wir sehr stolz sind.

Was waren die wichtigsten Stationen Ihrer beruflichen Karriere?

Nach meinem Vordiplom habe ich wie erwähnt nahezu zwei Jahre in Paraguay verbracht, was mich extrem geprägt hat. Anschließend habe ich mein BWL-Studium als Diplomkaufmann abgeschlossen, ein Trainee-Programm bei Zanders absolviert und bin dann über die Carl-Duisberg-Gesellschaft im sog. Work-Study-Programm in die USA gegangen. Dort habe ich neben dem Studium im Staat New York auch in einem großen integrierten Konzern in der Papierindustrie gearbeitet – eine wichtige Station für mich. Die Zeit dort ist so spannend gewesen, dass ich noch etwas länger geblieben bin. Die insgesamt drei Jahre waren deshalb für mich wichtig, weil ich in den Bereichen Produktentwicklung und Strategie Erfahrung sammeln durfte und dabei viel gereist bin. Die Zeit in den USA war auch für mich persönlich prägend. Zurück in Deutschland bin ich 1989 an die Seite meines Vaters in die Geschäftsführung eingetreten und habe Verwaltungsthemen übernommen.

Würden Sie heute einen solch direkten Weg noch einmal gehen?

Wahrscheinlich nicht. Ich würde längere Zeit im Ausland bleiben, mir mehr Praxiserfahrungen aneignen, ich würde noch mehr von der Welt sehen und über sie erfahren wollen. Das sage ich heute auch meinen Kindern: Es ist wichtig, nach Hause zu kommen, aber die Erfahrungen sollten draußen gesammelt werden.

Haben Sie sich mit Ihrem Vater gut vertragen?

Ja, sehr gut, obwohl es am Anfang natürlich auch ab und an Konflikte gab. In dieser Phase habe ich jedoch etwas Wichtiges gelernt. Bald nach meinem Eintritt in die Geschäftsführung ist der kaufmännische Geschäftsführer gegangen, weil er kein Blatt mehr zwischen meinen Vater und mich bekommen hat.

Meinem Bruder ist es wohl ähnlich ergangen, womit ich nicht gerechnet hatte. Im Lichte meiner heutigen Erfahrung verstehe ich, warum dies passiert ist, und erkenne, dass man mit diesem Prozess behutsam umgehen muss.

In der Tat besteht leicht die Gefahr, dass in der Führung zu wenig Außenperspektive vorhanden ist.

Das ist ein Thema, mit dem wir uns heute intensiv beschäftigen und passende Maßnahmen setzen. Mit den früheren Strukturen hätten wir unser Wachstum nicht stemmen können. Wir haben uns strukturell und gesellschaftsrechtlich deutlich weiterentwickelt und eine doppelstöckige Holdingstruktur aufgebaut. 16 Familienmitglieder sind Gesellschafter einer Familienholding und zuständig für die Werte des Unternehmens sowie für die strategische Ausrichtung; sie geben den Hauptwillen vor. Darunter befindet sich eine operative Holding, unter der alle operativen Gesellschaften und Geschäftseinheiten wie auf einer Perlenschnur aufgereiht sind, die wir jetzt mit Geschäftsführern besetzen. Auf diese Weise erhalten mein Bruder und ich die notwendige Außenperspektive in die Firmengruppe.

Haben Sie wirtschaftliche Grundüberzeugungen, die Ihr Wirken bestimmen? Vielleicht so etwas wie ein Motto?

Unser Leitmotiv lautet: »Driven by care.« Dieses Motto ist im Gesellschafterkreis entstanden und spiegelt die Grundwerte unserer Familie wider. »Driven by care« kann vielseitig ausgelegt werden und bedeutet zum Beispiel für den Vertrieb und die Kundenbeziehung etwas anderes als für unsere Personalabteilung; und für Paraguay etwas anderes als für Deutschland. Dazu möchte ich Ihnen zwei Beispiele geben: Umweltschutz ist in Deutschland bzw. in Europa ein Hygienefaktor. »Driven by care« hat in diesem Kontext keine Relevanz. Ganz anders in Paraguay – Umweltschutzmaßnahmen werden dort noch nicht als selbstverständlich angesehen. Insofern hat »Driven by care« dort in diesem Sinne einen sehr hohen Stellenwert. Ein weiteres Beispiel betrifft die Gesundheitsversorgung und die Bildung unserer Mitarbeitenden. In Paraguay ist Bildung ein Schlüssel zu einem besseren Lebensstandard. Daher erwägen wir derzeit, wie man zusammen mit anderen Unternehmen eine duale Ausbildung organisieren kann – »Driven by care«.

Welche Fähigkeiten waren für Ihren Erfolg ausschlaggebend?

Ausschlaggebend war zunächst einmal das, was ich im Ausland gesehen, gelernt und kulturell mitgenommen habe. Darüber hinaus sind für mich klare Strukturen und Weitsicht – über den Dingen zu fliegen – sehr wichtig. Allerdings werde ich oft dafür kritisiert, zu hoch zu fliegen, sodass man mich nicht mehr versteht.

Das klassische Problem mittelständischer Unternehmer.

Wenn ich diese Flughöhe aber nicht beibehalte, verliere ich die Sicht auf die Dinge und bin nicht in der Lage, meine Mitarbeitenden entsprechend zu führen. Auch in diesem Punkt hat mich meine Vergangenheit geformt. Während meiner Zeit als Fahnenjunker im Wehrdienst habe ich eine Truppe von zehn Soldaten geführt. In einer Übung unter Zeitdruck habe ich meinem Trupp bei dem Aufbau der Richtfunkverbindung – wir gehörten zu der Fernmeldetruppe der Bundeswehr – geholfen, damit es schneller vorangeht. Zu dem Zeitpunkt ist der Hauptmann erschienen – und ich habe in meinem ganzen Leben noch nie so einen Anpfiff bekommen wie von diesem Offizier. Ich werde nie vergessen, was er sagte: »Sie haben doch die Verantwortung für die zehn Soldaten. Wenn Sie mitarbeiten, haben Sie den Überblick über die Truppe verloren, und bei einem Angriff, den Sie nicht gesehen haben, bringen Sie Ihre Kameraden und die gesamte Ausrüstung in Gefahr!« Diese Lek-

tion hat mich nachhaltig geprägt: Vorsicht, wenn du dich im Detail vergräbst, verlierst du den Blick für das große Ganze! Und du bist da, um das Ganze zu sehen und nicht, um dich in Einzelheiten zu verlieren. Das passt zu dem Thema Flughöhe und Strukturen – nur so ist es möglich, das Unternehmen richtig weiterzuentwickeln.

Das ist ein sehr schönes, weil sehr prägnantes Beispiel. Können Sie die wichtigste Entscheidung benennen, die Sie in Ihrer Karriere getroffen haben?

Alle wichtigen Entscheidungen werden gemeinsam mit meinem Bruder, dem Topmanagement, dem Aufsichtsrat und den Gesellschaftern getroffen. Eine der wohl wichtigsten war jedoch der Ausbau unserer Firmengruppe in Paraguay. Mitte der 2000er-Jahre standen wir in Paraguay vor der strategischen Entscheidung, entweder zu desinvestieren, weil die Unternehmen eigentlich zu weit weg waren und vom Produktsortiment her nicht richtig passten, oder den Standort dazu zu nutzen, ein weiteres Standbein im Gipskartonmarkt aufzubauen. Wir haben uns für Paraguay entschieden, und das war im Blick zurück genau richtig. Eine genauso wichtige Entscheidung war kürzlich der Erwerb von Buchmann, den ich bereits erwähnt habe.

Gibt es eine signifikante Fehlentscheidung, an die Sie sich erinnern können?

Das war eine Entscheidung im Jahr 2018, die schlussendlich schief gelaufen ist. Gemeinsam mit einem großen Partner haben wir eine B2B-Plattform für Altpapier aufgebaut. Die Art und Weise, wie wir heute Altpapier beschaffen, wird sich in Zukunft ändern müssen, weil uns die Fachkräfte dafür fehlen. Außerdem ist Altpapier ein Commodity-Produkt, das eigentlich problemlos mittels einer Handelsplattform abgewickelt werden könnte. Obwohl wir eine tolle Software dafür entwickelt und viel Zuspruch aus den C-Level Etagen erhalten haben, hat der Markt die Plattform nicht angenommen. Dieser Misserfolg hat viel Geld gekostet. War das der falsche Weg? Das glaube ich nicht, aber der Markt war noch nicht bereit dafür. Kommt das morgen? Ja, mit Sicherheit, da uns in Zukunft die entsprechenden Fachkräfte fehlen werden.

Was macht für Sie das Spezifische im Mittelstand aus? Was kommt noch dazu, wenn das mittelständische Unternehmen zugleich auch ein Familienunternehmen ist?

Die beiden Themen hängen eng zusammen und außerdem stellt sich die Frage, bis zu welcher Größe man zum Mittelstand gehört, also was »groß« und »klein« wirklich bedeutet. Ist man mit zweitausend Beschäftigten bereits groß oder noch klein? Wann ist man zu groß, um klein zu sein, und wann ist man zu klein, um groß zu sein? Genau damit beschäftigen wir uns gerade intensiv. Unsere Strategie ist klar: Wir wollen wachsen und uns dabei weiter professionalisieren. Diese Zielsetzungen gehören zusammen.

Kleinere mittelständische Unternehmen zeichnen sich durch wenige Strukturen aus. Diese brauchen sie auch nicht; alles macht der Chef. Sie sind super
flexibel und ganz schnell unterwegs. Diese ausgeprägte Flexibilität ist ein großer Freiheitsgrad des kleineren Mittelstands bzw. der kleineren Familienunternehmen. Mit dem Wachstum müssen jedoch Strukturen aufgebaut werden,
und damit geht Flexibilität verloren. Daher stellt sich die Frage: Wann kippt
das ganze System? Konzerne können sich in ihren Strukturen eher verheddern

und kommen erst über ihre strukturierten Wege zu einer Entscheidung. Wie
ein Dickschiff sind sie jedoch in der Lage, den Mittelstand mit ihrer Masse zu
erdrücken. Der Mittelstand kann nur überleben, wenn er mit seinem Speedboot sehr beweglich bleibt. Aber mit einem Speedboot kann man nicht wachsen, ohne selbst zu einem Dickschiff zu werden, das dann wiederum eine ganz
andere Steuerung erfordert. Genau an diesem Punkt befinden wir uns.

Um unseren Wachstumspfad konsequent zu verfolgen, brauchen wir Struktu-ren, die uns in der Flexibilität nicht behindern, zumal auch die Großunterneh-men beginnen, flexibler zu werden, die Starrheit ihres Dickschiffs auflösen, kleinere Schiffe bilden, die sich aber alle in einem Gesamtverband bewegen, Kurs halten, aber trotzdem beweglich sind. Das ist die große Gefahr für ein mittelständisches Unternehmen, dem eine vergleichbare Gesamtstruktur fehlt.

Meine Schlussfolgerung ist daher: Wir müssen uns an den Großen orientie-ren, nicht an den Kleinen. Und wenn wir merken, dass wir schwerfälliger wer-den, müssen wir kreative Wege finden, um trotzdem Entscheidungen schnell treffen zu können. Das ist die große Herausforderung, die ich allgemein beim Mittelstand im Vergleich zu den Konzernen sehe. Zudem müssen wir achtsam bleiben und unsere Rentabilität im Auge behalten, um Anforderungen wie z. B. Compliance und Nachhaltigkeit zu meistern. Als Kleiner kann man dies morgen vielleicht nicht mehr leisten. Großunternehmen haben genügend Ressourcen dafür. Aus diesem Grund haben wir kürzlich eine eigene Juristin eingestellt, da wir mittlerweile sehr viele rechtliche Anforderungen zu bewäl-tigen haben. Früher hatten wir diese Aufgaben alle outgesourced. Wenn man zu klein ist, kann man sich einen Hausjuristen einfach nicht leisten.

In einem Punkt werden wir uns aber nicht an Großunternehmen bzw. Kon-zernen orientieren: an der Kurzfristigkeit ihres Denkens und Handelns. Ihnen fehlt die transgenerationale Gedankenwelt; sie sind Cash-orientiert und auf kurzfristige Gewinne fokussiert. Unser Engagement in Paraguay hätte ein Großunternehmen schon längst beendet, nicht aber ein Familienunterneh-men. Das sind zwei verschiedene Welten.

Zwei Fragen habe ich noch. Welche wichtigsten Erkenntnisse können Sie an die nächste Unternehmergeneration weitergeben?
Ich würde der NextGen auf jeden Fall eines mitgeben: Nicht nur das Unter-nehmen braucht Strukturen, sondern auch die Familie. Das ist meiner Mei-nung nach ein äußerst wichtiges Thema. Governance- und Führungsfragen stellen sich sowohl auf der Unternehmensseite als auch auf der Familienseite und müssen entschieden werden. Die Familienseite wird dabei gerne unter-schätzt. Sie ist komplexer, als sie auf den ersten Blick erscheint. Sie umfasst mehrere Generationen mit unterschiedlicher Erfahrung, unterschiedlichen Interessen und unterschiedlichen Denkweisen, wobei auch die Ehepartner eine Rolle spielen. Wenn die Struktur auf Familienseite nicht funktioniert, leidet auch die Struktur auf der Unternehmensseite.

Eine weitere wertvolle Lehre für die nächste Unternehmergeneration wäre, dass man Strukturen permanent auf den Prüfstand stellen und sie damit immer weiter professionalisieren muss. Es ist entscheidend, dass man nicht stehen bleibt und sich nicht damit zufriedengibt, einfach die Arbeitsweisen der Vorfahren weiterzuführen. Vielmehr erfordert es die Bereitschaft, einen permanenten Wandel zu initiieren und dann auch zuzulassen. Es ist in meinen Augen ganz wichtig, dass die nächste Generation diese Dynamik versteht und bereit ist, aus den Fußstapfen der vorherigen herauszutreten.

Die dritte Erfahrung, die ich weitergeben würde, ist die Wichtigkeit des Themas Netzwerk. Ich bin überzeugt davon, dass man nicht – da man sich als Schlauesten von allen betrachtet – alles im Alleingang erreichen kann und dass ein starkes Netzwerk entscheidend ist. Hierfür könnte ich viele Beispiele nennen. Eines habe ich schon angesprochen: die Entwicklung der Plattform für Altpapier, die ohne unser Netzwerk nicht so erfolgreich gewesen wäre. Schade nur, dass der Markt noch nicht so weit war. Meine Botschaft für die nächste Generation lautet also: Man muss nicht alles allein machen.

Kommen wir zu meiner letzten Frage: Wo sehen Sie die Zukunftschancen Ihres Unternehmens? Wo liegen die größten Herausforderungen?
Wir brauchen gute Produkte, um die Zukunft in unseren Märkten zu gestalten. Mit unseren Produkten im Packaging-Bereich und dem Gipskarton für die Bauindustrie liegen wir eigentlich im Sweet Spot. Auch wenn der Baumarkt derzeit etwas schwächelt – allein in Deutschland fehlen vierhunderttausend Wohneinheiten pro Jahr, gebaut wurde in den letzten Jahren allenfalls die Hälfte davon. Der Bedarf ist jedoch enorm. Gipskarton wird daher auch in Zukunft weltweit dringend gebraucht werden.

Ähnlich verhält es sich im Bereich Packaging. Hier wird die Plastiksubstitution ein treibender Faktor sein. Die Amerikaner sind dabei viel schneller als die Europäer, möglicherweise fehlt hier noch das entsprechende Bewusstsein. Ein Beispiel: Auf Wunsch eines potenziellen Kunden entwickelten wir eine Kartonverpackung für ein Gewürz, das bislang in Plastik eingeschweißt im Regal hängt. Unsere Lösung war ein paar Cent teurer als die kunststoffbasierte Verpackung. Das Unternehmen war nicht bereit, das nachhaltig verpackte Produkt am Markt zu einem etwas höheren Preis zu vermarkten. Es gibt aber eine gute Umwelt nicht gratis. Alles wird teurer, wenn man die Umwelt schonen will. Wenn man sein Handeln nur an der Frage festmacht, ob es sich finanziell rechnet, werden wir mit der Plastiksubstitution nicht weiterkommen und immer mehr über die Probleme mit dem Plastik – Vermüllung der Ozeane, Mikroplastik – klagen.

Wahrscheinlich brauchen wir dafür auch eine Regulierung.

Die Regulierung wird sicherlich folgen, und ich glaube, dass sie helfen wird. Was mich aber frustriert, ist der Mindset. Ich betone immer: Am billigsten ist es, ist ein Loch zu buddeln, das Plastik hineinzuwerfen, Erde darüber zu schütten, und zu glauben, dass damit das Problem aus der Welt geschaffen ist. Nichts ist so billig wie das. Wenn man jedoch erkennt, dass man das der Umwelt nicht antun kann, dass man Ressourcen sparen muss und nicht warten kann, bis sich das Plastik von selbst abgebaut hat – das kann viele Jahrzehnte dauern –, dann muss man investieren und bereit sein, mehr für ein Produkt oder einen Service zu bezahlen.

Eine weitere große Herausforderung für uns ist die Kapitalintensität der Papierindustrie. Wie stemmt man den Kapitalbedarf, um weiter wachsen zu können? Außerdem müssen wir uns über die Zukunft unserer Produkte Gedanken machen. Werden sie in diesen Mengen auch noch in zwanzig Jahren gebraucht? Zum Beispiel war früher einmal der Markt für Fotopapiere sehr groß. Heute braucht Fotopapiere eigentlich – pointiert formuliert – keiner mehr. Märkte verschwinden. Die Frage ist, wie und wann wir solche Veränderungen erkennen. Erkenne ich es früh genug, oder bin ich zu spät dran? Für die nächste Generation sind dies zentrale Themen, zusätzlich zur Digitalisierung. Wie wird sich die Künstliche Intelligenz entwickeln und uns in unseren Prozessen unterstützen?

Ich vermisse das Wort Bürokratisierung als Herausforderung.

Da habe ich den Mut schon fast verloren. Über Bürokratieabbau reden wir schon seit Jahrzehnten, aber stattdessen wird sie permanent weiter aufgebaut, jetzt z. B. durch das Lieferkettensorgfaltspflichtengesetz – das so komplex ist wie sein langer Name. Seit Jahren ärgern wir uns über die Zunahme an Bürokratie, seit Jahren fordern Unternehmen und Verbände eine Verbesserung der Lage – und seit Jahren wird die Bürokratie immer stärker. Aber vielleicht gelingt es ja der nächsten Generation besser, der Bürokratie mit Technologie und Innovation zu begegnen.

Herzlichen Dank für das Gespräch!

Das Interview wurde am 2. März 2024 in Mayen geführt.

Chris Werner

Jahrgang 1985.
Seit 2008 Geschäftsführender Gesellschafter der MuT Maschinen
und Technik Werner GmbH.
2. Unternehmergeneration.

Können Sie mir bitte einen kurzen, stichwortartigen Überblick über Ihr Unternehmen und seine Entwicklung geben?

Mein Vater ist gelernter Schlosser, hat später ein Maschinenbaustudium begonnen und seinen Feinmechaniker-Meister gemacht. Im Jahr 1990 begann er beim heutigen Weltmarktführer für Holzbearbeitungsmaschinen zu arbeiten und stellte dabei fest, dass er diese Monteursarbeiten auch in eigener Regie durchführen könnte. In der Firma lernte er einen Kollegen kennen, der ebenfalls Werner hieß. Gemeinsam haben sie sich 1993 mit der Idee selbstständig gemacht, Wartungs- und Pflegedienstleistungen für Produktionsmaschinen in der Holzbearbeitungsindustrie anzubieten und für die Hersteller dieser Maschinen auch deren Aufstellung zu übernehmen. Das Unternehmen wuchs kontinuierlich und erschloss auch eine neue Branche, nämlich die Reifenindustrie mit ihrer Extrusionstechnik. Bis auf einen kleineren Einbruch um das Jahr 2000 herum hatte das Unternehmen kontinuierlich Erfolg. Im Jahr 2008 kam es jedoch zu deutlichen Spannungen zwischen den beiden Gesellschaftern, die jeweils mit 50% beteiligt waren. Der Partner meines Vaters wollte das Unternehmen verlassen, weil für ihn die Firma zu groß geworden sei. Zu dieser Zeit hatte ich gerade mein Studium abgeschlossen und trat so in das Unternehmen ein.

Was haben Sie studiert?

Ich bin Diplom-Betriebswirt für Dienstleistungsmanagement und habe an der Berufsakademie in Eisenach studiert. Das hat sich als wertvoll herausgestellt, weil ich heute alle wirtschaftlichen, ökonomischen und preislichen Entscheidungen im Unternehmen treffe. Mein Vater ist als Prokurist angestellt und für die technischen Themen zuständig. Eigentlich wollten wir 2008 die ursprüngliche Firma erhalten und eine gütliche Einigung erzielen. Leider war dies nicht möglich. Letztendlich führten wir mithilfe unseres Rechtsbeistands eine weitestgehend kontrollierte Insolvenz durch, schlossen das Altunternehmen damit und gründeten ein neues. In dieser Zeit habe ich mehr gelernt als in den drei Jahren Studium davor.

Eine Insolvenz ist wie ein Brennglas.

Im Nachhinein ist alles gut so, wie es gekommen ist. Wir haben uns auf unseren Bereich konzentriert, der ehemalige Partner hat seine eigene Firma gegründet, und wir kommen uns bis heute nicht ins Gehege.

Haben Sie das Geschäft im Wesentlichen genauso weitergeführt?

Wir führen Projektgeschäfte durch und haben dafür einen festen Personalstamm, der mit seinem Know-how die Kernkompetenz unseres Unternehmens darstellt. Dieser muss jedoch ausgelastet werden. Deshalb bin ich Kooperationen und Partnerschaften eingegangen, die mir eine gewisse Flexibilität ermöglichen. Diese Strategie hat es uns ermöglicht, gut durch die Corona-Zeit zu kommen, die uns als weltweit tätiges Unternehmen hart getroffen hat.

Sie haben sich als resilient erwiesen.

Unser Rechtsanwalt hat mir damals geraten, das Prinzip des vorsichtigen Kaufmanns zu befolgen – diesen Rat habe ich beherzigt. Ich bin ohnehin nicht besonders risikofreudig, wäge gerne alles ab und bilde Rücklagen. Mir ist bewusst, dass ich damit Möglichkeiten verstreichen lasse, aber dafür bin ich besser gegen Krisen gewappnet.

Wer hatte die Idee, dass Sie in das Unternehmen einsteigen?

Ich hatte weder die Idee noch den Plan, in das Unternehmen einzusteigen. Schon während meiner Schulzeit war mir klar, dass ich studieren und parallel dazu schon Berufserfahrung sammeln wollte. Deshalb entschied ich mich für das Studium an der Berufsakademie und arbeitete dabei als Student in einem großen Autohaus, da mich die Automobilindustrie schon immer sehr interessierte. Eigentlich wollte ich danach auch promovieren. Das hätte mich gereizt, aber ich hätte dafür ein Masterstudium an einer Universität anhängen müssen und im Autohaus nur noch in den Semesterferien arbeiten können, nicht mehr parallel zum Studium, was ich nicht wollte. Deshalb verzichtete ich darauf, die Ergebnisse meiner Diplomarbeit im Autohaus umzusetzen, wie eigentlich geplant. In dieser Übergangszeit bot mir mein Vater an, mich um einige Akten zu kümmern, die im Büro lagen und noch bearbeitet werden mussten. Dabei überprüfte ich auch die Bücher und stellte fest, dass alles nicht mehr ganz im grünen Bereich war. Mein Vater schlug daraufhin vor, dass ich nach dem Studium die Anteile seines Geschäftspartners übernehme und ins Unternehmen komme.

Anfang 2009 war klar, dass wir in eine Schieflage kommen. Das wollte mein Vater lange Zeit nicht wahrhaben. Einige Monate lang gelang es mir, obwohl Arbeit faktisch kaum noch da war, das Unternehmen durch Stundungen und Finanzierungspläne am Laufen zu halten. Schließlich kamen wir aber an einen Punkt, an dem wir handeln mussten, um einer Insolvenzverschleppung vorzubeugen. Das erkannte auch mein Vater. Im September 2009 fuhren wir daher gemeinsam mit unserem Anwalt – dem ich immer noch sehr dankbar bin – zum Insolvenzgericht und stellten den Insolvenzantrag. Die Insolvenz bedeutete einen klaren Schnitt, was im Nachhinein das Beste war. Damit konnte ein neues Unternehmen entstehen. So bin ich in die Firma gekommen und bis heute geblieben.

Also geschah Ihr Einstieg im Wesentlichen aus der Situation heraus.
Ich war an einem Punkt angelangt, an dem ich entschied: »Das muss jetzt so sein.« Mein Vater hatte mir ja bis dahin auch vieles ermöglicht.

Ich habe in anderen Gesprächen gehört, dass die beste Vorbereitung für eine Nachfolge darin bestand, dass man diese Aufgabe eigentlich schon kannte, weil zu Hause ständig über das Unternehmen gesprochen wurde. War das bei Ihnen auch so?
Das Unternehmen hat mein Vater aufgebaut und die ersten Jahre mit seinem Partner im Unternehmen gearbeitet. Meine Mutter ist gelernte Sozialpädagogin und Kindergärtnerin und hat ihren Beruf viele Jahre ausgeübt, als ich noch klein war. Nach der Geburt meiner Schwester hat sie meinen Vater im Unternehmen unterstützt. Da sie die Arbeit aber nicht mit Herzblut gemacht hat, ist sie wieder in ihren Beruf zurückgekehrt. Daher war das Unternehmen zu Hause zwar ein Gesprächsthema und ich kannte den einen oder anderen Kunden und Geschäftspartner, aber es hat unser Leben nicht dominiert. Wirtschaft hat mich schon immer interessiert und ich wollte auch schon immer eine leitende Position übernehmen.

Haben Sie das Gefühl, dass Ihnen in der Vorbereitung auf Ihren Job etwas gefehlt hat? Haben Sie im Studium das Wichtigste gelernt?
Das Studium hat mich gut vorbereitet und ich bin auch nach wie vor ein Fan von Alternativen zu einem klassischen Universitätsstudium, weil auf diesem Wege ganz unterschiedliche Blickwinkel vermittelt werden können. Der ausschlaggebende Punkt für mich war aber das Insolvenzverfahren. Da war ich nicht der, der unterstützt hat, sondern ich musste die Probleme selbstständig lösen. Dafür war das Studium ein guter Grundstein, aber die Realität erwies sich als ganz anders.

Ich kenne sehr viele junge Leute, die glauben, sie müssten das Gelernte eins zu eins umsetzen, und es fehlt immer häufiger an älterem, erfahrenem Personal, das sagt: »Pass auf Junge, das hast du zwar so gelernt, aber anders geht es besser.« Es herrscht auch mehr und mehr ein Schubladendenken und keine

Abteilung spricht mit der anderen. Gerade in Großunternehmen hört man häufig die Aussage: »Das geht uns nichts an. Da müssen Sie dort und dort anrufen.«

Erleben Sie das auch im Mittelstand?
Weniger. Da wird schneller und effektiver entschieden, und ich finde, Deutschland muss ein Stück weit wieder zu dieser Mentalität zurückkehren – dahin, dass der Handschlag und das Wort noch etwas gelten und nicht das Prinzip regiert: »Wer schreibt, der bleibt.«

Das Geschriebene ist immer nur ein Teil der Idee, die man zu vermitteln sucht. Und wenn man jeden Freiheitsgrad vermeiden will, dann ist bald alles nur noch formal.
Deshalb arbeite ich auch lieber mit dem Mittelstand zusammen, weil es oft unkomplizierter und direkter ist. Ich habe festgestellt, dass je schneller ein Unternehmen wächst, desto mehr gleicht es sich an Konzerne und Konzern-

strukturen an. Dann geht es auch dort eher um die Struktur als um die Menschen.

Kommen wir zu einem ganz anderen Thema: Welche wirtschaftlichen Grundüberzeugungen haben Ihr Wirken im Unternehmen bestimmt? Gibt es vielleicht ein Motto, in dem sie zusammengefasst sind?

Ich habe kein spezielles Motto. Meiner Meinung nach kommt man mit Spaß und Freude am Job besser voran. Man muss immer auch einen guten Kompromiss zwischen der Freizeit und der Arbeit finden. Im Gegensatz zu meinem Vater bin ich kein klassischer Workaholic. Trotzdem bin ich morgens früh hier und muss mein Büro auch nicht gegen 16:30 oder 17:00 Uhr verlassen. Wenn es später wird, ist es eben so. Durch die weltweite Tätigkeit unserer Monteure kann es auch sein, dass mein Telefon schon früh um 3:00 Uhr morgens klingelt. Dafür bin ich an einem anderen Tag nur bis 15:30 Uhr im Büro. Es muss eine gewisse Balance zwischen Freizeit und Arbeit geben.

Unser Unternehmen ist schlank aufgestellt. Ich benötige einen Büroraum, in dem ich alles organisieren kann. Unsere Mitarbeiter benötigen Werkzeugkoffer mit angemessener Ausstattung, und wir stellen sicher, dass diese stets vorhanden ist. Zudem benötigen wir Fahrzeuge für die Einsätze unserer Mitarbeiter. Mehr Ressourcen brauchen wir eigentlich nicht. Es ist mir wichtig, das Unternehmen schlank zu halten, um keine Mittel für unnötige Dinge ausgeben zu müssen.

Welche Fähigkeiten waren für Ihren Erfolg ausschlaggebend? Was ist das Wichtigste, das Sie brauchen, um Ihr Geschäft zu machen?

Vorab gesagt: Ich habe noch nicht alles; das merke ich immer wieder. Vielleicht bin ich ein Stück zu risikoscheu und muss mich ab und zu selbst davon überzeugen, ein Risiko einzugehen. Deshalb funktioniert vielleicht das Zusammenspiel mit meinem Vater gut: Ich stelle immer die nüchternen Zahlen in den Vordergrund, während er manchmal sagt: »Wir machen das jetzt einfach mal und investieren.« Eine gewisse Risikobereitschaft sollte man haben, und die fehlt mir eher.

Eine meiner Stärken ist Selbstreflexion. Ich weiß, was mir gut gelingt und was nicht. Mit meinen Mitarbeitern kann ich hervorragend zusammenarbeiten, weil ich spüre, wenn es ihnen mal nicht gut geht. Das ist für mich sehr wichtig, denn meine Mitarbeiter sind mein Kapital. Ihr Wohl liegt mir am Herzen, und ich versuche ihnen immer wieder zu vermitteln, dass wir hier eine Familie sind und dass ich ihre Probleme auch als meine betrachte, und dass wir sie gemeinsam lösen können. Unser Mitarbeiterstamm ist schon lange im Unternehmen, die meisten sind bereits seit 10 bis 15 Jahren bei uns. Wir haben eine lange Haltezeit, die wir auch brauchen, weil es lange dauert, die Leute aufzubauen.

Katharina Trümpert und Chris Werner

Außer meiner Selbstreflexion ist mir noch wichtig, immer auf dem Boden der Tatsachen zu bleiben. Ich setze mir keine hochfliegenden Ziele, sondern konzentriere mich darauf, dass es meinen Mitarbeitern und mir jetzt gut geht. Falls danach noch etwas übrig bleibt, kann ich mir davon etwas leisten. Aber in erster Linie muss ich etwas für schwere Zeiten zurückgelegt haben.

Eine gewisse Bereitschaft, sich selbst zu reflektieren und nicht zu weit nach vorne zu schauen, kleine Ziele zu setzen, die man leichter erreicht, als weit entfernten hochfliegenden Ideen zu folgen – das sind die Eigenschaften, die mir wichtig sind und die ich an mir schätze.

Sie haben gesagt, dass Ihre Mitarbeiter Ihr größtes Kapital sind, und Sie wollen, dass es ihnen gut geht. Wie können Sie einen engen Kontakt wahren, wenn die Mitarbeiter überwiegend bei den Kunden arbeiten?
Ein Teil unserer Mitarbeiter lebt hier in der Region und ich sehe sie nach jedem Einsatz. Bei kleineren Aufträgen kommen sie ein bis zweimal im Monat hierher, bei Großaufträgen einmal im viertel Jahr. Wenn Mitarbeiter Großbaustellen betreuen, dann kann es aber sein, dass ich sie nur zwei oder drei Mal im Jahr persönlich treffe.

Ein großer Teil des Kontakts erfolgt aber telefonisch. Ich halte immer fest, mit wem ich telefoniert habe, und versuche, wirklich jede Woche, alle durchzutelefonieren. Dabei geht es primär nicht um den Stand der Arbeit, den ich auch den Berichten entnehmen kann. Die erste Frage ist immer, wie es dem Mitarbeiter geht, ob alles in Ordnung ist, was es Neues in der Familie gibt. Manchmal rufen auch Mitarbeiter an, um mir mitzuteilen: »Mensch Chris, ich habe wieder einen Brief vom Finanzamt bekommen und meiner Frau gesagt, dass sie dir den schickt, damit du ihn an den Steuerberater weiterleitest.« Das mache ich gerne, weil die Mitarbeiter viel unterwegs sind und zu Hause Zeit für die Familie haben sollen.

Können Sie die wichtigste geschäftliche Entscheidung benennen, die Sie in Ihrer Karriere getroffen haben?
Ich glaube, jede Entscheidung ist wichtig. Die für mich wichtigste war jedoch das anfängliche Formulieren der Verträge. Auch wenn ich sage, dass ein Handschlag wichtig ist, ist eine gewisse Grundlage, ein Rahmen, um etwas abzusichern, unabdingbar.

Können Sie sich an eine signifikante Fehlentscheidung erinnern, die Sie getroffen haben?
Nein! Hoffentlich klingt das nicht überheblich, wenn ich das so sage. Mir ist keine bekannt. Es kommt mir nur etwas in den Sinn, was ich aber nicht für signifikant erachte: Man sagt oft, Geschenke erhalten die Freundschaft. Das ist ein Punkt, den ich überhaupt nicht nachvollziehen kann. Zwischenmenschliches erhält die Freundschaft, einen Mitarbeiter zu fragen, was ihm gefällt und was nicht. Damit kann man Probleme ausmerzen. Das halte ich für das Wichtigste und dazu braucht man keine Geschenke. Einmal habe ich

dem Vorstand eines Kunden, der in ein neues Unternehmen gewechselt ist, ein Abschiedsgeschenk gemacht, in der Hoffnung auf eine weitere Zusammenarbeit. Ich habe jedoch nie wieder etwas von ihm gehört. Daher lade ich gerne einen Geschäftspartner zum Essen ein, aber ich würde nie wieder ein Geschenk machen.

Das hat etwas Grundsätzliches. Kommen wir noch einmal zu einem Thema zurück, das wir vorhin schon kurz angesprochen haben, zum Spezifischen des Mittelstands. Können Sie bitte noch einige Gedanken ergänzen?
Für mich liegt das Spezifische des Mittelstands in seiner Flexibilität und seinen Mitarbeitern. Das gilt es meiner Meinung nach, auch zu erhalten. Deshalb muss man sich immer die Frage stellen, ob es sinnvoll ist, stark und schnell zu wachsen. Persönlich bevorzuge ich mehrere kleinere Unternehmen gegenüber einem großen. Auch damit kann ich ein größeres Marktspektrum abdecken, bleibe aber flexibel. Wahrscheinlich bin ich auch durch die Ge-

schichte unseres Unternehmens geprägt. Mit 30 bis 35 Mitarbeitern waren wir deutlich größer als die Monteurteams mancher Hersteller, die etwa 10 bis 15 Mann umfassen. Ich habe überlegt, ob es sinnvoll wäre, mit anderen Geschäftspartnern, die im eigenen Bereich oder in ähnlichen Bereichen tätig sind, so etwas wie ein Joint Venture einzugehen, um damit situationsbezogen Kapazitäten austauschen zu können. Das muss natürlich zwischen allen Beteiligten passen. Aber ich glaube, eine Kooperation aus vielen kleineren Unternehmen ist für den Markt und für die Unternehmen selbst besser als ein starres, unbewegliches großes Unternehmen.

Trivial ist das sicher nicht. Damit eine solche flexible Zusammenarbeit funktioniert, müssen sehr viele Voraussetzungen erfüllt sein, vermutlich auch kartellrechtliche.

Aber es könnte für Kleinunternehmen eine Option sein, um gegen die Dominanz von Großunternehmen anzukommen. Wenn fünf bis sechs Montagefirmen bekannt dafür sind, dass sie gute Arbeit leisten und gut zusammenarbeiten, hätte man auch eine bessere Position, wenn es um die Preise geht – also da, wo man sich sonst immer beugen muss.

Gibt es irgendwelche Besonderheiten dadurch, dass Sie Familienunternehmer sind und nicht nur ein Unternehmer im Mittelstand? Sollte man zwischen Mittelstand auf der einen Seite und Familienunternehmen auf der anderen Seite differenzieren?

Man sollte differenzieren, in der Geschichte des Unternehmens sicherlich und vielleicht auch in der Umsetzung. Wenn das Unternehmen aus der Familie heraus gewachsen ist, lebt die Familie das Unternehmen, unabhängig davon, ob alle unmittelbar mitarbeiten oder nicht. Für ein Familienunternehmen wird man immer mehr kämpfen, um aufrechtzuerhalten, was geschaffen wurde. Im Gegensatz dazu wird in einem mitteständischen Unternehmen ohne feste Familienbindung eher profitorientiert vorgegangen. Ein Familienunternehmen ist dagegen darauf ausgelegt, eine Familie über viele Generationen hinweg zu ernähren und dafür jeweils ein gutes Fundament zu legen.

Das ist das Thema Enkelfähigkeit.

Ich glaube, das ist der größte Unterschied. Es gibt zwar auf der einen Seite Zeiten, in denen mich diese enge Bindung massiv stört und ich Bekannte und Freunde beneide, die einen geregelten Arbeitstag haben. Auf der anderen Seite kann ich aber auch einfach einmal weg sein, wenn ich das will, und mich um private Angelegenheiten kümmern.

Sie sind flexibel.

Und das ist ein großer Vorteil.

Welche Erfahrungen können Sie an die nächste Unternehmergeneration weitergeben?

Etwas an die nächste Generation kann man meiner Ansicht nach im Wesentlichen vor allem durch Erziehung weitergeben. Vielleicht fordert man Kinder in Familienunternehmen mehr. Wenn ich etwas wollte, habe ich das nicht einfach bekommen, sondern ich musste dafür im Unternehmen mitarbeiten. Ich habe gespart und immer etwas dazugegeben. Das Gleiche gilt für unser Kind. Ich sage immer: »Wir können viel machen, aber das können wir nur, weil wir hart dafür arbeiten. Für alles muss man arbeiten. Du musst guten Noten bringen und daheim mithelfen; das ist Deine Arbeit.« Das sind die Werte, die wir unseren Kindern vermitteln, und damit haben sie eine gute Basis. Den Rest macht das Unternehmen von alleine.

Wie sehen Sie die Zukunftschancen Ihres Unternehmens? Wo liegen die größten Herausforderungen?

Die größten Herausforderungen für mich als Unternehmer – und ich denke für den Mittelstand generell – sind die Großunternehmen, die sich auf die Wettbewerbsfähigkeit von kleinen Unternehmen auswirken. Vielleicht können aber gerade die kleinen Unternehmen Vorteile aus dem aktuellen Wandel ziehen, weil die großen stärkere Anpassungsprobleme haben. Das wird sich noch herausstellen.

Ein wesentlicher Vorteil für ein kleines Unternehmen ist nach wie vor die Flexibilität, die Nähe zu den Mitarbeitern, und damit die Möglichkeit, schnelle und effektive Entscheidungen zu treffen. Dadurch sind wir gut positioniert, insbesondere weil die Hersteller durch ihre festen Strukturen Nachteile haben. Sie fördern eine kleinteilige Spezialisierung. Ein Mechaniker führt die mechanischen Arbeiten durch, ein Elektriker die elektrischen. Bei uns ist das anders und wir können daher den Leuten sagen: »Wir wollen euch in einen interessanten Beruf bringen, Ihr könnt neue Felder dazunehmen, weil es keinen Ausbildungsberuf für das gibt, was wir machen.« Ein Mechaniker z. B., der zu uns stößt, erhält zusätzlich zu seiner mechanischen Ausbildung eine elektrische. So schicken wir dem Kunden keinen Mechaniker oder Elektriker, sondern einen Techniker. Dieser kennt sich vielleicht mit der Elektrik nicht ganz so gut aus wie der Elektriker des Herstellers, beherrscht aber die erforderlichen Fähigkeiten, um die Maschine beim Kunden zum Laufen zu bringen, und holt sich das letzte Stückchen Wissen durch Unterstützung des Herstellers. Das ist unser Alleinstellungsmerkmal. Ich antworte Kunden auf die Frage, warum sie mich buchen sollen: »Ganz einfach, da, wo Sie beim Hersteller für viel Geld mindestens zwei Mann bezahlen müssen, bezahlen Sie bei uns einen und geben mir noch einen Ihrer Produktionsmitarbeiter dazu, der ohnehin weiß, wie die Maschine funktioniert. Ich garantiere Ihnen, das ist günstiger, wir sind schneller und das Ganze läuft effektiver.«

Das ermöglicht es uns, Mitarbeiter einzustellen, die einen bestimmten Ausbildungsberuf haben, aber noch jung sind und gerne reisen möchten. Diese Mitarbeiter lernen wir vor Ort auf der Baustelle an. So hatten wir zum Beispiel einen Leiharbeiter, der sich bei uns bewährt hatte und die Arbeit interessant fand. Nach Abschluss der Baustelle kam er auf uns zu und wollte bei uns arbeiten. Mittlerweile ist er schon seit fünf bis sechs Jahren bei uns und hat Leute überholt, die schon fünfzehn Jahre dabei sind.

Vermindert das Ihre Probleme mit dem Facharbeiternachwuchs?
Wie das Beispiel zeigt, kann ich mich an der Diskussion zum Fachkräftemangel nicht beteiligen, ebenso nicht an der zum Mindestlohn, da mein Vater und ich immer der Meinung gewesen sind, dass die Mitarbeiter, die gute Arbeit leisten, auch gut bezahlt werden müssen und von ihrem Geld leben können sollen. Ein Vorteil bei uns ist, dass es noch Fahrtkosten und Spesen gibt, brutto gleich netto. Wir haben immer gesagt: »Das ist Euer Bonus, wenn ihr lange weg seid. Von Eurem Grundlohn müsst Ihr leben können, die Fahrtkosten und Spesen bekommt Ihr als Bonus obendrauf.« Selbst die Büroreinigungskraft hat bei uns nie den Mindestlohn erhalten; ihre Arbeit war gut und sie sollte sich für die Arbeit auch etwas leisten können. Aus diesen Gründen sehe ich keinen Bedarf, Unternehmen einen Mindestlohn vorzuschreiben, was meiner Meinung nach ein großer Fehler wäre, weil man damit die Flexibilität stark beeinträchtigen kann.

Genauso verhält es sich mit der Qualifikation der Fachkräfte oder bei der Frage, ob ich ausländische Fachkräfte einstellen sollte. Ein Kollege aus Brasilien ist seit fast fünfzehn Jahren für unser Unternehmen tätig. Ihn zu gewinnen, war damals ein reiner Zufall. Wir bauten damals in Brasilien ein Werk auf. Wenn man in solchen Ländern als kleines Unternehmen tätig ist, muss man sich immer ortsansässige Unternehmen suchen, mit denen man zusammenarbeiten kann. Unser heutiger Kollege war dort als Berater in der Holzbearbeitung tätig, und wir haben ihn als Dolmetscher angeheuert. So sind wir zusammengekommen. Daher kann ich nicht behaupten, dass wir Fachkräfte brauchen, denn wenn man danach sucht, findet man schon Leute, die arbeiten wollen und sich dann engagieren. Und auch Multikulti ist für mich kein Thema, denn das sind wir ohnehin schon. Ich habe einen Argentinier im Unternehmen, einen Brasilianer, Türken und Deutsche. Über mangelnde Vielfalt können wir uns nicht beklagen.

Das ist ein schönes Schlusswort. Herzlichen Dank für das Gespräch.
Das Interview wurde am 12. Januar 2024 in Themar geführt.

Verena Wiechers

Jahrgang 1983.
Seit 2010 geschäftsführende Gesellschafterin an der Spitze
der Josef Wiechers GmbH.
4. Unternehmergeneration.

Können Sie mir bitte einen kurzen, stichwortartigen Überblick über Ihr Unternehmen und seine Entwicklung geben?

Mein Urgroßvater gründete unser Unternehmen im Jahr 1904, ganz klassisch noch, mit Pferd und Wagen – zumindest haben wir noch Fotos von damals gefunden. Im Jahr 1920 erwarb er in der Nähe des Krankenhauses Bergmannsheil ein Wohnhaus mit Hinterhof, auf dem der eigene Fuhrpark stationiert war. Im Jahr 1963 baute mein Vater dann mit meinem Opa zusammen – der damals noch Geschäftsführer war – in Bochum Hamme ganz neu, Verwaltung, Lager und Werkstatt. Schließlich kauften wir 1985 die Rombacher Hütte. Zu dem Zeitpunkt war mein Opa schon fast aus dem Unternehmen ausgeschieden. Den ersten Bauabschnitt haben mein Opa und mein Vater aber noch zusammen realisiert.

Stand hier wirklich einmal eine Hütte?

Ja, hier war früher ein Stahlwerk. Die Bebauung haben wir kontinuierlich erweitert, bis das Grundstück komplett erschlossen war. Im Jahr 1999 wurde das Logport-Gelände in Duisburg eröffnet, auf dem früher das alte Krupp-Stahlwerk gestanden hatte. Wir haben uns bis 2008 beim Hafen eingemietet. Als ich 2007 aus dem Studium zurückkehrte, fragte mich mein Vater: »Willst du jetzt wirklich ins Unternehmen kommen? Dann würde ich bauen.« Ich bin damit 2007 als vierte Generation offiziell eingetreten und wir haben 2008 in Duisburg ein 54.000-m²-Grundstück auf dem Logport-Gelände erworben. Die Eröffnung unseres 17.000 m² umfassenden Stahllogistikzentrums erfolgte im selben Jahr. Wenn ich wollte, hätte ich also Platz, mich bautechnisch noch ein bisschen auszutoben.

Und warum haben Sie sich entschieden, ins Unternehmen zu kommen?

Druck hat für mich nicht bestanden. Meine Eltern haben gesagt: »Wenn du es nicht machen willst, dann lass es.« Bei einer Spedition muss man schon wollen. Aber für mich hat schon immer eine Verbindung zu diesem Grundstück und zu dieser Firma bestanden. Als Kind bin ich hier Dreirad gefahren und seit meinem vierzehnten Lebensjahr habe ich mein Taschengeld aufgebessert, indem ich jeden Freitag hier gearbeitet habe. Mein Abitur habe ich schon nicht am Gymnasium gemacht, sondern an der höheren Handelsschule und bin dann in Richtung Spedition gegangen. Mein Vater hat mich zwar nicht in diese Richtung gedrückt, aber sich schon gefreut, als ich klar signalisiert habe, dass ich Spaß am Speditionsgewerbe habe.

Was bereitet Ihnen denn diesen Spaß?

Ehrlich gesagt: Dass es hier nie langweilig ist. Außerdem organisiere ich gern, auch im Privaten. Der tägliche Kontakt mit den Mitarbeitern freut mich, und die Möglichkeit, immer wieder neue Projekte anzupacken und sie organisieren zu dürfen, ist für mich besonders reizvoll.

Noch einmal zurück zum Einfluss Ihres Vaters. Er hat Sie ins Unternehmen hineinwachsen lassen. Hat er Ihnen auch bewusst andere Alternativen aufgezeigt?

Also andere Berufsbilder nicht, aber ich habe auch nie gesagt: »Tut mir leid, ich möchte jetzt unbedingt Zahnärztin werden.« Man soll Kinder nicht in einen bestimmten Beruf hineindrücken. Man kann keinen Beruf vierzig Jahre lang ausüben, den man nicht lernen wollte, sonst wird man irgendwann unglücklich und hat keine Freude mehr daran und bis zur Pensionierung ist es dann eine ganz schön lange Zeit.

Wie haben Sie sich auf die Übernahme der Verantwortung vorbereitet?

Ich habe meine Ausbildung zur Speditionskauffrau bei Dachser in Dortmund absolviert. Mein Vater und ich haben uns beide dagegen entschieden, dass ich die Ausbildung im eigenen Betrieb mache. Es wäre nicht förderlich gewesen, da niemand die Tochter des Chefs anmault, wenn sie Mist baut. Nach der Ausbildung war ich ein Jahr hier im Betrieb tätig, habe dann einige Praktika absolviert und anschließend in Bremen an der DAV Betriebswirtschaftslehre mit Schwerpunkt Logistik studiert. Im Jahr 2007 bin ich schließlich offiziell mit knapp 24 Jahren ins Unternehmen eingetreten.

Auf welcher Position?

Als Disponentin. Ich habe ganz klassisch unten angefangen.

Und wie ging es dann weiter?

Wir haben ja nicht so viele Abteilungen ... So kam als Nächstes eine Prokura, sonst hätte ich ja gar nichts gedurft. Außerdem nahm mich mein Vater zum Außendienst mit und ich folgte ihm wie ein Schatten, sodass die Kunden wussten, dass ich seine Tochter und Nachfolgerin war. Später sprach ihn der Speditionsverband in Münster an, ob er die Gremien, die er damals innehatte, vielleicht an mich abtreten wolle, sodass ich offiziell in die Ausschüsse eintreten könne. Zehn Jahre lang haben wir daraufhin zusammengearbeitet. Er ist mit der Zeit immer weiter zurückgetreten, hat mit mir zusammen aber noch einen Prokuristen meines Alters ausgesucht, der gewährleistet hat, dass ich die nächsten 15 Jahre nicht allein bleibe. Irgendwann hat er gemerkt, dass seine alten Weggefährten bei den Kunden immer seltener wurden: »Was soll ich jetzt da? Soll ich mich mit Vierzigjährigen oder Fünfundvierzigjährigen unterhalten? Für die bin ich doch ein Fossil.« Nach zehn Jahren war somit Schluss und er ist dann wirklich – und das glaubt mir eigentlich keiner – komplett fortgeblieben. Er kommt nicht mehr vorbei und hat alles an mich abgetreten, ganz ohne Hintertür.

Wo lagen denn die größten Probleme in der Übergabe? Oder gab es solche gar nicht?

Keiner kann behaupten, eine Übergabe in einer Familie sei harmonisch! Irgendwann hat man ja selber Fuß gefasst. Ich ging auf Dreißig zu, war schon sechs Jahre in der Firma, und wir sind beide sehr impulsive Menschen. Als ich nach rechts und er nach links laufen wollte, hat es wirklich gekracht, hat meine Mutter es uns verboten, beim Abendessen über die Firma zu sprechen, damit wir wenigstens da harmonisch ein Butterbrot zusammen essen konnten. Aber wir haben uns nicht überworfen, auch wenn es zum Schluss sehr anstrengend war.

Hatten Sie einen Plan, wie lange Sie gemeinsam führen wollten?

Ich glaube, anfangs war der Plan, dass er mit siebzig ausscheiden würde, aber wir hatten damals keinen Prokuristen und ich wäre mit dreißig allein zurückgeblieben. Das wäre organisatorisch nicht möglich gewesen. Mit fünfundsiebzig kam er morgens immer später und hatte irgendwie nicht mehr die gleiche Freude an der Arbeit. Auch merkte er natürlich, dass er mit den neuen Herausforderungen, insbesondere mit der Digitalisierung, nicht mehr Schritt halten konnte. Das war dann der Punkt, an dem er aufhörte. Aber einen richtigen Fahrplan, so wie ihn die IHK empfiehlt, hatten wir nicht. Das Einzige, was wir wirklich gut gemacht haben, war, dass er sukzessiv immer mehr Aufgaben abgegeben hat, sodass es zum Schluss nicht mehr der ganz große Schritt war, sondern nur ein ganz kleiner, den eigentlich kaum jemand bemerkt hat.

Er wollte sich am Ende auch nicht offiziell verabschieden. Er ist einfach nicht mehr gekommen. Heute interessiert er sich immer noch sehr für das, was ich hier tue, und wir haben einmal im Jahr eine feste Zusammenkunft im Sinne einer »Familiensilberkontrollphase«. Da sprechen wir darüber, ob ich alles zusammengehalten habe, und machen einen richtig schönen Familienausflug. So ist er beruhigt, dass hier alles in Ordnung ist. Insgesamt ist die Nachfolge doch ganz gut verlaufen. Ich glaube, es gibt schlimmere Übergänge als unseren.

Wie frei fühlen Sie sich, den weiteren Weg des Unternehmens zu bestimmen? Wollen Sie etwas bewusst anders machen als Ihr Vater?

Mir war es immer wichtig, das Unternehmen nicht autokratisch zu führen. Ich bin eher kooperativ ausgerichtet und habe Fachpersonal, dem ich nur sagen muss: »Hier ist das Ziel. Schau, wie du dahin kommst. Lauf jetzt erst einmal, dann gucken wir weiter.« In Bezug auf das Geschäft war mein Vater

stark auf den Fuhrpark fixiert, und mir war immer schon klar, dass man damit künftig kein Geld mehr machen kann. Deshalb habe ich mich stark auf die Weiterentwicklung der Logistik konzentriert.

Wo sehen Sie die größten Herausforderungen, das Unternehmen erfolgreich fortzuführen?

Der Fachkräftemangel bereitet uns große Sorgen. In meiner Belegschaft sind in den nächsten acht Jahren dreißig Prozent der Mitarbeiter rentenfähig. Ob wir alle ersetzen können, ist ungewiss. Es wird sehr viel schwieriger werden.

Die Lohnkosten steigen dadurch für uns natürlich auch sehr stark an. Im Prinzip werben wir uns das Personal in der Branche nur noch gegenseitig ab. Außerdem bringt uns die Bürokratie um – anders kann ich es nicht mehr sagen. Es ist unglaublich viel geworden und wird zudem immer schwieriger und komplexer.

Was wären Beispiele dafür?

Wir brauchen z. B. Schwerlastgenehmigungen. Diese waren früher für ein Jahr gültig, werden jetzt aber nur noch für drei Monate ausgestellt. Das bedeutet, dass ich dieselbe Genehmigung nun viermal im Jahr beantragen muss. Allerdings wird sie immer seltener erteilt, weil die Infrastruktur immer schlechter wird. Und der Aufwand ist enorm.

In den Niederlanden oder in Skandinavien braucht man für eine Schwerlastgenehmigung etwa eine Woche und wir kommen unter drei Monaten an eine solche Genehmigung gar nicht mehr heran. Somit können wir sie schon wieder neu beantragen, wenn wir sie erst gerade ausgestellt bekommen haben. Zudem müssen wir ordnerweise Dokumentationen erstellen, die einer gründlichen Überprüfung standhalten müssen, z. B. für den Arbeitsschutz. Es ist nichts mehr einfach, und es ist leider nicht digital.

Die größte Sorge macht uns die Abwanderung der Schwerindustrie. Als Schwergutspediteur profitieren wir von jeder Subvention der Politik, etwa bei Unternehmen wie Thyssen oder Salzgitter. Die Politik scheint zumindest teilweise auf dem Schirm zu haben, dass daran Arbeitsplätze hängen. Frustrierend ist jedoch, dass wir die Veränderungen auf uns zukommen sehen, aber kaum Einfluss darauf nehmen können. Man kann immer nur versuchen, sich neu auszurichten, aber das ist schwer.

Gibt es etwas, was Ihr unternehmerisches Handeln charakterisiert?

Von meinem Vater habe ich übernommen, dass wir eine große Verantwortung für unsere Belegschaft tragen. Es ist unsere Aufgabe, sicherzustellen, dass das Gehalt pünktlich auf dem Konto ist. Die Mitarbeiter sind von uns abhängig, gerade auch in wirtschaftlich schwierigen Zeiten – mein Vater hat niemanden entlassen und ich auch nicht. Sogar während der Corona-Pandemie habe ich alle an Bord behalten. Das stand nie zur Debatte. Wir denken eher auch in Fünf-, Sechs-Jahresschritten. In zwei Jahren, wenn die Konjunktur zurückkommt, brauche ich mein Personal wieder. Daher halte ich an meinen Mitarbeitern fest.

Allgemein pflegen wir hier eine sehr familiäre Atmosphäre – das mag ich sehr. Obwohl ich mich nur mit dem Büropersonal duze, weiß ich schon sehr genau, wann wer wo im Urlaub ist. Es gefällt mir, dass die Leute das Gefühl haben, ich interessiere mich für sie. Unser Unternehmen profitiert davon durch eine herausragende Qualität und einen äußerst niedrigen Krankenstand, und selbst, wenn die Leute krank sind, helfen sie uns im Notfall und arbeiten mal ein paar Stunden mit, insbesondere die, die im Homeoffice sind.

Wir verzeichnen auch relativ wenige Kündigungen. Die Leute merken, dass ich es mit der Verantwortung ernst meine, dass das nicht aufgesetzt ist. Mein Vater war autokratisch, während ich eher als Teamplayer agiere. Und die Leute danken es mir, das muss ich ganz ehrlich sagen.

Ist Ihnen das wichtig, weil Sie es generell als wichtig erachten?
Weil das einfach meine Art ist. Auch privat bin ich ein umgänglicher Mensch. Ich interessiere mich immer sehr für meine Mitmenschen und habe das ein-

fach in mein Berufsleben mitgenommen. Vielleicht ein bisschen distanzierter, aber das entspricht sehr meiner Persönlichkeit, und ich muss mich in meinem Beruf nicht verstellen.

Um einmal in die Klischeekiste zu greifen: Hat das etwas damit zu tun, dass Sie eine Frau sind?

Die Frage verstehe ich gut. Es gibt Studien, die zeigen, dass die besten Teams gemischte Teams sind. Ich glaube, das ist bei uns auch so. Mein Kollege ist eher der Zahlenmensch. Wenn ich mit einer neuen Idee um die Ecke komme und sage: »Ich habe mit heute morgen mit meinem Hund überlegt, das machen wir jetzt so.« Dann antwortet er: »Gib mir mal eine halbe Stunde und ich mache mein Excel auf.« Aber ich glaube schon, dass man als Frau empathischer führt.

Hatten Sie eigentlich als Frau in der männerdominierten Branche der Logistik Probleme, sich durchzusetzen?

Nein, ich nehme das oft gar nicht wahr, bis jemand sagt: »Du bist ja die einzige Frau auf dem Foto.« Die Akzeptanz bei Kunden und Bankern war sehr schnell da, als ich das Unternehmen übernommen habe, und mit meinen Mitwettbewerbern pflege ich ein kollegiales Verhältnis. Aber wenn man an dieser Stelle sensibel ist, kann man es schon merken. Bei meinem ersten Meeting beim Verband ist ein älterer Herr auf mich zugekommen und hat gesagt: »Dann kochen Sie mal Kaffee.« Meine Antwort war: »Wenn Sie Kaffee trinken wollen: Da vorne steht die Kanne!« Ich glaube jedoch, dass das eher dem klassischen Rollenbild, auch zu Hause, geschuldet war, und das er nicht böse gemeint hatte. Er schaute mich vollkommen verdattert an und entschuldigte sich. Es ist auch vorgekommen, dass mir gesagt wurde: »Dass du als Frau heute dabei warst, ist gar nicht aufgefallen.« Ich habe das als Kompliment dafür genommen, dass man meine Anwesenheit geschätzt hat, und habe es nicht weiter hinterfragt.

Es ist halt die Frage, ob dahinter ein tradiertes Verhalten steckt oder Böswilligkeit.

Genau! Und man kann sich als Frau auf den Schlips getreten fühlen. Aber ich kann das ja auch umkehren und einem Mann sagen, dass er wieder einmal die Feinfühligkeit eines Panzers an den Tag legt. Ein bisschen mehr Entspanntheit in dieser Hinsicht wäre gut. Wichtig ist es aber, gleiche Möglichkeiten zu schaffen. Ein Arbeitgeber soll nicht überlegen müssen, ob er eine Frau einstellt, wenn er die nächsten zehn Jahre die Kinderbetreuung im Hintergrund hat. Die Betreuungsangebote müssen verbessert werden. Persönlich hätte ich es aber nicht schön gefunden, zu wissen, dass ich nur wegen der Frauenquote des Unternehmens eingestellt wurde. Dann hätte man immer so ein Geschmäckle.

Welche Fähigkeiten werden für Ihren weiteren unternehmerischen Erfolg vermutlich ausschlaggebend sein?

Flexibilität, dass wir uns schnell dem Markt anpassen, dass wir das, was der Kunde wünscht – jetzt sehr stark in Richtung Umweltschutz, grüne Logistik – wirklich leisten können. Lösungen auf infrastrukturelle Herausforderungen liefern, wird noch wichtiger werden: Wie kann ich meine Logistikkette aufbauen, damit der alte Verkehrsträger nur noch für die letzte Meile zuständig ist? Und auch, dass wir mit unseren Kunden ein sehr partnerschaftliches Verhältnis eingehen und Wert darauf legen, dass man uns auf Augenhöhe begegnet.

Beinhaltet partnerschaftlich auch fair?

In der Regel ist das heute so. Vor allem, seitdem die neue Generation – die der 40- bis 45-Jährigen, zu der auch ich gehöre – nachkommt. Partnerschaftlichkeit ist der klare Tenor. Natürlich müssen die Preise passen, aber es ist ebenso wichtig, dass ich am Ende des Jahres noch atmen kann. Das ist den Kunden wichtig. Das merkt man auch, wenn wir ein Problem haben und sagen: »Hier drückt uns jetzt massiv der Schuh«, dann lautet die prompte Antwort: »Kommt vorbei, wir sprechen darüber und finden gemeinsam eine Lösung.« Das hat sich im Vergleich zu früher deutlich verbessert. Mein Vater hat das noch auf eine ganz andere Weise kennenlernen müssen. Das liegt vielleicht auch daran, dass ich selbstbewusster auftrete. Ich bin mir der Leistung, die ich erbringen kann, sehr bewusst, und finde, dass ich mich nicht klein machen lassen muss. Man darf den Anspruch haben, sein Unternehmen zumindest halbwegs gewinnbringend zu leiten.

Partnerschaftlich ist genau richtig in einer Zeit, in der ich nicht genau weiß, wie es weitergeht. Ich brauche dann ein Vorgehen, bei dem ich gemeinsam lernen kann, bei dem ich davon profitiere, dass andere Beiträge leisten, an die ich selbst nie gedacht hätte, weil ich gar nicht wusste, dass die anderen das können. Der einsame mittelständische Unternehmer, der alles bestimmt, den wird es im Zweifel nicht mehr geben können.
Ich bin stark in das Tagesgeschäft hier eingebunden, aber ich bin auch erst seit sechs Jahren dabei und habe noch andere Aufgaben zu erledigen. Deshalb bin ich dankbar, wenn ein Mitarbeiter sich etwas Neues überlegt. Sonst wird man irgendwann betriebsblind. Wenn man immer nur seinen eigenen Weg geht, ohne nach links und rechts eine eigene Meinung zuzulassen, fährt man – wenn's schlecht läuft – irgendwann vor die Wand.

Welche Erkenntnisse konnten Sie von Ihrem Vater übernehmen und welche nicht?

Die wichtigste Erkenntnis ist der persönliche Kontakt. Die Praxis, eher hinzufahren, anstatt das Telefon in die Hand zu nehmen, habe ich übernommen. In der Pandemie konnte ich das nicht, was den Geschäftsbeziehungen zum Teil auch nicht so gutgetan hat. Mein Vater war jedoch nicht jemand, der mir etwas explizit weitergegeben hat. Vielmehr habe ich ihn lange begleitet, was ihm auch wirklich wichtig war. Er hat auch häufig gesagt: »Sieh zu, dass du auch mal abends privat mit den Leuten ein Bier trinken gehst. Am Tresen ist es doch immer noch ein bisschen lockerer als am Konferenztisch.« Aber ich merke jetzt, dass das in der jetzigen Generation nicht mehr erwünscht ist. Wir haben noch genau einen mittelständischen Kunden – er ist sechsundvierzig –, der es liebt, hier alle acht Wochen zum Essen zu kommen. Alle anderen sagen mir direkt ins Gesicht, dass sie keinen Wert mehr darauf legen: »Machen Sie doch Zoom. Und dann müssen Sie auch nicht mehr extra kommen.« Das ist der Trend nach der Pandemie und viele sind nicht mehr aus diesem Modus herausgekommen. Wir würden gerne wieder in den Außendienst fahren, aber man schickt uns immer nur in solche Zoom-Meetings.

Ich glaube, dass das für die Kunden auf Dauer nicht optimal ist, denn bei persönlichen Treffen fallen oft in Nebensätzen wichtige Einzelheiten: »Ach, das können Sie auch? Das suchen wir eigentlich schon die ganze Zeit.« Früher kam das häufig vor, jetzt sind die Gespräche sehr zielgerichtet auf eine spezifische Problematik oder Lösungsidee beschränkt, danach ist das Thema abgehakt und auch das Meeting vorbei. Vielleicht hat der Kunde aber noch ganz andere Probleme, bei denen man hätte helfen können. Das fällt jetzt weg.

Das ist ein erheblicher Nachteil dieser Technologie. Ich habe nicht mehr die Gelegenheit, beim Kaffeetrinken oder wo auch immer »unproduktiv« herumzustehen. Man hat das Entwicklungszentrum von BMW in München vor vielen Jahren um eine Cafeteria herum gebaut, damit die Ingenieure dahin gehen und sich hinsetzen und reden konnten und dann irgendetwas aufgeschnappt haben. Dieser ungerichtete Kommunikationsteil fehlt jetzt. Das habe ich auch bei uns gemerkt. Wir waren zwar pflichtgemäß alle im Homeoffice, aber meine Leute haben das aber nur zähneknirschend akzeptiert. Es ist auch keiner im Homeoffice geblieben. Alle genießen dieses Unproduktive, mal steht jemand in der Kaffeeküche, dann gibt es gemeinsames Grillen oder wir bestellen uns eine Pizza. Außerdem wollen alle diesen Cut zum Privaten haben: Haustür zumachen, Auto aufmachen, hinfahren und wieder zurück, und dort ist es Privatleben. Ich glaube auch, dass dies mental besser ist.

Ein weiteres wichtiges Prinzip, das mein Vater mir vermittelt hat, ist Bescheidenheit, nicht nur in der Firma, sondern vor allem im privaten Bereich. Wir gehen beide lieber ein Schnitzel essen als in ein Sternerestaurant. Auch wissen wir, dass wir dankbar sein müssen für das Leben, das wir führen dürfen. Uns geht es gut, wir können uns schöne Dinge gönnen und haben keine finanziellen Nöte. Es ist wichtig, sich bewusst zu sein, dass es vielen nicht so geht – das hält einen bescheiden. Meine Mutter ist ähnlich eingestellt. Sich selbst treu bleiben, das tun, was einem wirklich Spaß macht, auch wenn es nicht ganz so unternehmerisch ist.

Ist, bodenständig zu bleiben, nicht auch etwas, was man klischeemäßig von einem Mittelständler erwartet?

Das weiß ich nicht. Ich bin einfach so erzogen worden. Weil es meinen Eltern wichtig ist, haben sie bei meiner Erziehung darauf geachtet. Meine Mutter hat manchmal in der Pubertät gesagt: »Arroganz ist nicht schön. Lass das mal.« Bodenständigkeit sehe ich sehr häufig, aber ich kenne auch Nachfolger, bei denen ich denke: »Na ja, es ist schon unser Geld, aber manchmal muss man es für schlechte Zeiten hier behalten.« Und wie will man das der Belegschaft sonst vermitteln, wenn man es nicht vorlebt?

Was macht für Sie das Spezifische im Mittelstand aus? Welche zentralen Unterschiede bestehen zu Großunternehmen? Besitzen Sie mehr Freiheits- grade für Ihr Handeln?

Ich glaube, dass wir längerfristig handeln. Hier denkt man: »Oh Gott, wir sind jetzt 123 Jahre alt.«, und investiert auch in etwas, was erst in zehn Jahren sinnvoll wird oder sich erst dann amortisiert. Bei einem Konzern habe ich häufig das Gefühl, dass Manager schon nach einem oder zwei schlechten Jah- ren auf ihre Bilanzen schauen und die nächste Rentenwelle einleiten oder ein Projekt wieder stoppen. Zudem sind wir unbürokratischer als ein Konzern. Wenn ich eine Idee äußere, dann besprechen wir sie und 24 Stunden später können wir z. B. eine Halle anmieten, wenn ich Lust dazu habe. In einem Konzern dauert das gefühlt ewig.

Die Freiheit, sich sein Berufsleben so gestalten zu können, wie man will, fand auch mein Vater immer schön, und das gilt auch für mich. Dazu gehört auch, dass man immer wieder neuen Input von außen bekommt – wie aktuell die grüne Logistik. Aufgrund dieser Freiheit kann ich mich jetzt damit beschäfti- gen, wie ich meine Gebäude, die schon 35 Jahre alt sind, in den nächsten fünf Jahren fit für die Zukunft machen kann. Das hat mit meinem Tagesgeschäft überhaupt nichts zu tun, sondern ist wie ein eigenes, selbstgewähltes Projekt. Ich finde diese Freiheit ganz toll. Deswegen wird es mir hier nie langweilig.

Sind Sie grundsätzlich ein freiheitssuchender Mensch?

Ja, privat auch. Ich glaube, mittlerweile könnte ich nicht mehr in einem Ange- stelltenverhältnis arbeiten. Vielleicht wäre es nach der Lehre noch gegangen. Doch ich mag es nicht, eingeengt zu werden. Zudem habe ich ein sehr starkes

Verantwortungsbewusstsein und finde es schön, wenn ich das den Mitarbeitern zeigen kann.

Sind für Sie Freiheit und Verantwortung zwei Seiten einer Medaille?

Ja, ich liebe die Freiheit, aber ich habe mich letztlich für die nächsten zwanzig, fünfundzwanzig Jahre hier verpflichtet. Meine Leute verlassen sich darauf, dass ich hierbleibe. Anders als mein Lebenspartner kann ich nicht einfach sagen: »Ach, ich habe ein tolles Jobangebot und gehe jetzt.« Ich bin jetzt schon – nennen wir es mal so – angekommen, und deshalb finde ich es immer wieder schön, dass ich durch die Kunden so gefordert bin. Es hört eben nicht auf. In den letzten drei Jahren war es vielleicht etwas viel: zuerst die Corona-Pandemie, dann der Ukraine-Krieg und Versorgungsengpässe und dann noch der Gaswinter. Da hofft man wirklich auf einen ruhigen Sommer, in dem man einfach einmal arbeiten kann. Aber die Arbeit und die damit verbundenen Herausforderungen finde ich, wie auch mein Vater schon, schön. Er hat sich sehr in den Hallen, die er gebaut hat, verwirklicht. Ob wir noch wachsen sollten, weiß ich nicht. Das kann auch irgendwann ungesund werden. Aber ich finde es wunderbar, überlegen zu können: »OK, jetzt habe ich das da stehen, was mache ich jetzt? Wie optimiere ich das jetzt und bekomme es fit für die Zukunft?«

Sie sind Teil eines Familienunternehmens, in der vierten Generation. Schränkt das Thema »Staffelstab« Ihre Freiheitsgrade ein?

Ich schätze das Historische dahinter und das Bewusstsein, jetzt hier in Bochum verwurzelt zu sein, wie die Generationen vor mir, jeder auf seine Art, jeder mit unterschiedlichen Schwierigkeiten und Erweiterungsphasen. Das würde ich mit Familienunternehmen verbinden. Aber ich empfinde kein Pflichtgefühl, das fortzuführen. Wenn ich keinen Nachfolger finde, ist es eben eine Mittelstandsfirma mit einer Geschäftsführerin.

Also wäre das nicht so schlimm?

Ich glaube nicht und beobachte jetzt auch in meinem Umfeld, dass die ersten Firmen verkauft werden, in denen die Geschäftsführer so Mitte fünfzig oder Ende fünfzig sind und zum Teil auch ihre Kinder im Unternehmen arbeiten. Dort hört man: »Ja, es ist so ein undankbarer Job.« Man fühlt sich als Mittelständler, die keiner mag, nach dem Motto : »Wir sind die Ausbeuter, wir bereichern uns, Erbschaftssteuer wollen wir auch nicht mehr zahlen.« Auch wird die Situation immer schwieriger. Krisen kommen schnell hintereinander, und es gibt in der Zukunft viel Konfliktpotenzial. Selbst wenn ich eine

Nachfolge hätte – ich bin kinderlos –, würde ich fast überlegen und ganz ehrlich sagen: »Mach es Dir doch gemütlich. Geh doch in einen Konzern.« Ich weiß nicht, ob man heute wirklich noch empfehlen möchte, Mittelständler zu werden. Der vorherrschende Tenor scheint zu sein: »Ich habe jetzt keine Lust mehr, ich gebe es jetzt ab und mache es mir in den letzten zehn Jahren noch ein bisschen bequem.« Zudem besteht die Gefahr, dass der Nachfolger es nicht schafft und man im Nachgang doch noch verkaufen muss. Wenn die Eltern diese Entscheidung nicht treffen können, muss jemand aus dem Umfeld – Banker, Wirtschaftsprüfer – im schlimmsten Fall die Reißleine ziehen und sagen: »Nein, das wird nichts.«

Wie sehen Sie die Zukunftschancen Ihres Unternehmens? Wo liegen die größten Herausforderungen? Das Thema hatten wir schon gestreift.
Ich sehe die Zukunftschancen – wie gesagt – in der Logistik. Die Rahmenbedingungen für die Spedition – Fahrermangel, steigende Dieselkosten, Mauterhöhung, Elektrifizierung – sprechen eher dafür, dass sich dort die großen Konzerne durchsetzen werden, weil sie sich das eher leisten können. Hallenlogistik, so wie wir sie betreiben, mit dieser Flexibilität, wird jedoch erhalten bleiben, gerade im Verbund mit der Schiene. Mit der Niederlassung in Duisburg im Rücken bin ich sehr optimistisch, weil in Zukunft angestrebt werden wird, die Mautkilometer zu reduzieren. Man wird so nah wie möglich an die Kunden herankommen. Daher bin ich zuversichtlich, dass Logistik bei uns wirklich laufen wird.

Herzlichen Dank für das Gespräch!
Das Interview wurde am 30. August 2023 in Bochum geführt.

Thomas Wolff

Jahrgang 1955.
Von 1989 bis 2023 geschäftsführender Gesellschafter
an der Spitze der Wolfcraft GmbH.
2. Unternehmergeneration.

Können Sie mir bitte einen kurzen, stichwortartigen Überblick über Ihr Unternehmen und seine Entwicklung geben?

Der offizielle Gründungstermin war der 1. Juli 1949, als mein Vater zum Amtsgericht ging und die Firma anmeldete. Die Wurzeln gehen jedoch noch etwas weiter zurück. Mein Großvater besaß eine Feilenschmiede. Er stammte aus Remscheid, meiner Geburtsstadt. Vor 120 Jahren hieß es: In Remscheid, Stuttgart und Schmalkalden sind 80% der weltweiten Werkzeugproduktion zu Hause. Aus diesem Umfeld stammen wir. Mein Großvater hatte – im Zuge seiner Expansion – auch eine Tochtergesellschaft in England, die jedoch 1917 konfisziert wurde – ein Teil deutsche Geschichte.

Mein Großvater ist früh gestorben, und sein Unternehmen wurde nach dem Krieg von meinem Vater zusammen mit seinem Bruder fortgeführt. Weil er in diesem Umfeld seine Ideen nicht verwirklichen konnte, hat sich mein Vater selbstständig gemacht, die Firma gegründet und dann lange nach einem Bereich gesucht, auf den sich diese konzentrieren soll. In den 1950er-Jahren fand er schließlich seine Nische im Bereich der Heimwerker-Werkzeuge, in dem wir seither aktiv sind.

Wir sind Hersteller und wir sind Markenartikler. Der Name »wolfcraft« ist vor 60 Jahren entstanden und sollte international klingen. Als mein Vater in den späten 1950er- und frühen 1960er-Jahren in Europa herumreiste, gab es noch sehr viele Ressentiments gegenüber Deutschen, z. B. in Holland und in England. Aus diesem Grund suchte er nach einem Markennamen, der nicht deutsch klingen sollte. Deshalb wurde »Wolf« bewusst nur mit einem f geschrieben. Das »craft« ist an den Markennamen Craftsman von Sears in den USA angelehnt, der auch heute noch existiert. Der Sears-Katalog war in dieser Zeit in Industriekreisen die Bibel für Werkzeuge. Aus der Kombination dieser Ideen entstand der Name »wolfcraft«. Seit der Geburt des Markennamens Anfang der 1960er-Jahre, haben wir ihn konsequent beibehalten. Eigenmarken für den Handel machen wir nicht. Wir machen wolfcraft. Das hat viele Vorteile. Und gerade auch im Internetzeitalter ist die Marke als Anker, als Orientierung, ganz wichtig.

Gab es Ende der 1950er-Jahre überhaupt schon einen nennenswerten Markt für Heimwerker-Werkzeuge?

Es gab Fachhändler, die klassischen Eisenwarengeschäfte. Damals waren die Werkzeuge noch in Ölpapier eingepackt. Ich erinnere mich daran, dass mein Vater der Erste in der Branche war, der Blisterverpackungen einführte –

damals waren diese nur für Kosmetikartikel üblich. Und weil es dafür keine Maschinen gab, baute er sie selbst. Anfang der 1960er-Jahre hatte das Unternehmen in Remscheid keinen Platz und keine Arbeitskräfte mehr, weswegen mein Vater mit dem Familienunternehmen in die Eifel zog: erst nach Weibern, einem Nachbarort, und in zwei Schritten dann Mitte der 1980er-Jahre hierher nach Kempenich. Es hieß, es gäbe kein entsprechendes Grundstück für uns in Weibern. Zwanzig Jahre später klopften sie bei uns an, aber da war es zu spät. Auch heute versuchen wir, uns ausreichend Grundstücke zu sichern. Bei Immobilien muss man in Generationen denken – man braucht sie vielleicht zwanzig Jahre lang nicht und dann plötzlich besteht Bedarf.

Wann sind Sie in das Unternehmen eingestiegen?

Das war 1982/1983, zusammen mit meinem Bruder. Ich habe fünf Geschwister, und mein Vater hat sehr früh gesagt: »Mehr als zwei ist nicht gut für das Unternehmen.« Ich bin der Älteste und dann kommt mein Bruder. Wir haben noch zwei Schwestern und zwei weitere Brüder, die deutlich jünger sind. Die Entscheidung, dass wir beiden Erstgeborenen das Unternehmen übernehmen, ist sehr früh gefallen. »Einer das Kaufmännische, einer das Technische« – das habe ich gehört, seit ich drei bin. Mit diesem Narrativ bin ich groß geworden.

Sie hatten also keine Chance, etwas ganz anderes zu machen?

Doch, ich hätte Nein sagen können. Die Möglichkeit dazu bestand immer, wenn es auch etwas mühsam gewesen wäre. Ich bin nicht so kontrovers, mein Bruder hat hingegen eine Zeit lang überlegt, ob er in die Nachfolge gehen will oder nicht.

Unser heutiger Hauptmarkt, die Baumärkte, entstand in den 1970er-Jahren. Zwischen 1970 und 1980 verzehnfachte sich der Umsatz unseres Unternehmens. Dann war der Markt gesättigt, der Verteilungskampf fing an und der Wettbewerb wurde härter. Mein Vater war damals Anfang sechzig, ich gerade in den USA. Da setzte er meinem Bruder die Pistole auf die Brust und erklärte: »Entweder du kommst jetzt in das Unternehmen, oder ich verkaufe es« – so erzählt es zumindest mein Bruder.

Was haben Sie in den USA gemacht?

Ich war durch die Carl-Duisberg-Gesellschaft zwei Jahre dort, davon ein Semester an einer Hochschule. Gearbeitet habe ich dort bei einer Bank in den Südstaaten. Zurück in Deutschland habe ich ein Zusatzstudium zum Wirtschaftsingenieur abgeschlossen und bin 1983 mit 27 Jahren ins Unternehmen eingetreten, genauso jung und unerfahren wie mein Bruder: Aber mit dem, was ich im Management gelernt hatte, hatte ich sofort das Gefühl, dazuzugehören. Zwar konnte ich dem gestandenen Produktionsmanager oder dem erfahrenen kaufmännischen Leiter nicht vorschreiben, wie Dinge gemacht werden sollen, aber ich habe zugehört – und das tue ich bis heute. Wir haben viele Fachleute im Haus, die auf ihrem Gebiet besser sind als ich. Also höre ich zu. Wenn ich meine Führungsphilosophie beschreiben müsste, würde ich sagen, dass sie auf Zuhören und gemeinsamer Entscheidungsfindung basiert.

Mein Vater ist 1989 komplett aus dem Unternehmen ausgeschieden, hat die Anteile an uns übergeben und ist auch nicht in den Beirat gewechselt.

Kam er gar nicht mehr?
Ins Unternehmen kaum. Er wohnte ja hier und ich bin jeden Tag zu ihm und meiner Mutter zum Mittagessen gefahren. Aber seine Ankündigung, dass er sich nicht mehr einmischen will, hat er konsequent umgesetzt. Wenn es vorkam, dass sich der eine oder andere bei meinem Vater über uns beschwerte, war seine Antwort immer: »Dafür bin ich nicht mehr zuständig, da müssen Sie mit meinen Söhnen reden.«

Da haben Sie Glück gehabt!
Ja, ich hoffe, wir machen es jetzt ähnlich, aber natürlich auch anders – Kinder wollen es ja immer anders machen als die Eltern. Bei uns ist ebenfalls so, besonders weil wir jetzt nicht nur zwei sind wie bei ihm damals. Wir sind gerade dabei, die Familiennachfolge festzulegen. Vor etwa zehn Jahren haben wir begonnen, mit einem Beratungsunternehmen mehrtägige Workshops zu veranstalten. Daran beteiligt waren mein Bruder und ich, unsere Ehepartner und unsere Kinder. In diesen Workshops haben wir gemeinsam die Thematik erarbeitet: Was heißt es, Eigentümer zu sein? Was heißt es, in der Geschäftsführung zu sein? Was sind die Pläne und Vorstellungen der anderen? Was haben wir für Vorstellungen? Entstanden ist eine Familiencharta, ein moralischer Leitfaden, wenn man so will.

Wir haben im Verlauf dieses Prozesses auch unsere Einstellungen angepasst. Ursprünglich hatten wir gesagt: »Aus jeder Familie einer.« Diese Regelung hätte jedoch zu Einschränkungen geführt, wenn mehr Talente als Positionen da wären. Das wollten wir nicht. Stattdessen haben wir Kriterien formuliert, die die Nachfolger mitbringen sollen, bevor sie bei wolfcraft anfangen, z. B.

ein paar Jahre außerhalb des Unternehmens gearbeitet zu haben. Im Augenblick haben vier Personen Interesse angemeldet und sind auf dem Weg dahin. Alle sind als Gesellschafter einbezogen und zum Teil im Beirat der Gesellschaft, und das funktioniert ganz gut.

Ich bin Anfang des Jahres in den Ruhestand getreten, mein Bruder geht jetzt. Wir haben langjährig führende Bereichsleiter im letzten Jahr zu Geschäftsführern benannt, drei davon sind schon über zwanzig Jahre im Unternehmen.

Zu ihnen haben wir ein gutes Verhältnis, vertrauen ihnen und sind der Überzeugung, dass es in dieser Form gut weitergeht. Sie sind alle um die Mitte bis Ende fünfzig. Wenn sie in zehn Jahren in den Ruhestand gehen, sollte die nächste Generation bereit sein, in die Geschäftsführung einzutreten. Das ist der Plan, und im Augenblick sieht es ganz gut aus.

Die Geschäftsführer sind immer noch quasi »Ihre« Leute. Wenn die Nachfolger jetzt zehn Jahre Zeit haben, das Feld zu sondieren, um zu wissen, was sie machen wollen, passt das gut.

Ja, sie können sich hier beweisen und den anderen Gesellschaftern zeigen, dass sie dafür qualifiziert sind. Ich bin zuversichtlich, dass wir es meistern werden. Wie in jeder guten Beziehung ist es auch ein bisschen Glücksache, ob es funktioniert, aber vor allem erfordert es kontinuierliche Arbeit. Das geht nicht von allein. Mein Bruder und ich haben viel Arbeit in unsere Beziehung gesteckt, um sie produktiv zu gestalten. Das Gleiche gilt jetzt auch für die Nachfolger untereinander sowie für die Zusammenarbeit mit uns.

Vielleicht noch zwei Dinge, die uns bei wolfcraft geprägt haben. Das eine war das Fallen der EU-Schranken Ende der 1980er-Jahre. Damit konnten wir im europäischen Umfeld mit reinen Verkaufsbüros aktiv sein und alles andere von hier aus erledigen. So waren wir als Mittelständler in der Lage, den Importeur zu umgehen, und wurden damit wettbewerbsfähiger. Zur selben Zeit fingen wir auch in der Produktion an, Schritte nach Osteuropa zu unternehmen, in die damalige Tschechoslowakei. Aus diesen Anfängen entstand 2004 unser eigenes Werk in der Slowakei, das wir südlich von Bratislava auf der grünen Wiese errichteten. Heute ist es mit ca. 300 Mitarbeitern unser Hauptproduktionsstandort.

Haben Sie eine bestimmte wirtschaftliche Grundüberzeugung?

Ja, und zwar stammt sie von meinem Vater: »Der Mitarbeiter als Mitunternehmer.« Dieses Prinzip prägt uns. Wir wollen aus den Mitarbeitern Mitunternehmer machen, die in ihrem Denken, Fühlen und Handeln wie Unternehmer agieren. Dies ist unser Leitsatz seit den 1970er-Jahren. Er beinhaltet viele Aspekte – ich könnte Ihnen einen abendfüllenden Vortrag dazu halten. Drei Kernelemente sind besonders wichtig: Erstens muss ich den Mitarbeiter als Person schätzen, respektieren, nicht als Befehlsempfänger oder als Kostenträger sehen. Auch die Aushilfe im Versand nehme ich als Person, als Mensch und als Mitarbeiter ernst. Zweitens, Information ist entscheidend. Wenn jemand am Unternehmenserfolg mitarbeiten soll, muss er informiert sein. Wir informieren also im Unternehmen relativ breit über die GuV und vieles andere. Und drittens, wir sind der Überzeugung, dass Mitarbeiter, die zum Unternehmenserfolg beitragen, auch daran beteiligt sein sollten. Wir haben seit den siebziger Jahren eine Gewinnbeteiligung für alle Mitarbeiter.

**Wie bekommen Sie Leute, die das wollen? Ist das bei Einstellungs-
gesprächen eine wichtige Position? Spricht sich das herum, weiß man
das oder ist das eher etwas, was Sie wollen und was erst vom Mitarbeiter
begriffen werden muss?**

Wenn wir jemanden einstellen, ist es zunächst wichtig, dass die Person von der
Mentalität her ins Unternehmen passt. Anschließend muss sie dann lernen –
von den Kollegen, von den Vorgesetzten, von der Unternehmensleitung. Das

ist einfach, wenn Sie eine Abteilung von sechs Mann haben, zu der alle zwei
Jahre einer dazukommt. Der wird langsam sozialisiert. Die Corona-Jahre
waren für uns Wachstumsjahre und bei sechs Mann kamen pro Jahr einer
oder zwei dazu, während vielleicht auch jemand in den Ruhestand ging. Weil
diese Dynamik schwieriger ist, brauchen wir Werkzeuge, um diesen Know-
how-Transfer, diesen Kulturtransfer für neue Mitarbeiter sicherzustellen. Die
entwickeln wir gerade. Das ist eine permanente Herausforderung.

Kommt das gut bei den Mitarbeitern an?

Ja. Wer will denn keine Gewinnbeteiligung? Wir erwarten aber als Gegenleistung unternehmerisches Denken, Fühlen und Handeln. Diese Leistung muss dann auch erbracht werden. Es ist nicht nur Nehmen. Der Mitarbeiter soll über den Tellerrand hinausblicken, ohne Scheuklappen oder Kästchendenken. Auch sich auf Kosten von Anderen profilieren wollen, geht nicht. Das ist die unternehmerische Gegenleistung, die wir von dem Mitarbeiter erwarten. Wer diese Grundhaltung nicht mitbringt, ist hier falsch.

Wie operationalisieren Sie das? Gibt es ein entsprechendes Mitarbeitergespräch? Ist klar, dass jeder so denkt, und wenn jemand neu zum Unternehmen stößt, wird er so ausgerichtet? Wie erwecken Sie Ihre Intention zum Leben?

Ja, das ist schwierig. Zunächst erhält jeder Mitarbeiter bei Beginn ein Mitarbeiterhandbuch. Auch habe ich mich von den Benediktinern in Maria Laach inspirieren lassen. Dort herrscht Schweigen beim Abendessen und es liest immer einer vor: ein Kapitel eines Romans und jeweils einen Paragrafen aus dem Regelbuch der Benediktiner. Da dies insgesamt 120 sind, hören sie jede Regel dreimal im Jahr. Analog gehen wir auch vor. Unsere acht Mitarbeiterrichtlinien werden regelmäßig besprochen. Alle zwei Monate fangen wir in der Runde mit den Abteilungsleitern an, nehmen eine Richtlinie heraus, diskutieren diese und fragen nach den Erfahrungen mit deren Mitarbeitern, wie das gelebt wird. Das ist ein Beispiel für ein ganz praktisches Umsetzungs-Tool. Learning by Doing ist ebenfalls ein wichtiger Bestandteil unseres Alltags – dass man einen respektvollen Umgang pflegt, dass ein Vorgesetzter, der sieht, dass das nicht der Fall ist, sofort eingreift, dass mein Bruder und ich die Mitarbeiter wirklich informieren. Diese Herausforderung gilt es auch in der Slowakei zu bewältigen. Unser Handbuch ist zwar auch auf Ungarisch verfügbar – unsere Fabrik liegt in dem Teil der Slowakei, in dem Ungarisch gesprochen wird –, aber ich kann das mit den Mitarbeitern ohne Dolmetscher nicht besprechen. Jedes Jahr veranstalten wir ein Weihnachts- oder auch ein Sommerfest. Dass ich dabei bin, ist ganz wichtig. Da gibt es z.B. einen Meister, der dann immer mit mir einen Wodka trinken will. Er spricht drei Worte Deutsch, ich spreche drei Worte Ungarisch. Aber es ist ihm wichtig, und deshalb mache ich das auch. Es sind diese Kleinigkeiten, die man einfach tun muss.

Kommen wir zum nächsten Thema: Welche Fähigkeiten waren Ihres Erachtens für Ihren Erfolg ausschlaggebend?

Das, was ich vorhin schon angesprochen habe: Zuhören. Und die folgende Einstellung: Wir sind auf der Suche nach der besseren Lösung, nicht nach der besten. Denn wenn ich die beste Lösung hätte, wäre eine Entwicklung ja gar nicht mehr möglich. Es ist auch für mich entscheidend, zu verstehen, dass ich nicht der Weisheit letzter Schluss bin, dass ich zuhöre und dass wir

Wolfcraft war eines der ersten Unternehmen in Deutschland, das einen Betriebskindergarten eingeführt hat

gemeinsam die bessere Lösung finden. Ich habe es ja einfach, mich kann keiner rauswerfen. Wäre ich ein angestellter Geschäftsführer, würde ich viel mehr Show um meine Erfolge machen. Vor ein paar Jahren ging der Produktionsleiter in Ruhestand. Er hatte an mich berichtet und ich kannte die Qualität seiner Führungskräfte. In der Folge sind sie einen halben Schritt auf mich zugegangen, ich einen halben Schritt auf sie. Außenstehende haben die Frage gestellt: »Wie geht das weiter?« Meine Antwort war: »Ich weiß es noch nicht so genau. Das wird sich jetzt entwickeln.« Das hat sie hochgradig verunsichert. Wenn ich ein angestellter Geschäftsführer gewesen wäre, hätte ich vermutlich eine zehnseitige PowerPoint-Präsentation erstellt, dazu einen Workshop, und nach einem halben Jahr hätte nichts mehr gestimmt. Zum Glück war das nicht nötig. Ich hatte ein ziemlich genaues Bild, da ich die langjährigen Mitarbeiter kannte. Also haben wir die Lösung gemeinsam entwickelt. Nicht alle waren dazu in der Lage, die Aufgaben zu erfüllen. Das bedeutete in einem Fall eine Neueinstellung. Andere haben die neue Verantwortung erfolgreich übernommen, so wie auch ich für einen Teil davon. Alles hat wunderbar funktioniert.

Können Sie die wichtigste geschäftliche Entscheidung benennen, die Sie in Ihrer Karriere getroffen haben?

Eine der größten Herausforderungen für das Unternehmen war 2009 die Schließung unserer US-Tochtergesellschaft. Das hat ein halbes Jahr gedauert und war stressig. Wir befanden uns damals in einer kritischen Situation, da es auch um Kredite und Gelder ging, die frei werden mussten, damit es hier gut weitergeht. Es war zwar nicht existenziell, aber wichtig. Die Entscheidung haben mein Bruder und ich gemeinsam getroffen, ich habe sie dann umgesetzt, was auch die Entlassung von 25 Mitarbeitern in den USA einschloss. Dabei habe ich viel gelernt, denn es war eine schwierige Erfahrung. Anschließend haben wir einen Partner gefunden, der das Geschäft weitergeführt hat. Diese Zusammenarbeit ist mittlerweile ausgelaufen und wir überlegen aktuell, dort langsam wieder in Eigenregie zu beginnen. In der nächsten Generation ist das wieder eine Option.

Das ist ja gut ausgegangen. Gab es auch eine signifikante Fehlentscheidung?

Natürlich haben wir Entscheidungen gefällt, die wir auch revidiert haben, z. B. eine Produktgruppe eingeführt und dafür viel Geld ausgegeben, die sich nicht als erfolgreich erwies und deshalb wieder eingestellt werden musste. Oder in den USA, wo wir in unserer Entwicklung zu sehr auf Großkunden gesetzt hatten, die mit riesigen Zahlen lockten. Aber das war ein Prozess über mehrere Jahre, keine einzelne Entscheidung. Und natürlich ist nicht jede Personalentscheidung richtig gewesen. Aber eine einzelne große Fehlentscheidung, die gibt es kaum.

Was macht für Sie das Spezifische im Mittelstand aus? Welche zentralen Unterschiede bestehen zu Großunternehmen? Besitzen Sie mehr Freiheitsgrade für Ihr Handeln?

Meiner Meinung nach besteht der größte Unterschied darin, dass ich langfristig orientiert bin und nicht kurzfristig. Ich muss mich niemandem gegenüber durch vierteljährliche oder jährliche Resultate rechtfertigen, sondern kann in einer langfristigen Perspektive auch schlechte Jahre akzeptieren, die ich, wäre das Unternehmen an der Börse, nicht rechtfertigen könnte. Das macht den Mittestand aus. Wenn man das aber übertreibt, geht die Firma pleite. In solchen Fällen wäre es möglicherweise besser gewesen, mehr Zug und Druck auf die Ergebnisse zu haben. Das ist die Kehrseite der Medaille. Der Mittelstand will keine Leute entlassen, da sie zu uns gehören. Alles hat – wie gesagt – zwei Seiten.

Damit so etwas nicht passiert, muss man als Unternehmer aufpassen, dass man genügend Kritik ausgesetzt ist, um sich immer wieder neu ausrichten zu können, um Dinge nicht nur deshalb so zu machen, weil man sie schon immer so gemacht hat, weil man Angst vor Veränderungen hat. Haben Sie einen Beirat?

Bereits mein Vater führte einen Beirat ein. Dadurch, dass ich jetzt aus der Geschäftsführung ausgeschieden und in den Beirat gegangen bin, hat der Beirat heute zusätzlich eine Aufsichtsratsfunktion. Er muss z. B. das Budget und große Investitionen genehmigen.

Ich möchte aber gerne noch einen wichtigen Aspekt des Mittelstands ansprechen, der aus der Unternehmensgröße resultiert. In einem Konzern sind die Strukturen wichtig, und davon gibt es viele. Häufig müssen die Führungskräfte alle vier, fünf Jahren neue Aufgaben übernehmen. Der Mittelstand würde daran scheitern. Unsere Organisation ist nicht groß genug, so etwas zu ermöglichen. Stattdessen liegt viel mehr Know-how in den Personen. Im Guten wie im Schlechten sind die Führungskräfte unsere Know-how-Träger und somit ganz wichtig für das Unternehmen. Wenn sie das Unternehmen verlassen, weil sie in den Ruhestand gehen oder kündigen, haben wir eine Lücke. Das ist der Nachteil dieser Abhängigkeit von Einzelnen, aber der Vorteil ist das tiefgehende Fachwissen, das Know-how. Dies unterscheidet uns grundlegend von Konzernen, in denen häufige Wechsel üblich sind, jedoch erstaunlicherweise funktionieren können. Das würde aber bei uns in einer Katastrophe enden. Auch ich brauche Strukturen, z. B. Marketing-Richtlinien, damit sich alle nach der einheitlichen Farbe richten, aber eine tiefe Organisation kann man nur finanzieren, wenn man groß genug ist.

Welche Besonderheiten resultieren daraus, ein Familienunternehmen zu sein? Schafft das für Sie mehr Freiheitsgrade oder werden Sie in Ihrem Handlungsspielraum eher behindert?

Weil ich nur diese Rolle kenne, kann das eigentlich nicht beurteilen. Sie hat ihre Vor- und Nachteile. Die Freiräume in der Führung habe ich schon angesprochen. Ich muss mich niemandem gegenüber rechtfertigen, ich muss in keiner PowerPoint-Präsentation darstellen, warum ich das so mache. Gleichzeitig trage ich natürlich auch eine Verantwortung, die ich nicht abgeben kann. Wenn ich beispielsweise zum Bäcker gehe, dann wissen alle: Das ist der Wolff. Und die Leute, die ich im Jahr 2009 entlassen musste, stehen jetzt vielleicht beim Bäcker auf der anderen Seite der Theke. Das ist auch Teil des Familienunternehmerseins. Aber ich kenne nur diese Rolle.

Das Thema Staffelstab oder Enkelfähigkeit, also für die nächste Generation vorzusorgen, sicherzustellen, dass die nächste Generation das Unternehmen fortführen kann, belastet Sie das?

Das hat eher etwas Befreiendes.

Ich höre schon manchmal: Wenn ich das Unternehmen verkaufen oder schließen würde, dann wäre das wie ein Mord an einem Lebewesen.

Das sehe ich nicht so und glaube, dass das bei meinem Bruder nicht anders ist als bei mir. Wir haben beide eine gesunde Distanz zum Unternehmen. Das Unternehmen und ich sind schon zwei unterschiedliche Subjekte.

Das ist wahrscheinlich für beide Seiten gut.

Das entspricht meiner Persönlichkeit. Andere sind anders. Aber für mich ist das wichtig.

Welche wichtigste Erkenntnis können Sie an die nächste Unternehmergeneration weitergeben?

Das Zuhören. Wir haben talentierte Leute im Haus, die in die Lage versetzen werden sollen, ihre Meinung zu sagen. Das tuen die Führungskräfte schon, aber der eine oder andere Mitarbeiter noch nicht. Und die Leute respektieren und ernst nehmen.

Wie sehen Sie die Zukunftschancen des Unternehmens? Wo liegen die größten Herausforderungen?

Die Zukunftschancen sehe ich gut. Im kommenden Jahr feiern wir unser 75-jähriges Bestehen. Die Produkte und die Branche sind krisenresistent. Weder die Finanzkrise noch die Internet-Bubble haben uns berührt. Wir bieten ein preiswertes Konsumprodukt, das zwischen 5 Euro und 300 Euro kostet. Es ist sehr unabhängig von konjunkturellen Einflüssen, da die Leute auch in schlechten Zeiten heimwerken und bereit sind, dafür Geld auszugeben. Und wir haben mechanische Werkzeugprodukte, die meiner Meinung nach auch in Zukunft gebraucht werden, denn Sie können mit einer Software keinen Nagel in die Wand schlagen. Ich bin sehr zuversichtlich, dass das auch noch in zwanzig, dreißig oder vierzig Jahren Bestand hat. Die jüngsten Marktveränderungen durch das Internet und den Onlinehandel haben schon viele Herausforderungen mit sich gebracht. Diese muss man natürlich annehmen und auf sie reagieren. Das ist richtig.

Aber da sind Sie ja gut durchgekommen.

Wir haben frühzeitig gehandelt, uns frühzeitig positioniert und uns einen Namen gemacht. Die Jahre der Corona-Pandemie waren unsere Boomjahre.

Ist denn die Generation, die jetzt nachwächst, noch heimwerkeraffin? Oder gibt es da eine Veränderung?

Ich bin kein Heimwerker. Mein Vater war kein Heimwerker. Ich habe meinen Vater nie etwas basteln sehen. Er hat nicht einmal ein Bild aufgehängt. Er war hingegen ein Erfinder, ein Innovator, der in seiner Werkstatt versuchte, Prototypen zu bauen.

Aber mir geht es jetzt um die Kunden. Gibt es noch genügend junge Leute, die gerne heimwerken?

Während der Corona-Pandemie wurde deutlich, dass das eher zunimmt. Die Pandemie hat den Menschen die Bedeutung ihres Zuhauses verdeutlicht und gezeigt, dass es gemütlich und schön sein kann. Es gibt zwei Gründe, zu heimwerken. Der eine ist, Geld zu sparen oder einen Bedarf abzudecken. Ich bekomme keinen Handwerker, um einen Laminatboden zu verlegen. Egal, ob ich will oder nicht. Der andere, dass es Spaß macht. Ich will meinem Nachbarn, meinem Freund sagen: »Den Boden habe ich verlegt.« Und da sehe ich in der nächsten Generation weiterhin einen großen Markt. Vor der Corona-Pandemie sind ca. 35 % der Bevölkerung noch nie in einem Baumarkt gewesen. Diese Zahl ist zurückgegangen auf 17 %. Die Leute kamen ja nicht aus dem Haus. Was haben sie gemacht? Sie haben angefangen, auszumisten, zu streichen, es schöner, wohnlicher zu machen. Auch diejenigen, die zuvor nicht in Baumärkten waren, haben diese nun entdeckt. Und dann sind wir da! Dann sind wir dabei.

Natürlich sagen die jungen Leute heute nicht mehr, dass sie heimwerken, oder in den Keller gehen und basteln, sie nennen das anders. Aber die Studentenbude, die wird trotzdem gestrichen. Und dann wird mit wachsender Zuversicht sogar ein Laminatboden verlegt. Wenn Handwerker schwer zu finden sind oder so teuer sind, dass ich das nicht bezahlen will, dann schaue ich mir eben ein YouTube-Video an. Darin wird genau gezeigt, wie ich einen Laminatboden verlege. Der erste Versuch ist vielleicht noch Mist, der zweite schon besser. Dann verlege ich den ersten Boden halt am besten bei einem Freund und den zweiten dann bei mir zu Hause.

Das ist ein schönes Schlusswort! Vielen Dank für das Gespräch.
Das Interview wurde am 21. November 2023 in Kempenich geführt.

Zusammenfassung

Am Ende des Buches steht der Versuch, einen zusammenfassenden Überblick über die zwanzig Interviews zu geben. Das dazu gewählte Vorgehen richtet sich stark an dem Fragenkatalog aus, der als roter Faden für die Gespräche gedient hat.

Am Anfang der Zusammenfassung richtet sich der Blick auf die Unternehmerinnen und Unternehmer sowie ihre erfolgskritischen Fähigkeiten und Grundüberzeugungen. Dann folgt das – ebenfalls stark personenbezogene – Thema der Unternehmensnachfolge. Die sich anschließenden Aspekte wechseln die Perspektive von den handelnden Personen zu den Unternehmen. Themen sind die Spezifika des Mittelstandes, die Besonderheiten von Familienunternehmen und schließlich die zentralen Herausforderungen, die sich ihnen aktuell stellen.

Wichtigste Fähigkeiten der Unternehmerinnen und Unternehmer

Die Frage nach den wichtigsten Fähigkeiten für den Erfolg ihres Handelns haben die Unternehmerinnen und Unternehmer sehr heterogen beantwortet, sowohl von der Zahl als auch vom Inhalt her. Die Antworten umfassen eine Mischung aus grundsätzlichen Eigenschaften, individuellen und sozialen Fähigkeiten sowie Verhaltensweisen in der geschäftlichen Aktion und Interaktion. In der Häufigkeit der Nennung sind diese drei – nicht ganz überschneidungsfreien – Kategorien in etwa gleich stark vertreten.

Bei den grundsätzlichen Eigenschaften wurden Disziplin bzw. Durchhaltewillen sowie Durchhaltevermögen am meisten genannt. Mehrfachnennungen gab es auch bei Authentizität, Selbstbewusstsein und Selbstreflektion sowie einer gewissen Bodenständigkeit. Zu den Einzelnennungen zählen Ehrgeiz, Stressresistenz und Neugierde.

Bei den primär auf die soziale Interaktion gerichteten Eigenschaften und Fähigkeiten wurden zwei am meisten angesprochen: zum einen die Fähigkeit, Mitarbeiter zu begeistern, zum anderen die, ihnen zuzuhören. Daneben dominieren Einzelnennungen wie Fairness, Gerechtigkeit und Konsensorientierung als grundsätzliche Einstellungen oder Empathie und Schlagfertigkeit als Fähigkeiten.

Bei den eher managementbezogenen Themen wurden kaum fachliche Aspekte genannt. Vielmehr herrschen Themen vor, die sich auf die Art des unternehmerischen Handelns beziehen, wie das Wahren einer Balance zwischen Strategie und Detail, ebenso wie zwischen Offenheit für Veränderungen einerseits und langfristiger Verbindlichkeit andererseits.

Insgesamt formen die Antworten also ein sehr breites Spektrum. »Die« erfolgskritischen Eigenschaften und Fähigkeiten der Unternehmerinnen und Unternehmer scheint es nicht zu geben. Die einzelnen angesprochenen Themen sind genauso unterschiedlich wie ihre Zusammenstellung. Dieser Befund passt somit gut in das Bild hoher Individualität der befragten Persönlichkeiten.

Wirtschaftliche Grundüberzeugungen

Die Frage nach den wirtschaftlichen Grundüberzeugen war vermutlich diejenige, bei der die Befragten am längsten überlegen mussten. Etwa ein Viertel von ihnen konnte keine solchen Grundüberzeugungen nennen. Sie gaben entweder an, keine zu besitzen, oder, dass sie sich mit dem Thema noch nicht explizit beschäftigt hätten. Weniger als die Hälfte der Befragten führten als Antwort ein konkretes Leitmotto an. Dieses stimmte entweder mit dem Unternehmensslogan überein oder hatte eher den Charakter allgemeiner Weisheiten, wie zum Beispiel »Geht nicht gibt's nicht« oder »Geht es der Firma gut, dann geht es auch uns gut«.

Bei der Nennung einzelner Grundüberzeugungen ergab sich ein sehr heterogenes Bild. Bis auf die zweimal genannte soziale Marktwirtschaft als eine im Mittelstand grundsätzlich weitverbreitete Grundhaltung wurden ansonsten sehr unterschiedliche Angaben gemacht. Auch hier dominiert also die Individualität der Unternehmerinnen und Unternehmer. Insgesamt scheint aber die handlungsleitende Funktion von expliziten Grundüberzeugungen eher schwach ausgeprägt zu sein.

Nachfolge

Für Unternehmerpersönlichkeiten in einem mittelständischen Kontext hat die Nachfolgefrage eine zentrale Bedeutung. Der naheliegendste Weg besteht darin, die Nachfolger im Kreise der Kinder zu suchen, was auch bei den in diesem Projekt Befragten der Fall war. Allen war implizit klar, dass die Nachfolge in der Familie gewünscht wurde, alle hatten aber die Freiheit, sich für oder gegen die Nachfolge zu entscheiden. Deutliche Unterschiede gab es dabei, wie stark auf die nachfolgende Generation Einfluss genommen wurde. Für manche führten Krisensituationen zu einem Eintritt in das Unternehmen, für andere war die Nachfolge von Kindesbeinen an ein vorherrschendes Narrativ »am Kaffeetisch«. Mehrfach wurden intensive Gespräche darüber geführt, ob eine solche Nachfolge überhaupt sinnvoll sei – aus der Motivation heraus, die nachfolgende Generation auf keinen Fall zu überfordern. Eigene Erfahrungen waren dafür ebenso maßgebend wie die Kenntnis von tragischen Folgen bei Übergabeprozessen in anderen Unternehmen. Dafür, das Nachfolgeangebot anzunehmen, wirkte sich sehr förderlich aus, schon in der Kindheit gelernt zu haben, was es bedeutet, eine mittelständische Führungspersönlichkeit zu sein. Die Nachfolger haben zumeist stark von ihren Vorgängern profitiert und betonen oft, dass sie maßgeblich von ihnen geprägt wurden. Die Worte Dankbarkeit und Hochachtung sind mehrfach gefallen.

Trotz dieser positiven Grundaussagen ist nur ein Teil der Übergabeprozesse harmonisch und weitgehend konfliktfrei verlaufen. Es hat in der Mehrzahl der Fälle eher erheblich und über eine längere Zeit hinweg »gekracht«. Manchmal zeigten sich diese Disharmonien schon von Beginn an, manchmal entstanden sie dadurch, dass der Vorgänger nicht loslassen konnte und der Übergang deshalb gefühlt deutlich zu spät erfolgte.

Bei dem Thema Nachfolge weisen die Aussagen zusammengefasst betrachtet eine deutlich höhere Übereinstimmung auf als bei den beiden zuvor betrachten Themenbereichen. Auf der einen Seite besteht der Wunsch einer Nachfolge aus der Familie heraus, auf der anderen Seite wird sehr darauf geachtet, den Handlungsspielraum der nächsten Generation nicht einzuschränken. Dies spiegelt sich auch in den Empfehlungen an die nächste Generation wider: Einerseits wünscht man sich, die Werteorientierung des Unternehmens fortsetzen, andererseits rät man dazu, sicherzustellen, dass Freude an der Nachfolge besteht und sie wirklich gewollt ist, sowie dazu, zu der getroffenen Entscheidung zu stehen.

Besonderheiten des Mittelstands

Die befragten Unternehmerinnen und Unternehmer haben – wenig überraschend – Entscheidungsfreiheit und Selbstbestimmung als wesentlichen Antrieb und Vorteil mittelständischer Unternehmen hervorgehoben. Hierbei gab es keinen Dissens, ebenso wenig wie bei der Erkenntnis, dass mittelständische Unternehmen anders zu führen sind als Großunternehmen. Werte spielen für sie eine wichtigere Rolle und sie sind nicht an feste Strukturen gebunden, weshalb sie deutlich flexibler agieren können. Mitarbeiter, die vorher in Konzernen gearbeitet haben, schätzen im Mittelstand die Konstanz der Führungspersönlichkeiten ebenso wie eine höhere Mitarbeiterorientierung und das fehlende politische Geplänkel. Zentraler Nachteil mittelständischer Unternehmen sind die eng begrenzten materiellen und finanziellen Ressourcen. Die Unternehmen besitzen auch nicht viel Puffer, um wirtschaftlich schwierige Zeiten überstehen zu können. Hieraus resultiert die besondere Bedeutung eines vorsichtigen Vorgehens.

Für den Vergleich von Großunternehmen und mittelständischen Unternehmen wurde mehrfach das bekannte Narrativ von Tankern und Schnellbooten verwendet. Beide versuchen, die gegenseitigen Vorteile auch für sich selbst zu nutzen, stoßen aber dabei an enge Grenzen. Für mittelständische Unternehmen sind die Art der Führung und der Zugang zu Kapital zwei zentrale Begrenzungen, wenn sie stark wachsen wollen. Wenn ein solches Wachstum grundsätzlich möglich und gewollt ist, sind deutlich mehr Strukturen erforderlich, die bis zur Anpassung der Rechtsform reichen. Dies wäre auch die Basis dafür, die Eignerstruktur zu verändern und damit die Kapitalbasis auf eine neue Stufe zu heben.

Im Ergebnis stimmen die befragten Unternehmerinnen und Unternehmer in ihrer Einschätzung, was die Besonderheiten des Mittelstands ausmachen, stark überein. Die Antworten kamen zumeist auch ohne Zögern. Dies lässt vermuten, dass es sich um ein Standardnarrativ handelt.

Besonderheiten von Familienunternehmen
Bei der Frage nach den Besonderheiten von Familienunternehmen fiel den meisten Unternehmerinnen und Unternehmern die Antwort nicht so leicht. Rückfragen wurden gestellt, mehr Überlegung war erforderlich. In vielen Köpfen bestand eine große inhaltliche Nähe von Familienunternehmen einerseits und mittelständischen Unternehmen andererseits, wobei Erstere oft als Kern der Letzteren betrachtet wurden. In einem Fall wurde zwischen inhabergeführten Familienunternehmen und solchen, die einen Fremdgeschäftsführer an der Spitze haben, differenziert. Letztere würden strukturell und in der Langfristigkeit ihrer Ausrichtung gewisse Gemeinsamkeiten mit Großunternehmen aufweisen.

Für alle Befragten sind Familienunternehmen insbesondere durch zwei Aspekte gekennzeichnet: eine ausgeprägte Langfristorientierung des Handelns und ein sehr starkes Familiendenken. Die Langfristorientierung zeigt sich unter anderem darin, dass Gewinne im Unternehmen belassen, anstatt für persönlichen Konsum verwendet werden. Das Familiendenken geht weit über die Inhaberfamilie hinaus und prägt die Sichtweise auf das Unternehmen sowie die Art und Weise, wie es geführt und gelebt wird. Dabei sind auch die Angehörigen der Mitarbeiter in die Familie eingeschlossen.

Aktuelle Probleme

Ein aktuelles Kernproblem (nicht nur) des Mittelstands sehen die befragten Unternehmerinnen und Unternehmer in der bürokratischen Überforderung ihrer Unternehmen. Nahezu alle äußerten sich in diese Richtung, und wenn der Punkt nicht aktiv genannt wurde, dann deshalb, weil die Resignation schon so groß war, dass sich der Vermerk gefühlt nicht lohnte.

Mit dem Begriff »Bürokratisierung« wurden zwei ganz unterschiedliche Aspekte verbunden. Auf der einen Seite steht die gefühlt immer stärker zunehmende Einschränkung der individuellen Freiheit und des Nutzenpotenzials, das damit verbunden ist. Dieses Empfinden trifft die Grundüberzeugung der Unternehmerinnen und Unternehmer und ist entsprechend schwerwiegend, zumal dem Staat die Kompetenz für solche Eingriffe zunehmend abgesprochen wird. Die Eingriffe seien mittlerweile nicht mehr nur die Ausnahme, sondern eher die Regel. Auf der anderen Seite wurden die hohen und ebenfalls steigenden Kosten von für den Staat erforderlichen bürokratischen Prozessen hervorgehoben – Kosten, die kein Kunde gerne übernimmt. Generell wurde das Problem der Bürokratisierung als besonders dringlich eingeschätzt. Den meisten Befragten fehlt aber die Hoffnung, dass die Politik hier Lösungen anbieten wird. Zwischen Versprechungen und Taten liege eine kaum zu überwindende Kluft.

Zwei weitere Problembereiche wurden häufiger, aber nicht von allen Unternehmerinnen und Unternehmern angesprochen. Einer davon sind – wenig überraschend – die Schwierigkeiten, Mitarbeiter zu finden und langfristig zu binden. Neben Facharbeitern betrifft dies zuweilen auch Mitarbeiter für einfachere Tätigkeiten. Der andere problematische Punkt ist die öffentliche Wahrnehmung des Mittelstands allgemein, aber auch speziell der Familienunternehmen. Was Unternehmerinnen und Unternehmer genau tun, ist kaum bekannt, ebenso wenig, wie sie sich für die Gesellschaft einsetzen. In Kriminalfilmen ist keinesfalls – wie von Reinhard May besungen – immer der Gärtner der Mörder, sondern der Unternehmer.

Schließlich herrscht bei allen Befragten eine starke Skepsis im Bezug auf die Zukunft des Wirtschaftsstandorts Deutschland. Der Unternehmerinnen und Unternehmern innewohnende Berufsoptimismus wird zunehmend arg strapaziert.

Schlusswort

Als Einstieg in das Buch diente meine eigene empirische Erfahrung, dass Unternehmerinnen und Unternehmer im Mittelstand eine hohe Individualität aufweisen. Es verwundert mich nicht, dass dies in den zwanzig Interviews dieses Buches bestätigt wurde. Allerdings hat sich für mich auch ein hohes Maß an Gemeinsamkeit gezeigt, das meinen Gesamteindruck letztlich prägt. Deshalb sollen auch Gemeinsamkeiten ganz am Ende des Buches stehen.

Unternehmergeführte mittelständische Unternehmen sind übereinstimmend durch fehlende bürokratische Strukturen und eine sehr persönliche, mitarbeiterorientierte Führung gekennzeichnet. Dies sichert ihnen Flexibilität, Schnelligkeit, Innovationskraft und Veränderungsfähigkeit, was sie im Markt und im Wettbewerb gegenüber Großunternehmen erfolgreich macht. Sie haben damit eine wichtige wirtschafts- und gesellschaftspolitische Bedeutung, die aber von der Öffentlichkeit zu wenig wahrgenommen und entsprechend wenig gewürdigt wird.

Die Unternehmerinnen und Unternehmer sind sehr familienorientiert, wobei sie auch ihre Mitarbeiter als Teil der Familie betrachten. Eine gewisse Bodenständigkeit ist für sie ebenso charakteristisch wie Sparsamkeit und ein stark ausgeprägtes Verantwortungsbewusstsein. Die Unternehmerinnen und Unternehmer sind zumeist Berufsoptimisten mit einem hohen Vertrauen in die eigene Leistungsfähigkeit und in die ihres Unternehmens. Allerdings bröckelt dieses Vertrauen zunehmend, weil der Wirtschaftsstandort Deutschland immer mehr an Attraktivität verliert und die Politik dabei eher als Teil des Problems und nicht der Lösung wahrgenommen wird. Es wird eng. Das folgende, auf eine Branche bezogene aber auch über sie hinausgehende Schlusszitat steht dafür stellvertretend: »*Wir haben jetzt schon drei Jahre lang bewiesen, dass wir in der absoluten Krise unserer Branche einen resilienten Mittelstand darstellen. Jetzt geht es aber langsam darum, dass wir zwar resilient sind, aber nicht unsterblich. Die Unsterblichkeit hat uns keiner geschenkt.*« (Max Jankowsky). Dies zu erkennen und entsprechend zu handeln, stände der Politik gut an.

Zum Autor

Jürgen Weber, geboren 1953, verbrachte seine berufliche Karriere im Hochschulbereich. Nach seiner Promotion in Dortmund habilitierte er sich in Nürnberg und kam 1986 an die WHU – Otto Beisheim School of Management. Dort übernahm er den Lehrstuhl für Rechnungswesen und Control-

ling. In den Folgejahren trug er maßgeblich zum Aufbau der Hochschule bei, die heute zu den besten Business Schools weltweit zählt. An der Hochschule leitete er mehrere Zentren und Institute, wie das Forum Mittelstand, das Kühne-Zentrum für Logistikmanagement sowie das Center for Controlling and Management (CCM).

Forschung, Lehre und Zusammenarbeit mit Unternehmen wurden 2008 im Institut für Controlling und Management zusammengefasst, das er bis zu seiner Emeritierung zusammen mit seinem Schüler Utz Schäffer leitete. Zu den Alumni des Instituts gehören über 250 ehemalige Doktorandinnen und Doktoranden sowie Postdocs. Darunter finden sich 40 Professoren an nationalen und internationalen Universitäten und Fachhochschulen, zahlreiche Vorstandsmitglieder von Großunternehmen sowie Partner in Beratungsfirmen.

Das Schriftenverzeichnis von Jürgen Weber umfasst weit mehr als tausend Veröffentlichungen, von Artikeln in hochrangigen nationalen und internationalen Fachzeitschriften über Standardlehrbücher und Fachbücher bis zu Praxispublikationen unterschiedlichster Art. Der Praxis war er u. a. durch mehrere Aufsichtsratsmandate und die Gründung und Mitarbeit in der Managementberatung CTcon GmbH verbunden.

Die European Business School (EBS) verlieh ihm 2006 die Ehrendoktorwürde.

Seit seiner Emeritierung geht Jürgen Weber als Mitglied des Fotoclubs Koblenz insbesondere seinem Hobby der Fotografie nach. Mit dem vorliegenden Buch knüpft er an seine frühere wissenschaftliche Auseinandersetzung mit dem Mittelstand an und verbindet seine fotografische Arbeit mit einer empirischen Studie über die Persönlichkeiten an der Spitze mittelständischer Unternehmen.